Jutta Eckes
Piero Salabè

# Italienisch *ganz leicht*
# Urlaubskurs

Herausgegeben von
Hedwig Nosbers und Matthias Öhler

Konzeption von Christof Kehr

Hueber Verlag

Bildernachweis:
Coverphotos: © iStockphoto/Rolling Earth; © iStockphoto/groveb;
© iStockphoto/calvio calvio; © panthermedia.net/Toni Anett Kuchinke;
© panthermedia.net/Christa Eder; © fotolia/PANORAMO.de
S. 34: © iStockphoto/aldomurillo
S. 86: © panthermedia/Lars H.
Alle weiteren Fotos von © Hedwig Nosbers, Bonn

3. 2. 1.               | Die letzten Ziffern bezeichnen
2015 14 13 12 11       | Zahl und Jahr des Druckes.
Alle Drucke dieser Auflage können, da unverändert, nebeneinander benutzt
werden.
1. Auflage 2011
© 2011 Hueber Verlag, 85737 Ismaning, Deutschland
Umschlaggestaltung: Parzhuber & Partner, München
Redaktion: Dr. Hedwig Nosbers und Matthias Öhler, Bonn
Layout: Cihan Nawaz, München
Satz: www.brigitte-martin.de, Bonn
Tonträger: www.homefamily.de, Wiesbaden
Druck: Firmengruppe APPL, aprinta druck, Wemding
Printed in Germany
ISBN 978-3-19-107898-0 (Package)
11.7898 (Buch)

# Inhalt

# Ein Wort zuvor

*Benvenuti!* – Herzlich willkommen! Sie sind dabei, eine neue Sprache und Kultur kennen zu lernen. Vielleicht ist es Ihnen nicht bewusst, aber italienische Wörter gehören zu Ihrem täglichen Sprachgebrauch: Beispielsweise wenn Sie versichern, dass Sie *netto* eigentlich gar nicht so viel verdienen, oder wenn Sie im Theater *Bravo!* ausrufen. Italienisch ist zwar keine Weltsprache wie Englisch oder Französisch, sein Einfluss reicht aber wegen der kulturellen Tradition Italiens weit über die Landesgrenzen hinaus.

Dieser Kurs bietet Ihnen einen schnellen und einfachen Einstieg in die italienische Sprache und Alltagskultur. „Ganz leicht" ist dabei Programm: Mit den 20 Lektionen dieses Buches erhalten Sie eine gute Grundlage, um in Italien sprachlich klarzukommen. Mit den circa 500 Wörtern, die Sie in diesem Buch lernen, werden Sie wohl nicht den letzten italienischen Bestseller oder die Arien Ihrer Lieblingsoper in der Originalsprache verstehen können. Dieser Kurs möchte das Interesse für Land und Sprache wecken und dazu anregen, weiterhin Italienisch zu lernen. Wir hoffen, dass es Ihnen Spaß macht, und dass Sie am Ende vielleicht sogar ein paar italienische Freunde dazugewonnen haben. Denn Sie werden sehen: Eine Sprache erschließt Ihnen neue Welten und neue Menschen.

Vergessen Sie nicht: Beim Sprachenlernen gibt es keine unerlaubten Mittel. Nutzen Sie jede Gelegenheit aus, um Italienisch zu sprechen und zu hören: Italienische Zeitungen, Internet, Satellitenfernsehen und Popsongs bieten Ihnen allesamt authentische Sprache. Durch das passive Lernen verbessern Sie unbewusst Ihre Aussprache und Ihren Wortschatz. Aber auch aktiv können Sie etwas tun, indem Sie z. B. das Gespräch mit Italienern hierzulande suchen. Halten Sie diesen Kurs und die CDs möglichst immer zur Hand: Dann können Sie auch während der Busfahrt, in der Schlange bei der Post, im Stau oder am Flughafen Italienisch lernen.

Es gibt Leute, die eine Sprache systematisch lernen, andere, die sie eher intuitiv aufnehmen. Jeder nach seiner Façon, das versteht sich von selbst, aber wenn die Regelmäßigkeit fehlt, lassen die Erfolge und vor allem auch der Spaß auf sich warten. Deshalb wollen wir anregen, dass Sie sich täglich mit Ihrem Italienischkurs beschäftigen, und wenn's nur eine knappe Stunde ist. Wichtig ist, dass jeder seine Lernstrategie entwickelt: Also, wiederholen Sie so oft Sie es für nötig halten, eventuell auch frühere Lektionen.

Dieser Kurs wurde als Selbstlernkurs konzipiert, die Dialoge und die dazugehörigen Übungen können aber auch als selbstständige Lehrmaterialien im Unterricht mit Anfängerklassen verwendet werden. Natürlich ist ein Lehrer aus Fleisch und Blut besser als ein Buch, aber in den Randspalten werden Sie alles Wesentliche finden, was Sie einen Lehrer fragen könnten: Wie z. B. bestimmte Übungen funktionieren, warum eine bestimmte Form vorkommt usw. Und Sie erhalten Tipps, wie Sie effektiver lernen können.

Dieses Buch besteht aus 20 Lektionen, in denen die für den Anfänger wichtigsten sprachlichen Situationen behandelt werden: vom Bestellen im Restaurant bis zum Geldwechseln, vom Telefonat bis zum Besuch der Apotheke. Auf jedem Lernschritt begleitet Sie eine Randspalte mit sprachlich relevanten Informationen und wertvollen Tipps. Damit Sie sich schnell und sicher orientieren können, sind alle Lektionen nach dem gleichen Muster aufgebaut:

■ Auf der Einstiegsseite jeder Lektion finden Sie einen deutschen Text zum Thema der Lektion, der über Land, Leute und Lebensweise informiert.

■ Auf der zweiten Seite befinden sich die neuen Wörter in der Reihenfolge, in der sie im nachfolgenden Dialog erscheinen. Sie werden sie vor jedem Dialog auf der CD hören. Sprechen Sie zur Übung die Wörter und den Text laut vor – ein bisschen Übertreibung schadet dabei nicht. Wichtige Hinweise zu Vokabular und Grammatik finden Sie in der entsprechenden Randspalte.

■ Auf der dritten Seite stehen Übungen, um den behandelten Lernstoff in die Praxis umzusetzen. Kommunikationsfähigkeit und grammatikalische Aspekte werden geübt, Sprechabsichten und Aussprache eingeschliffen, Hör- und Leseverständnis trainiert. Einige Übungen finden Sie auch auf der CD. Im Lösungsschlüssel im Anhang finden Sie die Lösungen der Übungen sowie die Wiedergabe der Dialoge sämtlicher Hörverständnisübungen.

■ Der zweite Teil der Lektion fängt wieder mit neuen Wörtern und dem dazugehörigen Dialog an, wonach der zweite Übungsabschnitt folgt.

■ Zum Abschluss jeder Lektion finden Sie einen Text über Italien und die Italiener.

## Dieses Buch enthält außerdem:

■ 5 Tests, die immer am Ende von jeweils vier Lektionen den behandelten Lernstoff überprüfen: mit kleinen Übersetzungen, mit Grammatikaufgaben und mit Fragen zur Landeskunde. So können Sie regelmäßig Ihren Wissensstand testen und je nach Bedarf die eine oder andere Lektion wiederholen.

■ Einen kommentierten Lösungsschlüssel – auch für die Übungen der Tests –, der mit Alternativlösungen und Erläuterungen zu typisch deutschen Fehlern zusätzliche Lernhilfe leistet.

■ Eine Übersicht über die grundlegenden Unterschiede zwischen der italienischen und der deutschen Aussprache.

■ Eine Kurzgrammatik, die einen Überblick über die wichtigsten im Buch behandelten Strukturen und Wortformen gibt. Sie erfahren dort zum Beispiel, wie man ein Verb in der Vergangenheit konjugiert, oder wie die Mehrzahl der bestimmten Artikel lautet.

■ Ein alphabetisch geordnetes Wörterverzeichnis zu allen im Buch vorkommenden Wörtern.

## Wie Sie am besten mit der CD vorgehen:

Über das Hörverständnis lässt sich in einer neuen Sprache der größte Lernerfolg erzielen. Man erweitert nicht nur unbewusst seinen Wortschatz, man verbessert auch die eigene Aussprache und gewöhnt sich an die neue Satzmelodie. Deshalb wird in diesem Kurs dem Hörverständnis viel Platz eingeräumt. Ein effektiver Gebrauch der CD ist wichtig:

■ Hören Sie sich zuallererst die Wörter und den Dialog von Teil A oder B ohne Buch an, um sich an die Laute und die Melodie der Sprache zu gewöhnen. In diesem Stadium kommt es nicht auf den Inhalt an, sondern auf Intonation und Aussprache.

■ Öffnen Sie danach das Buch und hören Sie die Wörter mit der Übersetzung vor Augen: Nun können Sie sich die Bedeutung einprägen. Sie werden sie aber mindestens zwei- bis dreimal hören müssen, um sich an alle zu erinnern. Hören Sie sich daraufhin die Wörter ohne Buch an und sprechen Sie sie im Anschluss laut nach. Nach jedem Wort befindet sich auf der CD eine Sprechpause, damit Sie zum Nachsprechen genügend Zeit haben.

■ In den Dialogen werden Sie zum Teil Wörter aus früheren Lektionen wiedererkennen, die jetzt aber in einem anderen Zusammenhang stehen. Versuchen Sie am Anfang so viel wie möglich zu verstehen, ohne die Übersetzung zu gebrauchen. Lesen Sie danach den italienischen Text einfach laut mit und versuchen Sie, die Wortbetonung und die Satzmelodie nachzuahmen.

■ Nach zwei Lektionen finden Sie jeweils eine Hörverständnisübung: Es handelt sich um einen Dialog, in dem Ihnen schon bekannte Wörter und Situationen vorkommen. Im Buch stehen Fragen zum Hörtext, die Sie problemlos beantworten können, wenn Sie den gesamten Stoff oft genug wiederholt haben. Zur Not steht der Hörtext im Lösungsschlüssel.

■ In jedem der Übungsabschnitte gibt es Übungen, für die Sie die CD brauchen und die auch ohne Buch funktionieren. Hören Sie sich zuerst das Beispiel und die Lösung an. Warten Sie auf die nächste Vorgabe und sprechen Sie gleich nach dem Gong. Im Anschluss hören Sie dann die Lösung.

Alle Vokabellisten, Dialoge und Übungen, die Sie sich von den CDs anhören können, sind mit diesem Piktogramm versehen:

Die beiden Ziffern geben an, auf welcher CD unter welcher Tracknummer der entsprechende Hörtext zu finden ist.

# Ankunft

**Italienisch international**

| | |
|---|---|
| computer | pizza |
| informazione | hotel |
| sport | momento |
| telefono | manager |
| musica | cappuccino |
| teatro | single |

Diese Wörter verstehen Sie ohne Wörterbuch, oder?

**Italienisch → Deutsch**

kitsch
leitmotiv
blitz
hinterland
panzer

**Deutsch → Italienisch**

Zucchini
netto
Skonto
Fango
Paparazzo

Flug Alitalia 173 Frankfurt-Rom. Brigitte Weiss drängt sich durch den schmalen Gang des Flugzeugs an den Passagieren vorbei und sucht ihren Platz: *Finestrino 18* (Fensterplatz Nr. 18). *Buongiorno* (Guten Tag), spricht Brigitte Weiss den Mann an, der den Gang-platz neben ihr belegt hat. Er legt seine Zeitschrift aus der Hand, hilft ihr beim Verstauen des Gepäcks und fragt: *Parla italiano?* (Sprechen Sie Italienisch?) Brigitte Weiss spricht es ganz gut, sie war schon öfter in Norditalien. Ihr Sitznachbar stellt sich vor: *Francesco Crespi di Roma.* Brigitte freut sich, dass sie einen echten Römer getroffen hat. Vielleicht kann er ihr weiterhelfen? Sie hat eine Hoteladresse, kennt sich in Rom aber gar nicht aus. Als Fran-cesco Crespi erfährt, dass Brigitte Weiss Rom zum ersten Mal besucht, bietet er seine Hilfe an.

Nach zwei Stunden landet die Maschine, und eine Stimme aus dem Lautsprecher begrüßt die Fluggäste: *Aeroporto Fiumicino – benvenuti a Roma* (Flughafen Fiumicino – willkommen in Rom).

| | |
|---|---|
| buongiorno | guten Tag |
| non | nicht, kein |
| Parla tedesco? | Sie sprechen Deutsch? |
| no | nein |
| Lei è? | sind Sie? |
| italiano | Italienisch, Italiener |
| sì | ja |
| e | und |
| Sono tedesco | Ich bin Deutscher |
| Sono tedesca | Ich bin Deutsche |
| piacere | angenehm, freut mich |
| mi chiamo | ich heiße |

| | |
|---|---|
| ■ Guten Tag. | Guten Tag. |
| ● Buongiorno. | Guten Tag. |
| ■ Ah. Non parla tedesco? | Ah. Sie sprechen kein Deutsch? |
| ● No. | Nein. |
| ■ Lei è italiano? | Sind Sie Italiener? |
| ● Sì. E Lei? | Ja. Und Sie? |
| ■ Sono tedesca. | Ich bin Deutsche. |
| ● Piacere, mi chiamo Crespi. | Freut mich, ich heiße Crespi. |
| ■ Piacere, Brigitte Weiss. | Freut mich, Brigitte Weiss. |

**Der Lerntipp**
Entspannen Sie sich und hören Sie zunächst die Wörter auf der CD an. Achten Sie auf die Aussprache und die Bedeutung der einzelnen Wörter. Dann lesen Sie die Wörter im Buch laut vor und prägen sich die Bedeutung ein.

***no* und *non***
*no* steht allein, heißt „nein". *non* verneint und heißt „nicht" oder „kein".

*Buongiorno* ist eine eher formelle Begrüßung, die sich aber für alle eignet: Fremde und Freunde. Ab dem Nachmittag müssen Sie aber auf *buonasera* (guten Abend) umschalten.

*Italiano* und *tedesco* bezeichnen sowohl die Sprache als auch die Menschen. Das gilt für fast alle Länder: *francese, spagnolo, russo, cinese* usw.

**Erst hören, dann lesen**
Wollten Sie diesen Dialog vorher lesen und erst dann hören? Sie sollten es genau umgekehrt machen. Dann gewöhnen Sie sich nämlich an den Klang der Sprache und fangen an, das Schwierigste in einer neuen Sprache zu üben: das Hörverständnis. Keine Angst, Sie verstehen bestimmt mehr als Sie glauben.

# Übungen

Wenn Sie nicht weiter-wissen, blättern Sie einfach eine Seite zurück und schauen Sie sich den Dialog noch einmal an.

## 1. Was fehlt?

1. Ich heiße Crespi. – *Mi chiamo* Crespi.
2. Und Sie? – E _____?
3. Sie sprechen kein Deutsch? – Non parla _____?
4. Ich bin Italiener. – Sono _____ .

Es gibt immer nur eine korrekte Antwort.

## 2. Die richtige Antwort

1. Lei è italiano?
   a ☐ Piacere, mi chiamo Crespi.
   b ☐ Sì. E Lei?
2. Buongiorno.
   a ☐ Buongiorno.
   b ☐ Sono tedesca.
3. Non parla tedesco?
   a ☐ No.
   b ☐ Sì, sono italiano.
4. Piacere, mi chiamo Crespi.
   a ☐ Sì. E Lei?
   b ☐ Piacere, Brigitte Weiss.

Dies ist eine Sprechübung, damit Sie keine Probleme mit Ihrer Identität bekommen.

## 3. Ich heiße ...

*Mi chiamo* **Giulio Cesare.**

1. Giulio Cesare
2. Luciano Pavarotti
3. Ugo Fantozzi
4. Ernesto Mazzi
5. Clara Martini
6. Paolo Rossi
7. Marco Polo
8. Giovanna Rizzo
9. Gianna Nannini

Fallen Ihnen diese Wörter nicht ein? Im Deutschen sind sie ganz, ganz ähnlich. Sie finden sie am Anfang dieser Lektion auf einen Blick.

## 4. Internationale Wörter

el – ~~infor~~ – men – tea – mus – fono – hot – mo – ~~ma~~ – to – ica – tele - ~~zione~~ – tro

1. informazione
2. _____
3. _____
4. _____
5. _____
6. _____

**Menschen der Welt**

| | |
|---|---|
| *americano* | Amerikaner |
| *olandese* | Holländer |
| *brasiliano* | Brasilianer |
| *europeo* | Europäer |
| *francese* | Franzose |
| *russo* | Russe |
| *spagnolo* | Spanier |
| *cinese* | Chinese |

## 5. Sind Sie ...?

1/3

*Lei è* **italiano**?

1. italiano
2. tedesco
3. americano
4. olandese
5. brasiliano
6. europeo
7. francese
8. russo
9. spagnolo
10. cinese

**1/4**

| | |
|---|---|
| di | von, aus |
| dove? | wo? |
| scusi | entschuldigen Sie |
| prego | bitte |
| come si chiama? | wie heißt? |
| l'albergo (m) | das Hotel |
| il signore | der Herr |
| lo so | ich weiß es |
| c'è | da ist, da gibt's |
| il problema | das Problem |
| ho | ich habe |
| il numero telefonico | die Telefonnummer |

| | |
|---|---|
| ■ Lei è di Roma? | Sind Sie aus Rom? |
| ● Sì, e Lei di dov'è? | Ja, und woher sind Sie? |
| ■ Sono di Augsburg. | Ich bin aus Augsburg. |
| ● Ah, Amburgo. | Aha, Hamburg. |
| ■ No, non sono di Amburgo. | Nein, ich bin nicht aus Hamburg. |
| ● No? | Nicht? |
| ■ Sono di Augsburg, Augusta. | Ich bin aus Augsburg. |

| | |
|---|---|
| ■ Scusi, signor Crespi ...? | Entschuldigung, Herr Crespi ...? |
| ● Sì, prego? | Ja, bitte? |
| ■ Dov'è l'albergo «Forum»? | Wo ist das Hotel „Forum"? |
| ● Come si chiama l'albergo? | Wie heißt das Hotel? |
| ■ «Forum». | „Forum". |
| ● Mhm, non lo so. | Mhm, ich weiß es nicht. |
| ■ Non c'è problema. | Kein Problem. |
| ● Non c'è problema? | Kein Problem? |
| ■ Ho il numero telefonico | Ich habe die Telefonnummer. |

**Der Lerntipp**
1. Zuerst die Wörter ein paar Mal anhören,
2. dann nachsprechen,
3. dann lernen.
4. Es ist immer gut, sie auch aufzuschreiben.

**Das Zauberwörtchen**
*Scusi* hilft immer: Wenn Sie etwas fragen oder wenn Sie sich entschuldigen wollen. *Numero* und *albergo* enden auf *-o,* wie die meisten männlichen Substantive. Der Artikel heißt *il. L'* steht vor Substantiven, die mit Vokal anfangen, egal, ob sie männlich (m) oder weiblich (f) sind.

*dove + è = dov'è*
*ci + è = c'è*

Aufgepasst: Einige deutsche Städte heißen auf Italienisch ganz anders:
Augsburg – *Augusta*
Mainz – *Magonza*
Regensburg – *Ratisbona*
München – *Monaco*
Köln – *Colonia*

**Minikonjugation**

| | |
|---|---|
| *sono* | ich bin |
| *è* | er/sie/es ist; Sie sind |
| *ho* | ich habe |
| *ha* | er/sie/es hat; Sie haben |
| *mi chiamo* | ich heiße |
| *si chiama* | er/sie/es heißt; Sie heißen |
| *parlo* | ich spreche |
| *parla* | er/sie/es spricht; Sie sprechen |

Haben Sie schon bemerkt, dass man im Italienischen nicht „ich", „er", „sie" usw. sagen muss? Die Personen erkennt man nämlich an der Verb-Endung.

# Übungen

Hier ist der Dialog etwas durcheinander geraten. Sie müssen jetzt alles wieder in Ordnung bringen.

## 1. Die richtige Reihenfolge

1. Mhm, non lo so.
2. Scusi, signor Crespi …?
3. Dov'è l'albergo «Forum»?
4. Sì, prego?

Wo ist …?
Fragen hat noch nie geschadet.

## 2. Wo ist …?

*Dov'è l'albergo?*

1. l'albergo
2. il numero telefonico
3. il cappuccino
4. Roma
5. Brigitte
6. il signor Crespi

1/5

Oft ist es so: Man versteht alles, man kann es aber nicht schreiben oder nicht erkennen, wenn es geschrieben steht. Hier sollen Sie entscheiden, wie einige schon bekannte Wörter korrekt geschrieben werden.

## 3. Wie schreibt man richtig?

1. a ☐ piacere
   b ☐ piachere
2. a ☐ c'è
   b ☐ sche
3. a ☐ tedesco
   b ☐ tetesco
4. a ☐ mi ciamo
   b ☐ mi chiamo

Klären Sie auf über Ihren Ursprung.

## 4. Hier oder dort?

*Non sono di **Bogotà**, sono di **Roma**.*

1. Bogotà – Roma
2. Palermo – Milano
3. Bari – Mannheim
4. New York – Capri
5. Berlino – Monaco

Für diese Übung hören Sie auf Ihrer CD einen Dialog. Die Wörter, die vorkommen, kennen Sie alle schon – es wird also nicht allzu schwer sein, die richtigen Antworten anzukreuzen. Sollten Sie trotzdem noch Probleme haben, dann schauen Sie im Schlüssel nach. Dort steht übrigens auch der ganze Dialog.

## 5. Richtig oder falsch?

1/6

|  | richtig | falsch |
|---|---|---|
| 1. Mario ist aus Verona. | ☐ | ☐ |
| 2. Mario stellt keine Fragen. | ☐ | ☐ |
| 3. Jutta lebt in München. | ☐ | ☐ |
| 4. Jutta spricht kein Italienisch. | ☐ | ☐ |
| 5. Jutta und Mario duzen sich. | ☐ | ☐ |

Den Staat Italien gibt es erst seit etwa 140 Jahren. Vorher war die Apennin-Halbinsel in viele kleine Herzog- und Fürstentümer unterteilt. Überall wurden regionale Dialekte gesprochen, die auf das Lateinische zurückgehen. Diese Dialekte waren zum Teil so verschieden voneinander, dass es vor der Gründung des Königreichs Italien im Jahre 1861 einem Sizilianer nicht möglich gewesen wäre, sich mit einem Norditaliener zu unterhalten. So fremd und unvertraut war den Bewohnern des Landes das neue Gebilde *Italia,* dass der Volksmund die kuriose Frage stellte: Wer ist Italia? Die Frau des Königs? (*Chi è l'Italia? La moglie del re?*)

Die heutige Nationalsprache, die auf den toskanischen Dialekt zurückgeht, entwickelte sich nur allmählich, und es dauerte lange, bis sie sich im ganzen Land durchsetzte. Hochitalienisch ist erst seit der Nachkriegszeit – nicht zuletzt durch Radio und Fernsehen – überall zu hören. Heute sprechen fast alle Italiener ein akzeptables *italiano standard*. Trotzdem kann man an Aussprache, Satzmelodie und Klangfarbe meist deutlich erkennen, woher jemand kommt. Neben der Hochsprache werden auch weiter die Dialekte gesprochen. Viele Italiener wechseln das Sprachregister je nach Situation: In der Familie und mit Freunden unterhält man sich im Dialekt, am Arbeitsplatz in der Hochsprache.

**Fremde Sprachen im heutigen Italien**

*Frankoprovenzalisch*
etwa 90.000 Menschen sprechen es in Piemont, im Aostatal und in einigen Orten Apuliens

*Albanisch*
etwa 100.00 Menschen in den Abruzzen, in Molise, in Kalabrien und auf Sizilien

*Griechisch*
etwa 20.000 Menschen in einigen Ortschaften Kalabriens und Apuliens

*Katalanisch*
etwa 15.000 Menschen nur in Alghero auf Sardinien

*Ladinisch*
etwa 30.000 Menschen in den Provinzen Trient und Bozen

*Deutsch*
etwa 300.000 Menschen in Südtirol

# 2

## Wie geht's?

**Kleine Kaffeekunde**
*caffè* = Espresso
*caffè macchiato* = Espresso
mit einem Schuss Milch
*caffè corretto* = Espresso mit
einem Schuss Schnaps
*caffè lungo* = verlängerter
Espresso, auch *caffè ameri-
cano* genannt
*caffè ristretto* = besonders
starker Espresso, vorsicht,
Herzkaspergefahr!
*caffellatte* = Milchkaffee mit
mehr Milch als der
*cappuccino* = mit aufge-
schäumter Milch, in Italien
niemals mit Sahne!

Die italienische Bar ist eine Art Stehcafé. Niemand hält sich dort lange auf: ein schneller *Espresso* in Hut und Mantel, drei flink gewechselte Worte mit dem Nachbarn, ein kurzer Klatsch mit der Freundin beim Aperitif. Man begrüßt sich mit Kopfnicken oder Handschlag; bessere Bekannte oder Freunde geben sich Küsschen in die Luft, rechts und links. Dieser Gruß ist bei Frauen besonders beliebt, aber auch Männer und Frauen oder Verwandte begrüßen sich so. Männer untereinander begrüßen sich seltener auf diese Art. Der *barista* (Barkeeper) begrüßt seine Stammgäste mit einem allgemeinen *Come va?* (Wie geht's?) Einen guten Bekannten fragt er: *Come stai?* (Wie geht's dir?)
Francesco Crespi ist ein eifriger Barbesucher. Als er mit Brigitte seine Stammbar betritt, ruft ihm Barkeeper Giovanni gleich zu: *Ciao, Ciccio, come stai?* (Hallo, Ciccio, wie geht's dir?) Ciccio ist übrigens Francescos Spitzname.

# C'è un bar qui vicino  2 A

**1/7**

| | |
|---|---|
| Come sta? | Wie geht es Ihnen? |
| la signora | die Frau, die Dame |
| Sto bene. | Mir geht's gut. |
| grazie | danke |
| veramente | wirklich |
| un po' così | so la la, ein bisschen so |
| qual è? | was ist? |
| stanco/-a | müde |
| molto | sehr |
| il bar | die Bar |
| qui vicino | hier in der Nähe |

| | |
|---|---|
| ■ Come sta signora Weiss? | Wie geht es Ihnen, Frau Weiss? |
| ● Sì … sto bene grazie. | Ja … mir geht's gut, danke. |
| ■ Veramente bene? | Wirklich gut? |
| ● Beh, un po' così. | Emm, so la la. |
| ■ Qual è il problema? | Was ist das Problem? |
| ● Sono stanca. | Ich bin müde. |
| ■ Molto stanca? | Sehr müde? |
| ● No, un po' stanca. | Nein, ein bisschen müde. |
| ■ C'è un bar qui vicino. | Es gibt eine Bar hier in der Nähe. |
| ● Ah, bene. | Ah, gut. |

Mit *signora* können Sie heutzutage jede Frau ansprechen: verheiratet oder unverheiratet; gelegentlich werden Sie aber auch *signorina*, Fräulein, hören. *Signora* ist weiblich und endet wie fast alle weiblichen Substantive auf -*a*. Der Artikel ist *la*.

Hier lernen Sie zu fragen, wie es einem geht. Sagen Sie bei der Antwort bitte nicht immer die Wahrheit – wie Frau Weiss –, sonst müssen Sie gleich Ihre Probleme erzählen.

Gerade haben Sie gelernt, dass weibliche Substantive fast immer auf -*a* enden, und schon begegnet Ihnen eine Ausnahme: *problema*, ein wichtiges Wort, ist männlich, deswegen *il*.

*c'è* = es gibt, da ist

Sie kennen schon die bestimmten Artikel *il, la, l'*: Jetzt kommt der unbestimmte männliche Artikel *un* dazu.

## 2 A  Übungen

americano bedeutet:
1. Amerikaner
2. amerikanisch
Sie haben nur ein Wort für
Nationalität und Sprache,
und das gilt für alle Nationa-
litätsbezeichnungen.

### 1. Auf Deutsch?

1. americano _____
2. turco _____
3. francese _____
4. italiano _____
5. spagnolo _____

6. inglese _____
7. russo _____
8. tedesco _____
9. polacco _____

Hier haben wir Ihnen ein
bisschen geholfen und die
Artikel mit angegeben.

### 2. Was ist ...?

*Qual è **il problema?***

1. il problema
2. l'informazione
3. il bar
4. l'albergo

5. il numero
6. la musica
7. il teatro

1/8

Bei dieser Übung geht's
wieder um den richtigen
Satzbau. Manchmal gibt es
mehr als nur eine Lösung.
Die können Sie dann im
Schlüssel nachlesen.

### 3. Räumen Sie auf

1. vicino – qui – un bar – c'è
2. è – il problema? – qual
3. di – Lei – è – Roma?
4. sta – come – signora Weiss?

*C'è un bar qui vicino.*
_____
_____
_____

Wenn Sie die Lücken nicht
füllen können, hilft nur
eines: zurückblättern.

### 4. Was fehlt?

1. Come _____ signora Weiss?
2. C'è un bar _____ vicino.
3. Beh un _____ così.
4. _____ è il problema?

Bei *signore, professore* und
*dottore* fällt das *-e* am Ende
weg, wenn diese Titel vor
Namen stehen: *signor
Crespi.*

### 5. Wie geht's ...?

*Come sta, **signora Weiss?***

1. signora Weiss
2. signor Crespi
3. dottor Alberti

4. professor Einstein
5. signora Prada
6. signora Brigitte

1/9

| | |
|---|---|
| ciao | hallo |
| Come va? | Wie läuft's? |
| tu | du |
| Come stai? | Wie geht's dir? |
| non c'è male | nicht schlecht |
| con il lavoro | mit der Arbeit |
| tutto | alles |
| Chi è? | Wer ist (das)? |
| ma | aber |
| sei curioso/-a | du bist neugierig |

■ Ciao Ciccio! Come va?    Hallo Ciccio, wie läuft's?

● Bene. E tu come stai?    Gut. Und wie geht's dir?

■ Non c'è male.    Nicht schlecht.

● Con il lavoro tutto bene?    Mit der Arbeit alles gut?

■ Sì, sì.    Ja, ja.

● E la signora chi è?    Und wer ist die Dame?

■ Ma come sei curioso!    Aber wie neugierig du bist!

*Ciao* ist für Sie eigentlich kein Fremdwort, aber aufgepasst: Im Italienischen benutzt man es nicht nur, um sich zu verabschieden, sondern auch bei der Begrüßung. Sie können es zu jedem sagen, Hauptsache Sie sind mit der Person per Du, sonst gebrauchen Sie *buongiorno* und *buonasera*, bzw. *arriverderci* = auf Wiedersehen.

*Non c'è male* hätten wir hier auch wörtlich übersetzen können: Das Resultat (Es gibt nichts Schlechtes) ist für deutsche Ohren aber kaum akzeptabel.

**Tu und Lei**
Im Italienischen unterscheidet man zwischen einer vertraulichen Anrede mit *tu* und einer höflichen Anrede mit *Lei*:
*Tu sei* (du bist)
*Lei è* (Sie sind).
Im Allgemeinen duzt man sich in Italien etwas mehr, vor allem am Arbeitsplatz.

**Minikonjugation**
Zwei unregelmäßige Verben und eine neue Person: du.

| | |
|---|---|
| *sto* | ich stehe, mir geht's |
| *stai* | du stehst, dir geht's |
| *Lei sta* | Sie stehen, Ihnen geht's |
| | |
| *sono* | ich bin |
| *sei* | du bist |
| *è* | er/sie/es ist, Sie sind |

### 1. Die richtige Frage

1. Beh, un po' così.
   - a ☐ Sta veramente bene?
   - b ☐ Lei è italiano?

2. Ma come sei curioso!
   - a ☐ Tu come stai?
   - b ☐ E la signora chi è?

3. No.
   - a ☐ Non parla tedesco?
   - b ☐ Come va?

4. Sono stanca.
   - a ☐ Dov'è l'albergo «Forum»?
   - b ☐ Qual è il problema?

### 2. Verbinden Sie

1. veramente bene
2. mi chiamo
3. piacere
4. e
5. sono
6. è

- a ☐ ist
- b ☐ wirklich gut
- c ☐ ich bin
- d ☐ freut mich
- e ☐ ich heiße
- f ☐ und

### 3. Wie geht's?

*Come stai? – **Bene, grazie.***

1. Bene, grazie.
2. Non c'è male.
3. Un po' così.
4. Veramente bene.
5. Sono stanco/-a.
6. Sto molto bene.

### 4. Frage und Antwort

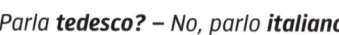 1/10

*Parla **tedesco?** – No, parlo **italiano.***

1. tedesco – italiano
2. turco – francese
3. inglese – spagnolo
4. olandese – tedesco
5. russo – italiano

### 5. Wie sagt man auf Deutsch?

1. tutto bene _____
2. parla _____
3. sei curioso _____
4. qui vicino _____
5. un po' _____

Italien wird zu Recht *il bel paese,* das schöne Land, genannt. Kunstschätze und die herrlichen Städte und Dörfer begründen diesen Ruf genauso wie die Vielfalt der Landschaften. Die Italiener wissen das sehr wohl – denn wie sonst erklärt sich ihre mangelnde Reiselust? In der Tat haben sie alles, was man zur geistigen und körperlichen Erquickung braucht, vor der Haustür: Meere, Berge, Seen und in weiten Teilen des Landes ein angenehm mildes Klima. Das „Land, wo die Zitronen blühen" grenzt im Norden an Österreich und die Schweiz, im Osten an Slowenien, Kroatien, das Adriatische und das Tyrrhenische Meer, im Süden an das Mittelmeer und im Westen an Frankreich und die Riviera. Von der Gesamtoberfläche des Landes sind ungefähr vier Fünftel gebirgig oder hügelig. Die großen Gebirgszüge sind im Norden die Alpen und von Norden nach Süden der Apennin, auch „das Rückgrat Italiens" genannt, weil er den „Stiefel" der Länge nach durchzieht. Das verbleibende Fünftel machen die Ebenen aus, wobei die größte die Poebene ist.

An Küsten aller Art herrscht kein Mangel – insgesamt sind es über 8.600 Kilometer. Außer den Meeren (ligurisches, ionisches, tyrrhenisches und adriatisches) gibt es eine Reihe von Seen. Einige liegen in den südlichen Ausläufern der Alpen und verdanken ihre Entstehung der Eiszeit: der Lago Maggiore, der Lago di Garda, der Lago di Como, der Lago d'Iseo. Andere Seen weiter im Süden, wie der Lago di Bolsena oder der Lago di Bracciano, sind vulkanischen Ursprungs. Noch tätige Vulkane gibt es übrigens auch: der Ätna auf Sizilien, der Vesuv bei Neapel und die Vulkane Stromboli und Vulcano auf den gleichnamigen Inseln.

**Regionen und ihre Hauptstädte**

|  |  |
| --- | --- |
| Piemonte | Torino |
| Val d'Aosta | Aosta |
| Liguria | Genova |
| Lombardia | Milano |
| Trentino/ Alto Adige | Trento |
| Veneto | Venezia |
| Friuli-Venezia-Giulia | Trieste |
| Emilia-Romagna | Bologna |
| Toscana | Firenze |
| Marche | Ancona |
| Umbria | Perugia |
| Abruzzo | L'Aquila |
| Molise | Campobasso |
| Lazio | Roma |
| Campania | Napoli |
| Puglia | Bari |
| Basilicata | Potenza |
| Calabria | Catanzaro |
| Sicilia | Palermo |
| Sardegna | Cagliari |

Wissen Sie, welche dieser Städte auf Deutsch einen anderen Namen haben?

# Was arbeiten Sie?

**Studieren in Italien**
Die Zeit an italienischen Universitäten wird nicht in Semestern, sondern in akademischen Jahren absolviert. Das akademische Jahr heißt *anno accademico.* Der gängigste Abschluss an der Uni ist die *laurea,* die in etwa dem deutschen Staatsexamen entspricht.
Vor kurzem wurden auch so genannte *minilaure* eingeführt, dreijährige Studiengänge nach dem angelsächsischen Prinzip des Bachelor.

In vielen Bars gibt es gerade mal einen Tresen, man kann sich nirgendwo hinsetzen. Aber in Francescos Stammbar gibt es kleine Tische und Stühle. *Dottoressa, che prende?* (Frau Doktor, was nehmen Sie?), fragt Francesco Crespi alias Ciccio, bevor sie Platz nehmen. Brigitte nimmt es genau. Sie hatte Francesco zwar gesagt, dass sie an einem Gymnasium Geschichte unterrichtet, aber von einem Doktortitel war keine Rede gewesen. Das möchte sie klarstellen. Brigitte weiß nicht, dass jeder, der in Italien einen Hochschulabschluss macht, automatisch zum *dottore* oder zur *dottoressa* wird. Es ist üblich, sich mit Titeln oder Berufsbezeichnungen wie *ingegnere* (Ingenieur) oder *avvocato* (Anwalt) anstelle des Familiennamens anzusprechen.
Ciccio lacht nur über Brigittes deutsch-korrekte Erklärungsversuche. Die *dottoressa* trinkt eine *spremuta d'arancia* (frisch gepresster Orangensaft) und kramt die Visitenkarte ihres Hotels hervor. Und Sie? *Cosa fa Lei?* (Was machen Sie?), will Brigitte jetzt endlich wissen. Francesco Crespi ist *programmatore di computer.*

**1/11**

| | |
|---|---|
| dottoressa | Frau Doktor |
| che? | was? |
| prende | Sie nehmen |
| la spremuta d'arancia | der frisch gepresste Orangensaft |
| io | ich |
| fa | Sie machen |
| l'insegnante (m/f) | der Lehrer, die Lehrerin |
| in un liceo | in einem Gymnasium |
| allora | dann |
| Italia (f) | Italien |
| Che bello! | Wie schön! |

■ Dottoressa, che prende? — Frau Doktor, was nehmen Sie?

● Prendo una spremuta d'arancia, grazie. — Einen Orangensaft, danke.

■ Ah, bene. — Ah, gut.

● Signor Crespi? — Herr Crespi?

■ Sì? — Ja?

● Io non sono una dottoressa. — Ich bin keine Doktorin.

■ Ma scusi, che lavoro fa? — Aber entschuldigen Sie, was arbeiten Sie?

● Sono insegnante in un liceo. — Ich bin Lehrerin an einem Gymnasium.

■ Allora in Italia Lei è una dottoressa. — Dann sind Sie in Italien Doktorin.

● Ah, che bello! — Oh, wie schön!

Das Wörtchen *che* kann vieles bedeuten: Hier lernen Sie es als Fragewort (was?) und in der Bedeutung von „welche?" und „wie?" kennen.

Sie kennen schon Substantive, die auf -o *(liceo, numero)* und die auf -a enden *(dottoressa, spremuta)*. *Insegnante* kann sowohl männlich als auch weiblich sein.

**Der unbestimmte Artikel**
männlich:
*un liceo*   ein Gymnasium
*un bar*       eine Bar

weiblich:
*una spremuta*      ein Saft
*una dottoressa* eine Doktorin

# Übungen

Hier müssen Sie sich zuerst fragen: Ist das Substantiv männlich oder weiblich; und dann: Fängt es mit Vokal oder Konsonant an?

## 1. Was steht davor: *il, la* oder *l'*?

1. ___ signora
2. ___ albergo
3. ___ liceo
4. ___ lavoro

5. ___ dottoressa
6. ___ insegnante
7. ___ americano

Heiteres Beruferaten.

## 2. Was arbeiten Sie?

1/12

*Che lavoro fa? Sono* **insegnante.**

1. insegnante
2. fotografo
3. manager

4. studente
5. dottore
6. professore

Schon wieder diese Unordnung! Na ja, jetzt können Sie sich beim Aufräumen vergnügen. Wichtig ist, dass der Dialog Sinn macht.

## 3. Die richtige Reihenfolge

1. Una spremuta d'arancia.
2. Buongiorno.
3. Buongiorno dottoressa, che prende?
4. Ah, bene.

Sie wissen schon, wenn Sie diese Übung nicht schaffen, dann müssen Sie noch einmal die Wörter lernen und die letzten Dialoge lesen. Oder beides von der CD hören.

## 4. Verbinden

1. lavoro
2. grazie
3. non c'è male
4. ma
5. chi è?

a ☐ wer ist?
b ☐ aber
c ☐ Arbeit
d ☐ danke
e ☐ ganz gut

*Che prende?* – Bestellen Sie ordentlich drauflos!

## 5. Was nehmen Sie?

1/13

*Prendo* **una coca cola.**

1. una coca cola
2. una spremuta d'arancia
3. un cappuccino
4. un whisky
5. una pizza
6. un caffè

**1/14**

| | |
|---|---|
| normalmente | normalerweise |
| fa la colazione | Sie frühstücken |
| in ufficio | im Büro |
| l'impiegato | der Angestellte |
| cosa | was?, Sache |
| il segretario | der Sekretär |
| il direttore | der Direktor |
| lavorare | arbeiten |
| il computer | der Computer |
| faccio il programmatore | ich bin Programmierer |

■ Lei normalmente fa la colazione qui?

Frühstücken Sie normalerweise hier?

● No, normalmente in ufficio.

Nein, normalerweise im Büro.

■ Allora Lei è un impiegato?

Dann sind Sie ein Angestellter?

● Sì.

Ja.

■ E cosa fa? È segretario?

Und was machen Sie? Sind Sie Sekretär?

● No.

Nein.

■ È direttore???

Sind Sie Chef???

● No, lavoro al computer.

Nein, ich arbeite am Computer.

■ Ah ...

Aha ...

● Faccio il programmatore.

Ich bin Programmierer.

Sie können *che?* benutzen oder *cosa?* oder beide zusammen *che cosa?* Die Bedeutung ist immer dieselbe: „was?"

**Die Fragewörter**

| | |
|---|---|
| *che?* | was? |
| *cosa?* | was? |
| *chi?* | wer? |
| *come?* | wie? |
| *dove?* | wo? |

Es gibt zwei Möglichkeiten, um vom eigenen Beruf zu sprechen: entweder mit *essere: sono insegnante;* oder mit *fare* + bestimmten Artikel: *faccio il programmatore.*

**Schon gemerkt?**
Frühstücken heißt auf Italienisch *fare colazione. Fare* (machen) ist der Infinitiv von *fa* (Sie machen). Achtung, dieses multifunktionale Verb ist sehr unregelmäßig:

| | |
|---|---|
| *faccio* | ich mache |
| *fa* | Sie machen |
| *facciamo* | wir machen |

## 1. Die richtige Antwort

1. Come sta, signora Weiss?
   - a ☐ Non c'è male.
   - b ☐ Mh, non lo so.
2. Cosa prende?
   - a ☐ C'è un bar qui vicino.
   - b ☐ Una spremuta d'arancia, grazie.
3. Che lavoro fa?
   - a ☐ Sono insegnante.
   - b ☐ No, normalmente in ufficio.
4. E la signora chi è?
   - a ☐ Ma come sei curioso!
   - b ☐ Beh, un po' così.

Dieser Übungstyp wird immer wieder vorkommen. Er ist nützlich, um die Wörter im Zusammenhang zu erkennen, und trainiert die Fähigkeit zur Kommunikation.

Nur 4. und 7. sind ein *problema*.

## 2. *Un* oder *una*?

1. ____ spremuta
2. ____ albergo
3. ____ signora
4. ____ problema
5. ____ dottoressa
6. ____ impiegato
7. ____ bar

Hier sollen Sie Verbformen einsetzen, die Sie schon kennen.

## 3. Sie und ich

1. è – *sono*
2. prende – _____
3. si – _____ mi chiamo
4. parla – _____
5. _____ faccio
6. lavora – _____

Vergessen Sie bei der Berufsbezeichnung mit *fare* nie den Artikel.

## 4. Ich bin ...

1/15

*Faccio **il programmatore**.*
1. il programmatore
2. l'insegnante
3. la dottoressa
4. la colazione
5. il segretario
6. il turista

Hören Sie den Dialog zu dieser Übung auf CD. Keine Angst, alles, was Sie hören, ist schon bekannt.

## 5. Richtig oder falsch?

1/16

|  | richtig | falsch |
|---|---|---|
| 1. Jutta arbeitet in einer Bar. | ☐ | ☐ |
| 2. Mario ist neugierig. | ☐ | ☐ |
| 3. Jutta liebt ihre Arbeit sehr. | ☐ | ☐ |
| 4. Mario arbeitet in der Tourismusbranche. | ☐ | ☐ |
| 5. Jutta und Mario siezen sich. | ☐ | ☐ |

Ab Mitte des 19. Jahrhunderts entsteht in Italien die Bewegung des *Risorgimento* (Wiedererhebung), deren Ziel die nationalstaatliche Vereinigung des Landes ist. Auch heute noch wird in jeder Stadt und jedem Dorf an die führenden Köpfe erinnert: Die *piazza Cavour* ist nach dem piemontesischen Minister und Diplomaten Camillo Cavour benannt, die *via Garibaldi* nach dem Volkshelden Giuseppe Garibaldi, der als Heerführer zum „Befreier Italiens" wurde. Der *corso Vittorio Emanuele II.* schließlich ist nach dem König benannt, der 1861 an die Spitze des neu ausgerufenen Staates tritt. 1921 gründet der ehemalige Sozialist Benito Mussolini die faschistische Partei Italiens. Schon 1922 übernimmt er als *duce* (Führer) die Regierung.

Im Zweiten Weltkrieg kämpft Italien an der Seite Deutschlands und Japans, 1943 wird Mussolini abgesetzt. Aus der antifaschistischen Widerstandsbewegung entsteht die Plattform für die bevorstehende Demokratie. 1946 wird durch Volksentscheid die Monarchie abgeschafft und es entsteht eine parlamentarische und demokratische Republik. Italien ist das Land der permanenten Regierungskrise: Die Regierungen nach dem Zweiten Weltkrieg halten im Durchschnitt nur 10 Monate – fast ohne Unterbrechung stellte bis 1989 die christdemokratische Partei den Regierungschef. Nach dem Ende des Kalten Krieges kommt es zu Veränderungen in der politischen Landschaft. Italien wäre nicht Italien, wenn es seit den Jahren des großen Umbruchs durch *Mani pulite* (Saubere Hände) bei den Parteien nicht ständig etwas Neues gäbe: Namensänderungen, Zusammenschlüsse, Spaltungen, wechselnde Wahlbündnisse, Neugründungen ...

**Giuseppe Verdi**
wurde durch einige seiner Opern, in denen er historische Stoffe mit patriotischen Inhalten füllte, zu *dem* Komponisten des *Risorgimento* schlechthin. Die geschickte Verlagerung damals aktueller politischer Inhalte in längst vergangene Jahrhunderte machten Verdis Opern für die Zensur unangreifbar. Gegen seine Musik war nichts einzuwenden, und so kamen auch italienische Patrioten ungestraft davon, wenn sie Verdis Namen auf Häuserwände schmierten. Die ersten Opernfans? Vielleicht auch das. Aber für Eingeweihte war VERDI vor allem die Abkürzung von **V**ittorio **E**manuele **Re** d'**I**talia – Viktor Emmanuel, König von Italien.

# 4

# Telefonieren

**Einige Ländernamen:**

*Germania* – Deutschland
*Italia* – Italien
*Francia* – Frankreich
*Gran Bretagna* – Groß-
britannien
*Spagna* – Spanien
*Austria* – Österreich
*Svizzera* – Schweiz
*Belgio* – Belgien
*Olanda* – Holland
*Colombia* – Kolumbien

Francesco diskutiert mit *barista* Giovanni über den kürzesten Weg zum Hotel «Forum», während Brigitte in ihrer Handtasche kramt. *Cerca qualcosa?* (Suchen Sie etwas?) erkundigt sich Ciccio. Brigitte sucht Kleingeld für das Telefon, denn sie möchte mal kurz nach Deutschland telefonieren. Ciccio beweist Geistesgegenwart und zieht mit weltmännischer Geste sein Handy aus der Tasche, das so genannte *telefonino* oder *cellulare*. Italien ist eines der Länder, in denen das Handy schon früh seinen Siegeszug angetreten hat. Telefoniert wird immer und überall: an der Straßenkreuzung, im Restaurant, auf der Bahnfahrt. Diskretere Naturen verbergen ihr *telefonino* im Mantel oder im Jackett und lassen sich mittels am Körper spürbarer Berührungsimpulse „anläuten". Die Angeber der Handygemeinde tragen ihr „Ding" gerne und für jeden gut sichtbar am Gürtel wie einen Colt, der statt Munition elektronisches Gedudel von sich gibt. Wie wichtig die geführten Telefonate sind, sei dahingestellt, viele am Handy geführten Gespräche enden jedenfalls mit dem inhaltsschweren Satz *Ci risentiamo* (Wir telefonieren später noch einmal).

**1/17**

| | |
|---|---|
| cercare | suchen |
| qualcosa | etwas |
| Come si dice ...? | Wie sagt man ...? |
| il pezzo | das Stück |
| da | von, zu |
| venti | zwanzig |
| centesimi | Cent |
| la moneta | die Münze |
| per telefonare | zum Telefonieren |
| non c'è bisogno | das ist nicht notwendig |
| il telefonino | das Handy |

Jeder hat seine Strategie, Vokabeln zu lernen: Der eine deckt sie mit einer Postkarte ab, der andere lernt sie mit Hintergrundmusik und schreibt sie auf, und noch ein anderer liest sie laut. Wichtig ist, dass Sie die Wörter so oft wie möglich wiederholen und sich ihre Bedeutung einprägen.

*Come si dice ...?* ist einer dieser lebensnotwendigen Ausdrücke. Damit machen Sie jeden Italiener zum wandelnden Wörterbuch: *Come si dice in italiano ...?*

**Minigrammatik**
**Singular**
männlich:
*il pezzo*    das Stück
weiblich:
*la moneta*    die Münze

**Plural**
männlich:
*i pezzi*    die Stücke
weiblich:
*le monete*    die Münzen

| | |
|---|---|
| ■ Cerca qualcosa, signora Weiss? | Suchen Sie etwas, Frau Weiss? |
| ● Sì cerco. | Ja, ich suche ... |
| ■ Sì? | Ja? |
| ● ... come si dice in italiano ... | ... wie sagt man auf Italienisch ... |
| ■ Cosa? | Was? |
| ● „Pezzi" da venti centesimi. | Zwanzig-Cent-Stücke. |
| ■ Ah, monete. | Ah, Münzen. |
| ● Monete? | Münzen? |
| ■ Sì, monete da venti centesimi. | Ja, Zwanzig-Cent-Münzen. |
| ● Per telefonare. | Zum Telefonieren. |
| ■ Ma non c'è bisogno. | Aber das ist nicht notwendig. |
| ● No? | Nein? |
| ■ No, ho un telefonino. | Nein, ich habe ein Handy. |

Diese Sätzchen sind Schmieröl für den Smalltalk.

## 1. Verbinden

| | | | |
|---|---|---|---|
| 1. | E cosa fa? | a ☐ | Ich weiß es nicht. |
| 2. | Che bello! | b ☐ | Kein Problem. |
| 3. | Non lo so. | c ☐ | Und was tun Sie? |
| 4. | E la signora chi è? | d ☐ | Wie schön! |
| 5. | Non c'è problema. | e ☐ | Und die Dame, wer ist sie? |

In dieser Reihenfolge haben die Sätze wohl wenig Sinn: Probieren Sie sie zu verschieben bis der Dialog stimmt.

## 2. Die richtige Reihenfolge

1. „Pezzi" da venti centesimi.
2. Sì, cerco ... some si dice in italiano ...
3. Cosa?
4. Cerca qualcosa, signora Weiss?

*Non c'è* können Sie mit „es gibt nicht" oder „es gibt kein/-e" übersetzen. Passen Sie auf, die Bedeutung der Beispielsätze ist manchmal ganz unterschiedlich. Mehr dazu im Schlüssel.

## 3. Es gibt nicht ...

*Non c'è* **colazione.**

| | | | |
|---|---|---|---|
| 1. | colazione | 5. | musica |
| 2. | lavoro | 6. | male |
| 3. | bisogno | 7. | un direttore |
| 4. | problema | 8. | un ufficio |

1/18

Haben Sie hier Probleme? Okay, hier eine kleine Hilfe, die fehlenden Wörter auf Deutsch:
es gibt – etwas – Orange – bin – machen

## 4. Was fehlt?

1. Una spremuta _____ .
2. Cerca _____ signora Weiss?
3. Io non _____ una dottoressa.
4. Lei normalmente la _____ colazione qui?
5. Ma non _____ bisogno.

Hier sollen Sie die Überlebensfrage *Come si dice ...?* einschleifen. Zunächst ist es eine Sprechübung, Sie dürfen aber dann gleich die Übersetzung mitschreiben.

## 5. *Come si dice in ...?*

*Come si dice in tedesco* **la spremuta?**

1. la spremuta
2. l'insegnante
3. il bar
4. la colazione
5. l'ufficio
6. curioso

**1/19**

*Ecco* ist ein Wörtchen, das die Italiener einschmuggeln, wo sie nur können. Über-setzt heißt es vieles: hier; da haben wir den Salat; siehste; wusst' ich's doch ...

| | |
|---|---|
| ecco | hier |
| gentile | freundlich |
| chiamare | rufen, anrufen |
| l'attimo | der Moment |
| Germania | Deutschland |
| il prefisso | die Vorwahl |
| mi | mich |
| Suo marito | Ihr Mann |
| sposato/-a | verheiratet |
| forse | vielleicht |
| il fidanzato | der Verlobte/Freund |
| come me | wie ich |

**Zahlen 0 – 9**

| | |
|---|---|
| 0 | *zero* |
| 1 | *uno* |
| 2 | *due* |
| 3 | *tre* |
| 4 | *quattro* |
| 5 | *cinque* |
| 6 | *sei* |
| 7 | *sette* |
| 8 | *otto* |
| 9 | *nove* |

| | |
|---|---|
| ■ Ecco il telefonino, signora Weiss. | Hier ist das Handy, Frau Weiss. |
| ● Grazie, molto gentile. | Danke, sehr freundlich. |
| ■ Chiama l'albergo «Forum»? | Rufen Sie das Hotel «Forum» an? |
| ● No, chiamo un attimo in Germania. | Nein, ich rufe (mal) einen Moment in Deutschland an. |
| ■ Ah ... | Ah ... |
| ● Il prefisso è zero zero quattro nove? | Die Vorwahl ist 0049? |
| ■ Sì, sì, zero zero quattro nove. Mi scusi ... | Ja, ja 0049. Entschuldigen Sie mich ... |
| ● Sì? | Ja? |
| ■ Sono curioso. Chiama Suo marito? | Ich bin neugierig. Rufen Sie Ihren Mann an? |
| ● No, non sono sposata. | Ich bin nicht verheiratet. |
| ■ Forse chiama il fidanzato? | Vielleicht rufen Sie Ihren Freund an? |
| ● Non ho un fidanzato. | Ich habe keinen Freund. |
| ■ Allora è come me: single! | Dann sind Sie wie ich: Single! |

Haben Sie den Unterschied im Gebrauch der Adjektive bemerkt? Crespi sagt *sono curioso,* weil er ein Mann ist; Brigitte Weiß sagt *non sono sposata,* weil sie eine Frau ist. Männliche Adjektive rich-ten sich nach einem männ-lichen Substantiv und enden auf *-o,* weibliche nach einem weiblichen und enden auf *-a.* Dann gibt es noch eine Gruppe, die mit *-e* aufhört und beides sein kann, z. B. *gentile.*

## 1. Die richtige Frage

**1/20**

1. Non ho un fidanzato.     a ☐ Chiama Suo marito?
        b ☐ Forse chiama il fidanzato?

2. No, chiamo in Germania.     a ☐ Chiama l'albergo «Forum»?
        b ☐ Il prefisso è 0049?

3. Sono insegnante in un liceo.     a ☐ Che lavoro fa?
        b ☐ Cerca qualcosa, signora Weiss?

4. Non c'è male.     a ☐ Sta veramente bene?
        b ☐ Qual è il problema?

## 2. Die Vorwahl ist ...

*Per telefonare in **Germania** il prefisso è **zero zero quattro nove**.*

1. Germania – 0049
2. Italia – 0039
3. Austria – 0043
4. Spagna – 0034
5. Svizzera – 0041
6. Francia – 0033
7. Colombia – 0057

## 3. Was ich nicht bin

*No, non sono **sposata**.* (sie)
*No, non sono **sposato**.* (er)

1. sposata/-o
2. stanca/-o
3. bella/-o
4. single
5. fidanzata/-o
6. italiana/-o
7. curiosa/-o
8. gentile

## 4. Verbinden: weiblich oder männlich?

1. l'albergo
2. un numero
3. l'insegnante
4. una dottoressa
5. un marito

a ☐ stanco
b ☐ curiosa
c ☐ telefonico
d ☐ bello
e ☐ sposata

## 5. *In italiano?*

1. Sind Sie Single?
2. Was ist das Problem?
3. Was arbeiten Sie?
4. Wie ist das Frühstück?
5. Ist die Arbeit in Deutschland nicht schön?
6. Sind Sie neugierig

# Ein Anruf verlängert das Leben

Telekommunikation ist eine uritalienische Angelegenheit. Der Erfinder der drahtlosen Telegrafie, Guglielmo Marconi, stammt aus Bologna, wo er 1874 geboren wurde. Im Alter von zwanzig Jahren gelang es ihm, erste Fernverbindungen mit elektromagnetischen Wellen herzustellen. Dank seiner Erfindung konnten bei einer Schiffskatastrophe auf dem atlantischen Ozean (1909) Hunderte von Menschen gerettet werden, und noch im selben Jahr erhielt Marconi den Nobelpreis für Physik.

Mit dem Rettungsgedanken wirbt kurioserweise die *Telecom Italia* noch heute für ihre Handys: was zu Marconis Zeiten der S.O.S.-Funkspruch war, ist heute der Anruf mit dem *telefonino*. In der Fernsehwerbung sieht man Menschen in offenbar aussichtslosen oder lebensbedrohlichen Lagen, aus denen sie sich mit dem Handy retten. Der entsprechende Slogan lautet: *Una telefonata allunga la vita …* (Ein Anruf verlängert das Leben …)

Wer kein *cellulare* hat, für den gibt's zum Glück öffentliche Telefonzellen: Die funktionieren mit Kleingeld, mit *schede telefoniche* (Telefonkarten) oder mit *carte di credito* (Kreditkarten). Guthaben für das Handy gibt es im Tabakladen.

**Il tabaccaio**
Im *tabaccaio,* dem Tabakladen, bekommt man nicht nur Tabakwaren, sondern auch Briefmarken, Telefonkarten und meist auch Fahrkarten für Busse und Straßenbahnen. Aufgrund eines alten Staats-monopols gibt es kurioserweise beim *tabaccaio* auch Salz. Man erkennt den Tabakladen an einem blauen oder schwarzen Schild, auf dem *sali e tabacchi* – Salz und Tabak – steht.

# T  Test 1

Die erste Aufgabe bezieht sich auf die Texte über Italien, die Sie bis jetzt gelesen haben.

Italienisch hält das Land sprachlich zusammen, weil viele immer noch Dialekt sprechen.

Begrüßen hat auch immer mit dem Körper zu tun, ob Hand, Arm, Mund oder Fuß.

Johann Wolfgang von Goethe hätte mit dieser Frage keine Probleme.

Grundkurs Italienische Geschichte.

Geben Sie's zu: Sie würden auch gerne mit *dottore* angesprochen werden.

Wichtig ist hier, dass Sie immer auch an den Kontext, an die Situation denken.

## 1. Was stimmt?

1. Der italienische Staat existiert seit ...
   a ☐ ca. 2000 Jahren.
   b ☐ ca. 140 Jahren.
   c ☐ ca. 50 Jahren.
2. Die heutige Nationalsprache entstand ...
   a ☐ aus dem toskanischen Dialekt.
   b ☐ in den Abruzzen.
   c ☐ vor allem am Arbeitsplatz.
3. In Italien begrüßen sich Bekannte in der Regel ...
   a ☐ mit Händeschütteln.
   b ☐ mit Nasereiben.
   c ☐ mit zwei Küsschen.
4. Etwa vier Fünftel von Italiens Gebiet ist ...
   a ☐ mit Zitronen bepflanzt.
   b ☐ gebirgig oder hügelig.
   c ☐ vulkanischen Ursprungs.
5. Giuseppe Garibaldi war ...
   a ☐ der Gründer der faschistischen Partei.
   b ☐ ein Kämpfer und Heerführer für die Einheit Italiens.
   c ☐ ein christdemokratischer Regierungschef.
6. *Dottore* ist in Italien der, ...
   a ☐ der ein Hochschulstudium abgeschlossen hat.
   b ☐ der als Arzt arbeitet.
   c ☐ der an der Universität unterrichtet.

## 2. Frage und Antwort

1. Lei di dov'è?
2. Con il lavoro tutto bene?
3. Dottoressa che prende?
4. Lei normalmente fa colazione qui?
5. Che lavoro fa?
6. Come sta signora Weiß?

a ☐ Sto bene, grazie.
b ☐ Sono insegnante in un liceo.
c ☐ Sono di Augsburg.
d ☐ Prendo una spremuta d'arancia.
e ☐ No, normalmente in ufficio.
f ☐ Sì, sì.

## 3. Wählen Sie immer nur ein Wort

Überlegen Sie genau, welche die einzig richtige Lösung ist. Sie können es auch mit dem negativen Auswahlverfahren machen: Dies passt nicht, dies auch nicht, also muss es das sein!

1. Come _____ signora Weiss?
   a ☐ prende
   b ☐ chiama
   c ☐ sta
2. _____ , mi chiamo Crespi.
   a ☐ Scusi
   b ☐ Piacere
   c ☐ Sono
3. C'è un bar_____ vicino.
   a ☐ qui
   b ☐ di
   c ☐ un po'
4. Con _____ lavoro tutto bene?
   a ☐ la
   b ☐ un
   c ☐ il
5. _____ una spremuta d'arancia.
   a ☐ Prendo
   b ☐ Chiama
   c ☐ Non sono
6. Chiama _____ marito?
   a ☐ prende
   b ☐ forse
   c ☐ Suo

## 4. Sinn oder Unsinn?

Wer setzt fest, wo die Grenze zwischen Sinn und Unsinn anfängt? Vielleicht werden Sie in Ihrem Leben solche Sätze nie benutzen, jetzt helfen sie Ihrer Kreativität. Die Übersetzungen finden Sie, wie üblich, im Lösungsschlüssel im Anhang.

1. Ich nehme einen Single.
2. Sind Sie Italienerin?
3. Das Gymnasium ist neugierig.
4. Ist die Vorwahl verheiratet?
5. Ich suche ein schönes Problem.
6. Guten Tag, ich heiße Frühstück.

# Wer bist du?

*Mamma* heißt übrigens auch „Brust"!

Ciccio bringt Brigitte zum Hotel und verabredet sich mit ihr zum Abendessen. *Se è d'accordo …* (Wenn Sie einverstanden sind …). Brigitte nimmt die Einladung gerne an, sie möchte mehr über ihren römischen Begleiter wissen. Im Laufe des Abends erfährt sie, dass Ciccio für eine deutsche Computerfirma arbeitet. Er verdient nicht schlecht als Programmierer, leistet sich aber trotzdem keine eigene Wohnung, sondern lebt mit der Mutter und seiner jüngeren Schwester zusammen. Brigitte findet es seltsam, dass jemand, der im Berufsleben steht und schon lange kein Twen mehr ist, immer noch an Mammas Pastatopf hängt. Ciccio ist kein Einzelfall. Viele junge und auch nicht mehr ganz junge Leute bleiben lange bei den Eltern wohnen. Dafür gibt es eine Reihe von Gründen: der ausgeprägte Familiensinn, Wohnungsnot, zu hohe Mieten oder auch einfach Bequemlichkeit. Vielleicht ist Ciccio ja auch ein *mammone,* ein Muttersöhnchen. Das Phänomen einer allzu engen Mutter-Sohn-Bindung nennt man im Italienischen *mammismo,* und vielleicht ist es ja in dem Zusammenhang auch ganz passend, dass man sich im Alltag gerne mit dem Ausruf *Mamma mia!* Luft macht. Im Deutschen würde man in vergleichbaren Situationen wohl „Mein Gott!" sagen. Zufall?!

| | |
|---|---|
| il Suo vino | Ihr Wein |
| buono | gut |
| bevo | ich trinke |
| alla Sua salute | auf Ihr Wohl |
| cincin | prost |
| perché? | warum? |
| dice | Sie sagen, er/sie sagt |
| semplicemente | einfach |
| o | oder |
| va bene | in Ordnung |
| se | wenn, falls, ob |
| per me/te | für mich/dich |

■ Com'è il Suo vino, signora Weiss?

Wie ist Ihr Wein, Frau Weiss?

● Buono, veramente molto buono.

Gut, wirklich sehr gut.

■ Bevo alla Sua salute, signora Weiss, cincin!

Ich trinke auf Ihr Wohl, Frau Weiss, prost!

● Cincin!

Prost!

■ Signora Weiss …

Frau Weiss …

● Sì, signor Crespi?

Ja, Herr Crespi?

■ Perché non dice semplicemente «Francesco» … o «Ciccio» …?

Warum sagen Sie nicht einfach „Francesco" … oder „Ciccio" …?

● Va bene. Ma se tu per me sei Ciccio, io per te sono Gitte, ok?

In Ordnung. Aber wenn du Ciccio für mich bist, bin ich Gitte für dich, o.k.?

■ Va bene, allora, cincin, Gitte!

In Ordnung, also prost, Gitte!

● Cincin, Ciccio!

Prost, Ciccio!

Es geht auch kurz:
*come + è = com'è*
*dove + è = dov'è*
*ci + è = c'è*

**Alla Sua salute!**
heißt: Auf Ihr Wohl! Wörtlich: Auf Ihre Gesundheit! Man kann auch einfach *salute!* sagen. Das entspricht dem deutschen „Prost!" Die Variante *cincin* unterstreicht lautmalerisch die klingenden Gläser.

**mein, dein, sein**
*il suo* vino kann heißen: Ihr/ihr/sein Wein.

Die Endung *-o (suo)* bezieht sich auf *il vino*, also auf ein männliches Substantiv. Entsprechend: *alla suu salute*: auf Ihre/ihre/seine Gesundheit.

Bitte beachten: *Suo, Sua* – Ihr, Ihre in der höflichen Anrede immer groß.

**Kurze Vornamen**

| | |
|---|---|
| *Ciccio* | von Francesco |
| *Pino* | von Giuseppino |
| *Pina* | von Giuseppina |
| *Gianni* | von Giovanni |
| *Gianna* | von Giovanna |
| *Nino* | von Antonino |
| *Nina* | von Antonina |
| *Lele* | von Gabriele |

(aufgepasst: Gabriele ist männlich)

# Übungen

Erst nachdenken, dann
zurückblättern, alle Sätze
kommen im Dialog vor.

## 1. Was fehlt?

1. Com'è _____ , signora Weiss?
2. Il vino è molto _____.
3. Bevo _____ Sua salute!
4. Perché non dice _____ Ciccio?
5. Se _____ per me sei Ciccio, io sono Gitte.

Berühmt oder berüchtigt,
das ist die Frage.

## 2. Megalomania

*Se tu sei **Marcello Mastroianni** io sono **Ornella Muti.***
1. Marcello Mastroianni – Ornella Muti
2. Claudia Schiffer – David Copperfield
3. Francesco Petrarca – Alessandro Manzoni
4. Leonardo Da Vinci – Michelangelo
5. Italo Calvino – Günter Grass
6. Paolo Conte – Eros Ramazotti

Diese Sätze eignen sich her-
vorragend, um Vorschläge
zu machen oder um den
anderen auch mal zu mani-
pulieren.

## 3. Warum nicht?

1/22

*Perché non **prende un cappuccino?***
1. prende un cappuccino       2. parla italiano
3. fa la colazione qui        4. lavora in ufficio
5. dice semplicemente „Ciccio"  6. fa il programmatore

Achtung: *suo* steht vor dem
männlichen, *sua* vor dem
weiblichen Hauptwort.

## 4. *il suo* oder *la sua*?

1. _____ lavoro          2. _____ fidanzato
3. _____ signora         4. _____ numero telefonico
5. _____ salute          6. _____ albergo
7. _____ colazione

Nicht gleich das Handtuch
werfen. Andere studieren
sieben Semester, bis sie das
übersetzen können

## 5. Auf Italienisch ...?

1. Der Wein ist wirklich sehr gut.
2. Ich trinke auf Ihr Wohl!
3. Warum frühstücken Sie im Büro?
4. Du bist einfach neugierig!
5. Wenn du ein Chef (Direktor) bist, bin ich eine Doktorin.

1/23

| | |
|---|---|
| hai | du hast |
| il fratello | der Bruder |
| la sorella | die Schwester |
| più piccolo/-a | kleiner, jünger |
| abita | sie/er wohnt; Sie wohnen |
| mia madre | meine Mutter |
| ancora | noch |
| la famiglia | die Familie |
| la cosa | das Ding |
| sono | sie sind |
| differente | verschieden |

■ Hai fratelli e sorelle, Gitte?

Hast du Geschwister, Gitte?

● Sì, ho un fratello e una sorella, e tu?

Ja, ich habe einen Bruder und eine Schwester, und du?

■ Ho una sorella più piccola.

Ich habe eine jüngere Schwester.

● E dove abita?

Und wo wohnt sie?

■ Abita con me e con mia madre.

Sie wohnt bei mir und meiner Mutter.

● Come? Abiti ancora in famiglia?

Wie? Wohnst du noch bei der Familie?

■ Sì, non sono sposato e …

Ja, ich bin nicht verheiratet und …

● Ma …

Aber …

■ Eh, in Italia le cose sono un po' differenti.

Tja, in Italien sind die Dinge ein bisschen anders.

### Endungen im Überblick

| | männl. | weibl. |
|---|---|---|
| Singular | -o | -a |
| Plural | -i | -e |
| | | |
| Singular | -e | |
| Plural | -i | |

Der Artikel von männlichen Substantiven im Plural heißt *i*.
Der Artikel von weiblichen Substantiven im Plural heißt *le*.

| *avere* | **haben** |
|---|---|
| ho | ich habe |
| hai | du hast |
| ha | er/sie hat; Sie haben |

| *essere* | **sein** |
|---|---|
| sono | ich bin |
| sei | du bist |
| è | er/sie ist; Sie sind |
| sono | sie sind |

### Dreimal *me*

| *con me* | mit **mir** |
|---|---|
| *per me* | für **mich** |
| *come me* | wie **ich** |

Entsprechend auch *te*.

*mia madre ...*
steht ohne Artikel. Der ent-
fällt, wenn es um Verwandte
in der Einzahl geht. Ebenso:
*mio fratello, mia sorella.*

## 1. Die richtige Reihenfolge

1. E dove abita?
2. Ho una sorella più piccola.
3. Hai fratelli e sorelle?
4. Abita con me e con mia madre.

*il fratello → i fratelli*
*la sorella → le sorelle*
Aufgepasst bei 2., 4., 6., 8.:
Die Endung *-i* ist nicht
immer männlich.

## 2. Bilden Sie den Plural

1. a  *I fratelli sono* **curiosi.**
   b  *Le sorelle sono* **curiose.**

1. curioso
2. gentile
3. piccolo
4. differente

5. americano
6. interessante
7. buono
8. intelligente

Es geht hier nicht um
Grammatik, eher um Logik.

## 3. Fragen und Antworten

1. Abiti in Italia?
2. Cerca qualcosa?
3. Lavori in ufficio?
4. Parli tedesco?

5. Hai fratelli e sorelle?

a ☐ Sì, parlo tedesco.
b ☐ No, non ho fratelli e sorelle.
c ☐ No, abito in Germania.
d ☐ Sì, cerco monete da
     duecento lire.
e ☐ Sì, lavoro in ufficio.

## 4. Wie heißen die Formen für *tu* und *Lei*?

Verben auf *-are: abit**are***
*(io)     abit**o***
*(tu)     abit**i***
*(Lei)    abit**a***
Genauso: *cerc**are**, lavor**are**,*
*parl**are**, telefon**are**.*

1. io parlo      tu _____    Lei _____
2. io lavoro     tu _____    Lei _____
3. io abito      tu _____    Lei _____
4. io telefono   tu _____    Lei _____

## 5. Die richtige Antwort

CD reinschieben und Ohren
spitzen.

1/24

1. Gianna ha un fidanzato.        sì ☐      no ☐
2. Gianna è single.               sì ☐      no ☐
3. Gianna abita in Germania.      sì ☐      no ☐
4. Fabrizio è curioso.            sì ☐      no ☐
5. Fabrizio ha un fidanzato.      sì ☐      no ☐

Italien hat sich seit der Nachkriegszeit mehr und mehr zum Industrieland entwickelt. Mit zunehmendem Wohlstand aber hat die Geburtenfreudigkeit abgenommen. Der Trend geht wie in allen europäischen Staaten hin zur Klein- bis Kleinstfamilie. Dieses Phänomen wird im Zusammenhang mit der Zukunft des italienischen Sozialstaats, dem sogenannten *welfare,* beklagt. Man kann es drehen und wenden wie man will, bei allen noch so wohlgemeinten Ratschlägen zur Reform des *stato sociale* wird deutlich, dass nur das *far figli,* das Kindermachen, Rettung und Rentenbeiträge bringen kann. Eine Statistik besagt, dass es innerhalb der nächsten 30 Jahre elf Millionen weniger Erwerbstätige geben wird; die Bevölkerung über 60 hingegen wird um fünf Millionen ansteigen. Gründe für diese Entwicklung: Es gibt wenig finanzielle Anreize für kinderreiche Familien, und zum Miterwerb gezwungene Frauen bekommen ihre Kinder immer später. Man spricht vom „Verspätungssyndrom". Selbst die Gegenden, in denen die Familien traditionell mit einer größeren Kinderschar gesegnet waren, wie z. B. im *mezzogiorno* (Süditalien), liegen in der Statistik mit 1,7 bis 1,8 Kindern noch hinter den Quoten der skandinavischen Länder.

# Ich kaufe, also bin ich

**I numeri 10 – 20**

| | |
|---|---|
| 10 | *dieci* |
| 11 | *undici* |
| 12 | *dodici* |
| 13 | *tredici* |
| 14 | *quattordici* |
| 15 | *quindici* |
| 16 | *sedici* |
| 17 | *diciassette* |
| 18 | *diciotto* |
| 19 | *dicannove* |
| 20 | *venti* |

Ein *palazzo* muss nicht unbedingt ein Palast sein. *Palazzo* meint meist nichts anderes als „Wohnhaus" oder „Gebäude".

Das *Quattrocento* (wörtlich „400") ist das 15. Jahrhundert! Es meint alle Jahre von 1400 bis 1499.

Ciccio sagt seiner deutschen Freundin, wo's langgeht: Sie möchte am Tag nach ihrer Ankunft ein paar Besorgungen machen. Er beschreibt Brigitte, wo sie was findet und klärt sie auch über das Geschäftsleben in Italien auf: Die meisten Läden machen über Mittag eine lange Pause (von 13.00 – 16.00 Uhr), dafür sind sie am Abend bis 19.30 oder 20.00 Uhr geöffnet – im Süden und an Orten mit Tourismus noch länger. In der Regel haben nur *i grandi magazzini* (die Kaufhäuser) *orario continuato* (durchgehende Öffnungszeiten). Erstaunlicherweise gibt es in den italienischen Städten noch viele kleine Läden, die dem Druck der Kaufhausketten augenscheinlich standhalten, vielleicht weil sie Familienbetriebe sind: So werden Personal- und Lohnnebenkosten gespart und zum Teil auch hohe Mieten. Das gilt vor allem für traditionsreiche Einzelhändler, die häufig schon seit Generationen auf ein Sortiment spezialisiert sind: Schon dem *bisbisbisnonno* (Urururgroßvater) gehörte die Ladenetage eines *Palazzo* aus dem *Quattrocento* (15. Jh.). Ciccio entlässt Brigitte in ihr Einkaufsabenteuer. Man könne sich ja am Abend nach dem Essen wieder treffen. *Va bene.* Brigitte ist ganz froh, dass sie jetzt einmal auf eigene Faust losziehen kann.

**1/25**

| | |
|---|---|
| trovare | finden |
| il negozio di abbigliamento | das Bekleidungsgeschäft |
| perché | warum?, weil ... |
| voglio comprare | ich will kaufen |
| il vestito | das Kleid, Kleidungsstück |
| quando? | wann? |
| aperto/-a | geöffnet, offen |
| dalle ... alle | von ... bis (Uhrzeit) |
| vado in centro | ich gehe in die Stadt |
| dopo | nach |
| il pranzo | das Mittagessen |
| Vai da solo/-a? | Gehst du allein? |

■ Ciccio, dove trovo un negozio di abbigliamento?

Ciccio, wo finde ich ein Bekleidungsgeschäft?

● Perché?

Warum?

■ Perché voglio comprare un vestito.

Weil ich ein Kleid kaufen will.

● Mmh, forse in via Nazionale.

Mmh, vielleicht in der Via Nazionale.

■ E quando sono aperti i negozi?

Und wann sind die Geschäfte geöffnet?

● Normalmente sono aperti dalle 10.00 alle 13.00 e dalle 16.00 alle 20.00.

Normalerweise sind sie von 10.00 bis 13.00 Uhr und von 16.00 bis 20.00 Uhr geöffnet.

■ Bene, allora vado in centro dopo pranzo.

Gut, dann gehe ich nach dem Mittagessen in die Stadt.

● Vai da sola?

Gehst du alleine?

■ Beh, sì, Ciccio, perché tu stai in ufficio e ...

Mmh, ja, Ciccio, weil du im Büro bist und ...

● Mmh, da sola ... Veramente non c'è problema, Brigitte?

Mmmh, alleine ... Ist das wirklich kein Problem, Brigitte?

■ No, non c'è problema.

Nein, das ist kein Problem.

---

**un negozio di**
– *abbigliamento* (Bekleidung)
– *alimentari* (Lebensmittel)
– *calzature* (Schuhe)
– *vini* (Wein)

**voglio**
(ich will) kommt von *volere* (wollen). Hinter *voglio* können Sie einfach ein Verb setzen: *voglio telefonare* – ich will telefonieren.

| **andare** | gehen, fahren |
|---|---|
| *vado* | ich gehe |
| *vai* | du gehst |
| *va* | er/sie geht; Sie gehen |

**via**
heißen fast alle Straßen in Italien, die einen Namen haben.

**viale**
ist die Allee

# Übungen

Wir finden die Übung deswegen gut, weil Sie genau hinschauen oder -hören müssen.

## 1. Die richtige Antwort

1. Dove trovo un negozio di abbigliamento?
   - a ☐ In centro.
   - b ☐ Voglio comprare un vestito.
2. Vengo con te?
   - a ☐ Ma come sei curioso!
   - b ☐ No, non c'è bisogno.
3. Quando sono aperti i negozi?
   - a ☐ Vado in centro dopo pranzo.
   - b ☐ Sono aperti dalle 16.00 alle 20.00.
4. Vai in ufficio?
   - a ☐ No, vado in centro.
   - b ☐ Non c'è problema.

Der moderne Ego dürfte hier keine Probleme haben.

## 2. Ich will ...

*Voglio **lavorare in ufficio.***

1. lavorare in ufficio
2. prendere una spremuta d'arancia
3. telefonare in Germania
4. abitare in centro
5. trovare un fidanzato
6. parlare italiano
7. cercare un insegnante

Achtung Endungen, überlegen Sie: Einzahl/Mehrzahl, männlich/weiblich?
*il negozio aperto*
*la pizzeria aperta*
*i negozi aperti*
*le pizzerie aperte*

## 3. Wann?

*Quando **sono aperti i negozi?***

1. sono aperti i negozi
2. è aperto il bar
3. è aperto l'ufficio
4. è aperta la pizzeria
5. è aperto l'albergo
6. è aperto il liceo

***dalle ... alle*** (von ... bis)
Weitere Zahlen und Uhrzeiten in Lektion 7, S. 49 und 12, S. 81.
*Dalle ... alle* gilt nur für die Uhrzeit in der Mehrzahl.

## 4. Von ... bis ...

*Il negozio è aperto dalle **16.00** alle **20.00.***

1. 16.00 – 20.00
2. 07.00 – 19.00
3. 11.00 – 14.00
4. 19.00 – 02.00
5. 06.00 – 11.00
6. 09.00 – 14.00

Wer suchet, der findet.

## 5. Welches Verb passt in die Lücke?

comprare – abiti – bevo – faccio

1. Voglio _____ un vestito.
2. _____ ancora con la famiglia?
3. Normalmente la _____ colazione in ufficio.
4. _____ alla Sua salute!

# Mi sa dire dov'è ...? 6 B

| | |
|---|---|
| mi sa dire ...? | können Sie mir sagen ...? |
| per favore | bitte |
| quale? | welche/-r/-s? |
| la prima strada | die erste Straße |
| a sinistra | (nach) links |
| arrivare | (an-)kommen |
| la piazza | der Platz |
| vedi | du siehst |
| la fermata dell'autobus | die Bushaltestelle |
| a destra | (nach) rechts |
| sempre diritto | immer geradeaus |

■ Scusi, mi sa dire, per favore, dov'è via Frattina? — Entschuldigung, können Sie mir sagen, wo die Via Frattina ist?

● Sì, è qui vicino. — Ja, das ist hier in der Nähe.

■ E quale strada è? — Und welche Straße ist das?

● E' la prima strada a sinistra. — Es ist die erste Straße links.

■ Grazie. — Danke.

● Prego. — Bitte.

■ Come arrivo in piazza Colonna? — Wie komme ich zur Piazza Colonna?

● Vedi la fermata dell'autobus? — Siehst du die Bushaltestelle?

■ Sì ... — Ja ...

● Con l'autobus, sono due fermate. — Mit dem Bus sind es zwei Haltestellen.

■ E a piedi? — Und zu Fuß?

● Se prendi la prima strada a destra e vai sempre diritto arrivi in piazza Colonna. — Wenn du die erste Straße links nimmst und immer geradeaus gehst, kommst du zur Piazza Colonna.

■ Grazie, ciao. — Danke, ciao.

---

**mi sa dire ...?**
heißt eigentlich: „wissen Sie mir zu sagen ...?"
Der Infinitiv von *sa* heißt *sapere* (wissen).

**Per favore – prego**
*Per favore* sagt man, wenn man um etwas bittet.

**Prego** wird im Sinne von „bitte, gern geschehen" verwendet.

Im ersten Dialog trifft Brigitte auf einen Passanten, den sie siezt. Im zweiten Dialog wird Brigitte geduzt.

**Minikonjugation**
Regelmäßige Verben auf *-ere*:

| prendere | vedere |
|---|---|
| (nehmen) | (sehen) |
| prendo | vedo |
| prendi | vedi |
| prende | vede |

## 1. Verbinden

Die einfachste Art zu übersetzen.

1. Vedi la fermata dell'autobus?
2. E' la prima strada a destra.
3. Se vai diritto, arrivi in piazza.
4. Mi sa dire dov'è un bar?
5. Il negozio è qui vicino.

a ☐ Können Sie mir sagen, wo eine Bar ist?
b ☐ Das Geschäft ist hier in der Nähe.
c ☐ Siehst du die Bushaltestelle?
d ☐ Wenn du geradeaus gehst, kommst du auf den Platz.
e ☐ Es ist die erste Straße rechts.

## 2. Können Sie mir sagen ...?

Wer den Stadtplan vergiss, muss eben fragen ...

*Mi sa dire dov'è **l'albergo „Forum"**?*

1. l'albergo „Forum"
2. un negozio di abbigliamento
3. la via Nazionale
4. un bar qui vicino
5. un telefono
6. il liceo

## 3. Sie und du

Keine Hemmungen, nur fleißig geduzt.

1. Prende un cappuccino?
2. Vede la fermata?
3. E' stanca?
4. Prende l'autobus?
5. Abita in piazza?

*Prendi un cappuccino?*
_____
_____
_____
_____

## 4. Wo ist das Hotel?

*in via ..., in piazza, in centro*
***in** bei Ländern und Regionen:*
*in Italia, in Germania,*
*in Toscana*
***a** bei Städten:*
*a Roma, a Monaco,*
*a Firenze*

*L'albergo è **qui vicino**.*

1. qui vicino
2. in piazza Garibaldi
3. a sinistra
4. in via XX (venti) settembre
5. in centro
6. a destra

## 5. Ja oder nein?

Kreuzen Sie an, ob das auch wirklich gesagt wird.

1/28

| | sì | no |
|---|---|---|
| 1. La fermata dell'autobus è in via Nazionale. | ☐ | ☐ |
| 2. Pino compra un computer in centro. | ☐ | ☐ |
| 3. Il negozio d'abbigliamento è in via Nazionale. | ☐ | ☐ |
| 4. Il negozio si chiama „Moda". | ☐ | ☐ |

Eines wird Ihnen in Italien bestimmt nicht passieren: Dass Sie den Eindruck haben, die Fußgängerzonen der Großstädte seien alle gleich. Wegen der alten Stadtstrukturen haben sich Kaufhausketten mit ihren großen Verkaufsflächen in den Zentren nur vereinzelt angesiedelt. Das Land, dessen Bruttosozialprodukt immerhin das von Großbritannien übersteigt, besitzt eine ganz besondere Art von Konsumtempeln, nämlich die alten, traditionsreichen Läden. Besonders wenn es um Schuhe und Kleidung geht, trauen Italiener den Kleinhändlern einfach mehr zu. Jeder hat da sein Spezialgeschäft, seinen Geheimtipp, den er nicht unbedingt gerne weiterverrät: Die Verkäufer wissen auf persönliche Wünsche einzugehen, kennen vielleicht noch die Mutter und den Onkel, erinnern sich an den Rock, den man im letzten Sommer gekauft hat, zu dem jetzt jene Bluse entzückend passen würde. Schade, dass am Ende dieser fast freundschaftlichen Begegnung die Kasse immer klingeln möchte, mal mehr, mal weniger. *Le signore* sind nämlich bei solchen Einkäufen unschlagbar: Sie schaffen es, galant Preise zu drücken und nach einstündigem Anprobieren den Laden souverän und mit leeren Händen zu verlassen. Weswegen sie oft von ihren Männern und Kindern als unverzichtbare Kaufbegleiterinnen engagiert werden. Die einen wollen kaufen, die anderen begnügen sich damit, den *corso* (die Hauptstraße) auf und ab zu flanieren. Hauptsache man beteiligt sich an dem Spiel des Sehens und Gesehenwerdens.

**Dichtung und Waren**
Neben *Upim* ist *Rinascente* eines der bekanntesten Kaufhäuser. Seinen Namen, der wörtlich „die Neuerstehende" heißt, verdankt es niemand Geringerem als dem dekadenten Nationalpoeten Gabriele D'Annunzio.

# Ein Gläschen …

## Kaffee im Stehen

Eine italienische *bar* ist kein Ort für dämmrige Szenentreffs, sondern eher die Durchgangsstation für einen schnellen Kaffee im Stehen. Die *bar* ist in der Regel durchgehend von früh (6 oder 7 Uhr) bis abends gegen 21.00 geöffnet.

## In vino veritas?

Im Land der weltgrößten Weinproduktion wird immer mehr Bier getrunken, vor allem von jungen Menschen. Wein gilt für sie als zu edel oder altbacken, also etwas für den reichen Onkel oder den Opa. Im Allgemeinen schrumpft der Unterschied zwischen Wein- und Bierkonsum: 58 % der Italiener trinken Wein, 45 % Bier.

Francesco trifft sich mit Brigitte um zehn Uhr abends auf der Piazza Campo de' Fiori. Er ist sogar fünf Minuten zu früh da, denn er weiß, dass nördlich von Italien Uhrzeiten ganz anders verstanden werden. Der Platz füllt sich allmählich mit Menschen – kleine Gruppen von Freunden, die sich laut und angeregt unterhalten. Schließlich kommt auch Brigitte. Dass Francesco, den sie erst seit zwei Tagen kennt, ihr zwei Wangenküsse gibt, interpretiert sie als „italienische Begrüßung". Ein wunderbarer Abend, meint sie, ob man nicht etwas spazieren und danach ein Glas Wein trinken gehen wolle. *C'è un bar molto bello vicino a Piazza Colonna* (Es gibt eine sehr schöne *bar* in der Nähe der Piazza Colonna). Francesco ist einverstanden, und eine halbe Stunde später sind die beiden dort. Francesco bestellt ein Bier, Brigitte einen Wein. Eigentlich wollte er es nicht zugeben, aber er mag keinen Wein. Zu Hause würde man immer Wein trinken, er findet Bier besser, jugendlicher. Brigitte ist etwas verwirrt, dieser Ciccio will ihr nicht so richtig ins Bild passen. Aber schon kommt die Frage: *Cosa fai domani mattina?* (Was machst du morgen früh?) Es stellt sich heraus, dass beide noch etwas in der Stadt kaufen möchten und so beschließen sie, gemeinsam „shoppen" zu gehen. 10 Stunden später. Es ist Samstagvormittag, die Straßen und die Läden sind voll. Vier Augen sehen besser als zwei, mit diesem Argument begleitet Francesco Brigitte auf der Suche nach einem neuen Kleid. Kann es sein, dass sie in den zwei Tagen so viel zugenommen hat, fragt sich Brigitte besorgt im Laden, weil die übliche Größe nicht passt? Keine Bange, Brigitte, die Größen sind in Italien anders.

# Voglio comprare un vestito

**1/29**

| | |
|---|---|
| fai | du machst |
| domani | morgen |
| la mattina | der Vormittag |
| il sabato | der Samstag |
| vero/-a | wahr |
| fare la spesa | einkaufen |
| di nuovo | (schon) wieder |
| il prezzo eccezionale | der Superpreis |
| vengo? | ich komme, soll ich kommen? |
| in due | zu zweit |
| divertente | unterhaltsam, lustig |

■ Cosa fai domani mattina, Ciccio?
Was machst du morgen Vormittag, Ciccio?

● Domani è sabato, vero?
Morgen ist Samstag, nicht wahr?

■ Sì.
Ja.

● Sabato non lavoro, normalmente vado a fare la spesa.
Am Samstag arbeite ich nicht, normalerweise gehe ich einkaufen.

■ Bene, allora tu fai la spesa, io voglio comprare un vestito …
Gut, also du gehst einkaufen, und ich will ein Kleid kaufen …

● Un vestito? Di nuovo?
Ein Kleid? Schon wieder?

■ Sì, perché c'è un negozio in via Frattina che ha vestiti molto belli e prezzi eccezionali.
Ja, weil es ein Geschäft in der Via Frattina gibt, das sehr schöne Kleider zu Superpreisen hat.

● Vengo con te? In due è più divertente …
Soll ich mit dir kommen? Zu zweit ist es lustiger …

■ Va bene!
In Ordnung!

| | |
|---|---|
| **fare** | **machen** |
| faccio | ich mache |
| fai | du machst |
| fa | er/sie macht; Sie machen |

*fare la spesa* (einkaufen) heißt eigentlich: die Ausgabe machen

*Vero* heißt „wahr" und kann in der Bedeutung von „nicht wahr?" verwendet werden.

**Wochentage**

| | |
|---|---|
| lunedì | Montag |
| martedì | Dienstag |
| mercoledì | Mittwoch |
| giovedì | Donnerstag |
| venerdì | Freitag |
| sabato | Samstag |
| domenica | Sonntag |

Der Sonntag ist weiblich: **la** domenica. Alle anderen Wochentage sind männnlich und haben den Artikel il.

Coso *fai sabato?* „Was machst du **am** Samstag?" Praktischerweise braucht man im Italienischen keine Präposition.

*in due* = zu zweit
Genauso:
*in tre, in quattro* …

# 7 A

# Übungen

## fare

Wenn Sie Übung 1 übersetzen, werden Sie merken, dass *fare* verschiedene Bedeutungen annimmt:
*fare la spesa* – einkaufen
*fare il manager* – als Manager arbeiten
*fare un cappucino* – einen Cappuccino machen

Bei Übung 2 müssen Sie das Verb immer in der dritten Person Singular konjugieren!

Überprüfen Sie Ihre Lösungen mit dem Lösungsschlüssel: Manchmal gibt es mehrere Möglichkeiten.

Denken Sie daran, das Adjektiv richtig anzugleichen: Endungen *-o, -a, -e*.

Wer Übersetzer werden will, muss büffeln.

## 1. Was machst du?

*Fai **la spesa?** – No, faccio **la colazione**.*
1. la spesa – la colazione
2. il programmatore – il manager
3. il segretario – l'insegnante
4. un cappuccino – una spremuta d'arancia
5. un lavoro al computer – un lavoro in un bar
6. l'impiegato – una cosa differente

## 2. Albertos Woche

1. lunedì/arrivare in Italia: *Lunedi Alberto*
2. martedì/andare in centro _____
3. mercoledì/lavorare in ufficio _____
4. giovedì/comprare un computer _____
5. venerdì/fare la spesa _____
6. sabato/essere in albergo_____
7. domenica/vedere la fidanzata _____

## 3. Ordnen Sie den Satzsalat

1. sabato – fare – vado – la – a – spesa
2. d'abbigliamento – il – ha – negozio – eccezionali – prezzi
3. divertente – più – è – due – in
4. mattina – cerco – domani – albergo – bello – più – un

## 4. Mehr, mehr, mehr ...

***Piazza Colonna** è **bella**, ma **piazza Navona** è ancora più **bella**.*
1. piazza Colonna – piazza Navona – bello
2. il segretario – il direttore – gentile
3. il telefono – il telefonino – piccolo
4. Francesca – Brigitte – carino
5. il fotografo – il manager – divertente
6. Paolo – Lele – curioso

## 5. Auf Italienisch?

1. Morgen gehe ich einkaufen.
2. Das Bekleidungsgeschäft hat außergewöhnliche Preise.
3. Ich komme mit dir, weil ich am Montag nicht arbeite.
4. Signora, gehen Sie alleine ins Hotel?

*quarantotto*

# Quanto costa? 7 B

**1/31**

| | |
|---|---|
| dica! | bitte sehr?, sagen Sie! |
| carino/-a | hübsch |
| la vetrina | das Schaufenster |
| costare | kosten |
| la taglia | die Größe |
| Vuole provare? | Möchten Sie probieren? |
| fantastico/-a | phantastisch |
| quanto? | wie viele? |
| trentanove | neununddreißig |
| euro | Euro |
| pagare | (be-)zahlen |

■ Dica, signorina … o signora?!
Bitte sehr, Signorina … oder Signora?!

● C'è un vestito molto carino in vetrina.
Im Schaufenster ist ein sehr hübsches Kleid.

■ Ah, sì, è veramente carino e non costa molto.
Ah ja, es ist wirklich hübsch und kostet nicht viel.

● Ha la taglia quaranta?
Haben Sie Größe vierzig?

■ Sì, ecco. Vuole provare?
Ja, hier. Möchten Sie probieren?

● Sì, grazie … eh, eeeeeh … eh, non ha una taglia più grande?
Ja, danke … ah, ääääh … äh, haben Sie keine größere Größe?

■ Forse la quarantaquattro?
Vielleicht die vierundvierzig?

● Mamma mia, la quaranta-quattro … va bene, provo … è fantastico … quanto costa?
Mein Gott, vierundvierzig … gut, ich probiere … es ist phantastisch … wie viel kostet es?

■ È un prezzo veramente ecce-zionale: trentanove euro.
Es ist wirklich ein Superpreis: neununddreißig Euro.

● Molto bene, lo prendo.
Sehr gut, ich nehme es.

■ Paga Suo marito?
Zahlt Ihr Mann?

● Eh … no, pago io.
Ah … nein, ich zahle.

**Dica!**
heißt eigentlich: „Sagen Sie!", wird aber als Anrede im Sinne von „Bitte sehr?", „Sie wünschen?" benutzt. Brigitte ist irritiert: In Italien muss man bei den Größen der Damenoberbekleidung immer 6 dazurechnen. Größe 40 ist in Italien 46.

*lo* (es, ihn) bezieht sich hier auf *il vestito*, kann sich aber auf jedes männliche Wort beziehen.

**Die Zahlen ab 20**
| | |
|---|---|
| 21 | *ventuno* |
| 22 | *ventidue* |
| 23 | *ventitré* |
| 24 | *ventiquattro* |
| 25 | *venticinque* |
| 26 | *ventisei* |
| 27 | *ventisette* |
| 28 | *ventotto* |
| 29 | *ventinove* |
| 30 | *trenta* |
| 31 | *trentuno* |
| 32 | *trentadue* |
| 33 | *trentatré…* |
| 40 | *quaranta* |
| 50 | *cinquanta* |
| 60 | *sessanta* |
| 70 | *settanta* |
| 80 | *ottanta* |
| 90 | *novanta* |
| 100 | *cento* |
| 200 | *duecento* |
| 300 | *trecento …* |
| 1000 | *mille* |

Vorsicht! Ab 2000 heißt es *mila*, mit einem *l* und *a* am Ende: 2000 *duemila* 3000 *tremila* … 1.000.000 *un milione*

Wenn auf die „Zehner" (*venti, trenta …*) ein *uno* oder *otto* folgt, entfällt das *-i* oder *-a:* z. B.: *ventotto, cinquantuno*

# Übungen

Wenn Sie die Zahlen noch nicht können, blättern Sie zurück.

## 1. Was kostet ...?

*Il cappuccino costa un euro.*

1. il cappuccino – 1
2. il vestito – 70
3. il pranzo – 30
4. la colazione – 8
5. la spremuta d'arancia – 4
6. un computer – 1000

Immer eine praktische Frage: *vuole* + Verb im Infinitiv.

## 2. Verbinden Sie

1. Vuole provare il vestito?
2. Vuole comprare il computer?
3. Vuole prendere l'autobus?

a ☐ No, perché vado a piedi.
b ☐ Sì, ma non so il prefisso.
c ☐ Sì, c'è la taglia quaranta-due?

4. Vuole vedere un negozio carino?
5. Vuole fare la spesa con me?
6. Vuole telefonare in Germania?

d ☐ No, perché costa molto.
e ☐ Sì, voglio vedere il negozio.
f ☐ Sì, se fa la spesa in centro.

In Übung 3 brauchen Sie immer die zweite Person Singular (*tu*) für die Frage und die erste Person Plural (*io*) für die Antwort.

## 3. Wann machst du was?

*Quando **fai la spesa**? – **Faccio la spesa sabato.***

1. fare la spesa – sabato
2. andare in centro – venerdì
3. prendere l'autobus – domani mattina
4. telefonare in Germania – lunedì
5. comprare il vestito – martedì

Bauen Sie die Zahlen immer in der Reihenfolge „Tausender", „Hunderter", „Zehner", „Einer" auf:
1946 =
*mille* = tausend
*novecento* = neunhundert
*quaranta* = vierzig
*sei* = sechs

## 4. Schreiben Sie die Zahlen in Ziffern

1. millenovecento-quarantasei: *1946*
2. tremilacinque-centodieci: _____
3. centoventisette: _____
4. duecentotrentotto: _____
5. settantasei: _____
6. sessantasette: _____
7. milleottocento: _____
8. novantanove: _____

Hören Sie genau hin: Schon ein kleines Wort kann den Sinn eines Satzes völlig verändern.

## 5. Ja oder nein?

|  | sì | no |
|---|---|---|
| 1. Beatrice va in centro domani mattina. | ☐ | ☐ |
| 2. Mauro compra un vestito in via Garibaldi. | ☐ | ☐ |
| 3. Il negozio in via Garibaldi è molto carino. | ☐ | ☐ |
| 4. Il negozio si chiama «La sua moda». | ☐ | ☐ |
| 5. Lunedì il negozio «Supermoda» è aperto. | ☐ | ☐ |

# Die kleinen Stunden

*Che facciamo stasera?* (Was machen wir heute Abend?) ist eine häufige Frage, die man besser nicht genau beantwortet. Denn wer zu viel festlegt, verdirbt den spontanen Spaß. Sogenannte Abendplanung fängt um fünf Uhr nachmittags an mit einem Anruf, der einen weiteren Anruf ankündigt: *allora ti richiamo alle otto* (ich rufe dich wieder um acht an). Dabei gewinnt man die Einsicht, dass es un-demokratisch wäre, einen Plan für den Abend zu schmieden, bevor nicht alle beteiligten Freunde sich einig sind. *Alle dieci-dieci e mezza,* zwischen zehn und halb elf, trifft man sich dann erst mal an irgendeinem Platz im Zentrum der Stadt, und der Abendplan beginnt, konkretere Formen anzunehmen. Wenn gegen halb zwölf schließlich die ganze Truppe komplett ist, wird die Diskussion über das *„cosa facciamo"* in einem nahe gelegenen Lokal fortgesetzt. So vergeht oft der Abend, manchmal die Nacht, und nach und nach schwindet der Vorwand, den man brauchte, um sich zu treffen. Der Weg ist das Ziel. Es gibt Theater, Kinos und Diskotheken, aber das Nachtleben spielt sich eher auf den Plätzen und in den Straßen der Innenstadt ab. Kneipen haben in Italien keine richtige Tradition und die häufige Bezeichnung *„pub"* ist ein englischer Import. Alles fängt etwas später an: Theaterstücke und Konzerte oft erst um 21 Uhr, die Kinospätvorstellung um 22.30 und die Eisdielen und Restaurants sind bis ein Uhr nachts geöffnet.
Wenn nach Mitternacht die Nachteulen ausschwärmen, so heißt das *fare le ore piccole* (die kleinen Stunden machen), denn wenn der Uhrzeiger die Zwölf überschritten hat, beginnen ja in der Tat die „kleinen Stunden" (eins, zwei, drei... Uhr).

**Ausgehen**
*Ristorante* – **Restaurant**
Beliebte Ausgehmöglichkeit, in allen Varianten und Preisklassen.
*Pizzeria* – **Pizzeria**
Preiswerter als Restaurants, deswegen bei der Jugend sehr beliebt.
*Birreria, Pub* – **Kneipe**
Heiß begehrt, aber nicht so verbreitet und deswegen fast immer hoffnungslos voll. In Italien hat sich eine Kneipenkultur erst in den letzten Jahren gebildet.
*Osteria* – **Weinlokale**
Italien, größter Weinproduzent der Welt, hat nicht viele Weinlokale: Sie sind teurer als *birrerie* und werden von einem eher älteren Publikum besucht.
*Piano bar* – **Bar**
Eine „Bar" im deutschamerikanischen Sinn, mit Livemusik, für die Gutbetuchten.
*Discoteca* – **Diskothek**
In der Regel ist ein saftiger Eintritt zu zahlen.
*Cinema* – **Kino**
Spätvorstellung um 22.30

# Eis statt Statuen

**Busse und Dampfer**
In den meisten Städten gibt
es nur Busse, um sich
öffentlich fortzubewegen.
Die Ausnahmestadt Venedig
hat ein gut ausgebautes
Netz von *vaporetti* – früher
kleine Dampfschiffe, heute
Motorboote.
Mailand, Neapel und Rom
sind die einzigen Städte mit
einer U-Bahn. Man kann sich
dort sehr gut orientieren: In
Rom beispielsweise gibt es
zwei Linien A und B. Also
nicht so unübersichtlich wie
in Berlin oder Paris. Dagegen
gibt es hunderte von Bus-
linien. In der Regel gilt ein
*biglietto* für eine Fahrt, aber
es gibt auch Tages-,
Wochen-, Monatskarten.
Am besten informieren Sie
sich bei den städtischen
Verkehrsbetrieben: *Atac* in
Rom, *Atm* in Mailand, *Actv* in
Venedig etc.

Nach dem Einkaufen möchte Brigitte einen Spaziergang im Stadt-
zentrum machen. Es ist gerade ein Uhr: Die Geschäfte schließen
zur Mittagspause und der Verkehr nimmt allmählich ab, weil es
Zeit für den *pranzo* (Mittagessen) ist.
Francesco möchte Brigitte auf ihrem Rundgang begleiten. Als
Römer fühlt er sich verpflichtet, die Rolle des *cicerone,* des mehr
oder minder improvisierenden Stadtführers zu übernehmen. Als sie
an einer Statue vorbeigehen, fragt die deutsche Lehrerin *E questo
qui è?* (Und wer ist das hier?) Nach einem kurzem Schweigen
erkennt sie das Gesicht aus ihrem Geschichtsbuch wieder: *Ma sì,
è Cesare!* (Aber das ist ja Cäsar!) Francesco nickt, als läge es ihm
auf der Zunge, schlägt aber gleich danach etwas vor, wo er sich
besser auskennt: *Andiamo a mangiare un gelato!* Gehen wir ein Eis
essen. Da es zur Eisdiele zu Fuß zu weit ist, beschließen sie mit
dem Bus zu fahren. Dafür müssen sie aber die *biglietti* (Fahrkarten)
im *tabaccaio* (Tabakladen) kaufen. Fahrkarte oder *tessera* (Zeit-
karte) für öffentliche Verkehrsmittel bekommt man an Zeitungs-
kiosken, Tabakläden und manchmal in Bars.
Francesco und Brigitte stehen seit zwanzig Minuten an der Halte-
stelle, aber immer noch keine Spur vom Bus der Linie 85. Francesco
fragt einen Herrn, der neben ihm wartet, ob es nicht einer der
Busse ist, die *ogni morte di papa* (bei jedem Papsttod), vorbei-
kommen. „Nein", versichert der Herr und hat Recht: Gerade biegt
die Linie 85 um die Ecke ...

**1/33**

| | |
|---|---|
| Andiamo a mangiare? | Gehen wir essen? |
| il gelato | das Eis |
| l'idea | die Idee |
| ottimo/-a | ausgezeichnet |
| anche | auch |
| ho bisogno di | ich brauche |
| la pausa | die Pause |
| bisogna | man muss |
| il biglietto | die Fahrkarte |
| il tabaccaio | der Tabakhändler |
| che vende | der verkauft |

- Gitte, andiamo a mangiare un gelato?

  Gitte, gehen wir ein Eis essen?

- Ottima idea. Anch'io ho bisogno di una pausa.

  Ausgezeichnete Idee. Ich brauche auch eine Pause.

- Bene, allora andiamo.

  Gut, dann gehen wir.

- È vicino?

  Ist es in der Nähe?

- No, bisogna prendere l'autobus.

  Nein, man muss den Bus nehmen.

- E i biglietti?

  Und die Fahrkarten?

- Alla fermata c'è un tabaccaio che vende anche biglietti.

  An der Haltestelle gibt's einen Tabakladen, der auch Fahrkarten verkauft.

- Andiamo!

  Gehen wir!

---

*avere bisogno di* (brauchen)
Sie konjugieren wie *avere*:
*ho bisogno di*   ich brauche
*hai bisogno di*   du brauchst
*ha bisogno di*   er/sie
                braucht;
                Sie brauchen

**Vorsicht!**
Nicht verwechseln mit
*bisogna! Bisogna* heißt „man
muss", danach steht der
Infinitiv: *bisogna andare,
bisogna fare ...*

*anch'io* (ich auch) aus
*anche + io*

*che*
*Il tabaccaio che vende ...*
Der Tabakhändler, **der** ver-
kauft. *che* ist Relativprono-
men:
der Herr,   **der** ...
*il signore*   *che* ...
die Dame,   **die** ...
*la signora*   *che* ...
das Hotel,   **das** ...
*l'albergo*   *che* ...

*a* + Artikel
*a + la: alla fermata* (an der
Haltestelle)
*a + il: al colosseo* (am Kolos-
seum)
*a Bologna* (in Bologna)

Städte haben keinen Artikel!

# Übungen

Bei dieser Übung steht praktischerweise der Artikel immer schon da, wenn Sie ihn brauchen.

## 1. Was brauchst du?

*Hai bisogno di **un albergo?** – No, ho bisogno di **un taxi.***

1. un albergo – un taxi
2. un telefonino – un computer
3. una spremuta – una colazione
4. un insegnante – un segretario
5. venti euro – trenta euro
6. un lavoro – una pausa

Bitte suchen Sie nur nach den besten Verknüpfungen, sodass alle fünf Sätze sinnvoll aufgehen.

## 2. Verbinden Sie

1. Bisogna andare
2. Bisogna prendere
3. Bisogna bere
4. Bisogna fare
5. Bisogna trovare

a ☐ la spesa.
b ☐ un vino buono.
c ☐ il centro.
d ☐ l'autobus.
e ☐ a piedi.

Hier wird vorausgesetzt, dass Sie die Artikel im Schlaf beherrschen.

## 3. *a, al* oder *alla*?

1. *alla* fermata
2. ____ bar
3. ____ Milano
4. ____ negozio
5. ____ pizzeria
6. ____ Francoforte
7. ____ Colosseo
8. ____ Roma

## 4. Ja, lass uns das tun!

1/34

Eine praktische Aufforderung, mit der Sie auch Unternehmungsunlustige in die Gänge bringen.

*Sì, andiamo a **mangiare una pizza!***
1. mangiare una pizza
2. comprare un vestito
3. fare la spesa
4. cercare un tabaccaio
5. prendere una spremuta d'arancia
6. fare la colazione

## 5. Auf Italienisch?

Übung macht den Meister: Übersetzen ist keine leichte Aufgabe, aber eine der besten.

1. Er braucht ein Eis.
2. Der Tabakhändler verkauft auch Fahrkarten.
3. Man muss zur Haltestelle gehen.
4. Was kostet ein Eis? – Es kostet zwei Euro.
5. Warum den Bus nehmen? Lass uns zu Fuß gehen!
6. Phantastisch! Der Direktor zahlt das Mittagessen.
7. Im Zentrum gibt's ein Geschäft, das Handys verkauft.

# Arriva o non arriva?

**1/35**

| | |
|---|---|
| l'orario | der Fahrplan |
| ogni dieci minuti | alle zehn Minuten |
| già | schon |
| passare | vorbeifahren |
| pazienza! | nur mit der Ruhe!/Geduld |
| lì | dort |
| aspettare | (er-)warten |
| noi | wir |
| vuoi | du willst |
| chiedere a | fragen |
| qualcosa di rinfrescante | etwas Erfrischendes |
| un momento solo | nur einen Moment |

■ Ma l'autobus arriva o non arriva, Ciccio? — Kommt der Bus denn nun oder kommt er nicht, Ciccio?

● Mmh, l'orario dice che c'è un autobus ogni dieci minuti. — Mmh, der Fahrplan sagt, dass alle zehn Minuten ein Bus fährt.

■ E sono già venti minuti che non passa … — Aber es sind schon zwanzig Minuten, dass keiner vorbeifährt …

● Pazienza, Gitte, c'è un signore lì che aspetta come noi se vuoi, chiedo a lui. — Nur mit der Ruhe, Gitte, da ist ein Herr, der wartet wie wir wenn du willst, frage ich ihn.

■ Grazie, Ciccio, perché sono veramente stanca e ho bisogno di qualcosa di rinfrescante. — Danke, Ciccio, denn ich bin wirklich müde und brauche etwas Erfrischendes.

● Un momento solo, Gitte. — Nur einen Moment, Gitte.

***Pazienza*** heißt eigentlich „Geduld", wird aber im Sinne von „immer hübsch langsam mit den jungen Pferden" benutzt!

***chiedere*** (fragen) steht mit der Präposition *a*. In der Regel wird das *a* mit dem bestimmten Artikel verknüpft:
*chiedere* **al** *signore*
*chiedere* **alla** *signora*
Aber bei Eigennamen:
*a Mario*

***che*** kann Relativpronomen sein, kann aber auch „dass" heißen: *l'orario dice* **che** … (der Fahrplan sagt, **dass …**)

Blättern Sie im Zweifelsfalle zurück zum Dialog.

### 1. Füllen Sie die Lücken

1. L'orario dice _____ c'è un autobus _____ dieci minuti.
2. C'è un signore che _____ come noi, se _____ chiedo _____ lui.
3. Ciccio, ho _____ di _____ di rinfrescante.
4. Sono _____ venti minuti _____ non passa.
5. Sono _____ stanca, ho _____ di una pausa.

*Tabaccaio* heißt nicht nur Tabakladen, sondern auch Tabakhändler.

### 2. Fragen, aber wen?

*Chiedi **al signore?** – No, chiedo **alla signora.***

1. signore – signora
2. Mario – Clemente
3. dottoressa – direttore
4. tabaccaio – programmatore
5. fratello – sorella
6. Carola – Barbara

Der, die, das oder dass?

### 3. Auf Deutsch?

1. una signora che aspetta
2. il signore dice che c'è un bar
3. mio fratello che va in America
4. il gelato che è buono
5. il barista dice che c'è un telefono
6. l'impiegato dice che bisogna aspettare
7. il negozio che vedi a sinistra

*qualcosa di rinfrescante* – etwas Erfrischendes
Da ist der Italiener ausführlich: „etwas von Erfrischendem".

### 4. Etwas Gutes, etwas Schönes ...

1/36

*Voglio **bere** qualcosa di **rinfrescante.***

1. bere – rinfrescante
2. vedere – bello
3. comprare – carino
4. fare – divertente
5. trovare – fantastico
6. mangiare – buono
7. cercare – eccezionale

Und wieder heißt es: Ohren spitzen!

### 5. Ja oder nein?

1/37

|  | sì | no |
|---|---|---|
| 1. Giulio ha bisogno di un gelato. | ☐ | ☐ |
| 2. Francesca vuole qualcosa di rinfrescante. | ☐ | ☐ |
| 3. C'è un bar carino in piazza Cavour. | ☐ | ☐ |
| 4. Per andare al bar bisogna prendere l'autobus. | ☐ | ☐ |
| 5. Giulio è stanco. | ☐ | ☐ |

# Immer mit der Ruhe!

*Dare tempo al tempo* ist ein beliebtes Sprichwort in Italien, das immer dann hilft, wenn man im Stress ist. Sich Zeit lassen, nichts überstürzen, so lautet die Devise. Das mag heutzutage ein guter Ratschlag sein. Wenig angebracht scheint er hingegen, wenn man in öffentlichen Krankenhäusern monatelang auf einen Termin beim Spezialisten warten muss. Italien, stolze Industrienation der G8, ist auch immer noch – trotz vieler Verbesserungen dank Internet – das Land der *disservizi,* der schlechten Dienstleistungen. Neben dem Aufrollen der Spaghetti mit der Gabel gehört das Schlange-stehen wohl zu den ureigensten italienischen Erfahrungen. Wer auf die Post oder Bank geht, nimmt sich am besten den Vormittag frei, und im Amt heißt es oft *Ripassi fra una settimana* (Kommen Sie in einer Woche wieder vorbei). Südlich der Alpen braucht halt alles ein bisschen mehr Zeit.

**Alles braucht seine Zeit**
Wie verbringen die Italiener ihre Zeit – wenn Sie nicht Schlange stehen?

| | |
|---|---|
| Schlafen | 8 Stunden |
| Nachmittags-schlaf | 1 Stunde |
| Essen am Tisch | 1,7 Stunden |
| TV, Radio, Zeitung | 2,2 Stunden |
| Körperwäsche | 50 Minute |
| Vergnügungen | 1 Stunde |
| Sport | 10 Minuten |
| Spazieren-gehen | 30 Minuten |
| Religion u. Politik | 20 Minuten |
| Kultur | 4 Minuten |

# T Test 2

Wir sprechen hier von Tendenzen, die nicht unbedingt für alle und jeden zutreffen.

Passen Sie hier auf: Es gibt Allgemeinplätze, die nicht stimmen.

Wenn Sie nicht weiterwissen, können Sie nach Italien fahren und die Sache überprüfen.

Persönliche Erfahrungen spielen keine Rolle, es geht hier um das Verhalten der meisten Leute.

Hauptsache, Sie kaufen das Ticket: Sonst kann es teuer werden, und der „Ich-wusste-nicht-Trick" hilft auch nicht weiter.

Für jede Frage gibt es immer nur eine Antwort. Zumindest in den Lösungen. Was Ihre Phantasie sonst noch alles möglich macht, wollen wir jedoch nicht ausschließen, bleibt aber Ihre Sache.

## 1. Was stimmt?

1. In Italien leben Kinder ...
   a ☐ ab dem 18. Lebensjahr unabhängig.
   b ☐ oft sehr lange bei ihren Eltern.
   c ☐ nur mit ihren Müttern.
2. Italienische Familien sind gekennzeichnet durch ...
   a ☐ Kinderreichtum.
   b ☐ hohe staatliche Unterstützung.
   c ☐ eine niedrige Geburtenquote.
3. Geschäfte haben ...
   a ☐ durchgehend offen.
   b ☐ in der Regel von 13.00 Uhr bis 16.00 Uhr geschlossen.
   c ☐ große Verkaufsflächen.
4. Wenn man abends mit Freunden ausgeht, ...
   a ☐ hält man sich an einen strikten Terminplan.
   b ☐ kommt man nie vor 5 in der Früh ins Bett.
   c ☐ dauert es ewig, bis es endlich losgeht.
5. Bustickets kauft man ...
   a ☐ in der Werkstatt.
   b ☐ bei der Frau des Busfahrers.
   c ☐ auch in Tabakläden.
6. Unter *disservizi* versteht man ...
   a ☐ schlechte Dienstleistungen.
   b ☐ gute Kurierdienste.
   c ☐ entsprungene Diener.

## 2. Frage und Antwort

1. Quale strada è?
2. Hai fratelli e sorelle, Gitte?
3. Vuole provare?

4. Quando sono aperti i negozi?
5. L'autobus arriva o non arriva?
6. Com'è il Suo vino?

a ☐ Sono aperti dalle 10.00 al le 13.00.
b ☐ Buono, veramente buono.
c ☐ L'orario dice che c'è un bus ogni dieci minuti.
d ☐ Sì, grazie.
e ☐ È la prima a sinistra.
f ☐ Sì, ho un fratello e una sorella.

## 3. Wählen Sie immer nur eine Möglichkeit

Lesen Sie den ganzen Satz, bevor Sie die Antwort ankreuzen.
So können Sie auch vorgehen: Denken Sie zuerst an den Inhalt: Was kann stimmen, was nicht? Dann an die Form: Welche stimmt, welche nicht?

1. Com'è il _____ vino, signora Weiss?
   a ☐ sua
   b ☐ Suo
   c ☐ suo
2. In Italia le cose sono _____.
   a ☐ differente
   b ☐ aperti
   c ☐ differenti
3. I negozi sono aperti _____ 10.00 _____ 13.00.
   a ☐ dalle – alle
   b ☐ da – a
   c ☐ del – al
4. _____ la fermata dell'autobus?
   a ☐ Vado
   b ☐ Vedo
   c ☐ Vedi
5. _____ costa il cappuccino?
   a ☐ Quanto
   b ☐ Quando
   c ☐ Quanta
6. Sono già _____ che non passa.
   a ☐ venti minuti
   b ☐ ogni dieci minuti
   c ☐ di nuovo

## 4. Sinn oder Unsinn?

Mit Sicherheit steckt auch im absurdesten Satz ein Sinn. Besser eine solche Aufgabe, als „Laura isst den Apfel" zu übersetzen, oder?

1. Sein oder nicht sein, wo ist das Problem?
2. Normalerweise sind sie von 10.00 bis 11.00 Uhr neugierig.
3. Möchten Sie meinen Mann ausprobieren?
4. Was kostet Piazza Navona?
5. Ich trinke auf Ihre Schwester!
6. Samstag mache ich Superpreise.

# Eis, Eis, Eis

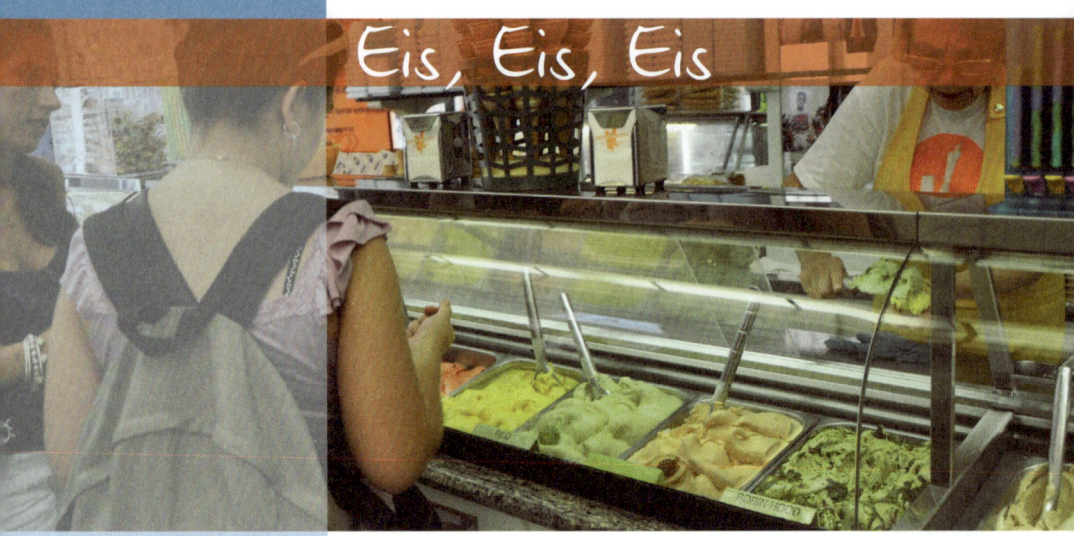

**Alcuni gusti del gelato**
**Ein paar Eissorten**

| | |
|---|---|
| *fragola* | Erdbeere |
| *limone* | Zitrone |
| *vaniglia* | Vanille |
| *cioccolato* | Schokolade |
| *nocciola* | Nuss |
| *zabaione* | Eierpunsch |
| *bacio* | Nougat mit ganzen Haselnüssen |
| *fior di latte* | Rahm |
| *stracciatella* | Vanille mit Schokoladen-stückchen |
| *zuppa inglese* | mit in Creme und Rum ge-tauchtem Biskuit |
| *tiramisù* | mit Kakao, Biskuit, Mascarpone-creme und Cognac |

Das Thermometer steht auf 36 Grad. In der *gelateria* (Eisdiele) herrscht Hochbetrieb. Brigitte versucht, sich einen Platz an der gläsernen Theke zu erkämpfen, hinter der sich die ganze Pracht italienischen Eiskonditorentums auftut: Es gibt eine Reihe gängiger Eissorten wie Schokolade, Erdbeere, Zitrone, aber auch ausgefallene wie *tiramisù, bacio* oder *zuppa inglese.* Sie beobachtet, wie flink der *gelataio* (Eisverkäufer) seine Kundschaft bedient, wie er geschickt die cremige Eismasse auf die Waffel spachtelt, die auch eine kleine Portion kaum zu fassen vermag, wie er üppige Sahne-kringel zapft, dem Kunden sein Tütchen in die Hand drückt. Brigitte schiebt sich weiter vor, will am liebsten gleich bestellen, doch Ciccio macht sie darauf aufmerksam, dass man zuerst zur Kasse muss: *Prima bisogna fare lo scontrino!* (Man muss zuerst den Kassenbon lösen!) Den überprüft dann der *barista* oder *gelataio* und reißt ihn an der Seite ein, was so viel bedeutet wie „bezahlt und erledigt".

Ciccio zeigt sich großzügig: *Oggi offro io!* (Heute lade ich ein!) Während er sich in die Schlange an der Kasse einreiht, wartet Brigitte vor der Theke. Schließlich ergattert sie mit dicken Eistüten in der Hand noch zwei Plätze an einem der wenigen Tische. Was jetzt noch fehlt, denkt sie, wäre ein Eisbad für die Füße …

# Prima lo scontrino

# 9 A

**1/38**

| | |
|---|---|
| significare | bedeuten |
| la gelateria preferita | die Lieblingseisdiele |
| tuo/-a | dein/-e |
| pieno di gente | voller Leute |
| la più grande, il più grande | die größte, der größte |
| i gusti | die (Eis-)sorten |
| ci sono | es gibt |
| prima | vorher |
| lo scontrino | der Kassenzettel |
| oggi offro io | heute lade ich ein |
| fare la fila | Schlange stehen |

■ Ecco «Giolitti»! — Hier ist „Giolitti"!

● Cosa significa? — Was bedeutet das?

■ È la mia gelateria preferita. — Es ist meine Lieblingseisdiele.

● Non solo la tua, è pieno di gente qui. — Nicht nur deine, es ist ja voller Leute hier.

■ Beh, è la gelateria più grande di Roma. — Na ja, es ist die größte Eisdiele von Rom.

● Voglio vedere che gusti ci sono ... — Ich möchte sehen, was für Eissorten es gibt ...

■ Aspetta, prima bisogna fare lo scontrino. — Warte, vorher muss man den Kassenzettel holen.

● Ah bisogna pagare prima ... — Ah, man muss vorher zahlen ...

■ Sì, ma oggi offro io! — Ja, aber heute lade ich ein!

● Veramente? — Wirklich?

■ Sì, pago io. — Ja, ich zahle.

● Grazie Ciccio. Allora io faccio la fila. — Danke Ciccio. Dann stelle ich mich an.

---

**Possessivpronomen**
*mio – mia*  (mein/-e)
*tuo – tua*  (dein/-e)
*suo – sua*  (sein/-e, ihr/-e)

**Superlativ**
Am schönsten, besten, größten usw. So bildet man den Superlativ:
1. Artikel
2. Substantiv
3. più
4. Adjektiv
z. B. *la gelateria più grande*
Tipp: Schauen Sie auf die Endung des Adjektivs.

**Achtung Leute!**
Im Italienischen stehen *gente* und das dazugehörige Verb immer im Singular.

***C'è* oder *ci sono*?**
*C'è* steht mit Substantiven im Singular,
*ci sono* dagegen im Plural:
*c'è una signora*
*ci sono due signore*

**Artikel**
*lo* steht vor männlichen Wörtern, die mit s + Konsonant oder z, ps und gn anfangen, z. B.
*lo sport*
*lo shopping*
*lo scontrino*

Die dritte und letzte regelmäßige Verbkonjugation im Italienischen: Verben auf -*ire*:

*offrire*
*offro*
*offri*
*offre*


---

# Übungen

Kommen Sie mit dieser Übung nicht klar? Dann haben Sie den letzten Dialog nicht oft genug wiederholt. Am besten, Sie blättern eine Seite zurück und lesen alles noch einmal.

## 1. Was fehlt?

1. Prima _____ fare lo scontrino.
2. È la gelateria _____ grande di Roma.
3. Voglio vedere che gusti ci _____.
4. Sì, ma oggi _____ io!
5. È _____ di gente qui.

Hier müssen Sie die richtige Schreibweise erkennen.

## 2. Wie schreibt man richtig?

1. a ☐ gelateria      b ☐ ghelateria
2. a ☐ bisonia      b ☐ bisogna
3. a ☐ bieno di gente      b ☐ pieno di gente
4. a ☐ faccio la fila      b ☐ faccio laffila

Da haben wir es: Italienisch Sprak, schwere Sprak. Denken Sie daran: *c'è* steht mit der Einzahl, *ci sono* mit der Mehrzahl.

## 3. *C'è* oder *ci sono*?

*Ci sono molti gusti.*
1. molti gusti
2. negozi differenti
3. un vestito bello
4. lavori interessanti
5. un pranzo buono
6. una strada piccola
7. gelati grandi
8. una famiglia italiana
9. molta gente

Hier dürfen Sie wieder einmal sortieren.

## 4. Der korrekte Satz

1. la fila – faccio – allora – io _____
2. fare – lo scontrino – prima – bisogna _____
3. io – oggi – offro _____
4. vedere – che gusti – voglio – ci sono _____

Eine Sprache zu lernen, heißt oft auch so etwas Langweiliges wie Verbkonjugationen zu üben.

## 5. Was macht Ciccio heute?

1/39

*Oggi Ciccio offre il gelato.*
1. offrire il gelato
2. parlare molto
3. andare al bar
4. comprare i biglietti
5. prendere il bus
6. mangiare la pizza
7. fare la fila

# E gli altri gusti?

## 9 B

**1/40**

| | |
|---|---|
| il caffè | der Kaffee(-geschmack) |
| gli altri | die anderen |
| lo zabaione | das Zabaione |
| deve decidere | Sie müssen (sich) entscheiden |
| preferisco | ich mag lieber |
| la fragola | die Erdbeere |
| benissimo | sehr gut |
| la panna | die Schlagsahne |
| certo | sicherlich |
| arrivederci | auf Wiedersehen |

■ Un gelato, per favore. — Ein Eis bitte.

● Va bene. Che gusti? — Gut. Welche Sorten?

■ Allora caffè ... — Also Kaffee ...

● Caffè. E gli altri gusti? — Kaffee. Und die anderen Sorten?

■ Non so, forse lo zabaione. — Ich weiß nicht, vielleicht Zabaione.

● Signora, deve decidere. — Signora, Sie müssen sich entscheiden.

■ No, preferisco la fragola. — Nein, ich mag lieber Erdbeere.

● Benissimo, caffè e fragola. — Sehr gut, Kaffee und Erdbeere.

■ C'è la panna? — Gibt es Schlagsahne?

● Certo. — Sicherlich.

■ Allora anche un po' di panna. — Dann auch ein bisschen Schlagsahne.

● Come vuole. Ecco qui il Suo gelato. — Wie Sie wünschen. Hier ist Ihr Eis.

■ Grazie. — Danke.

● Prego. — Bitte.

■ Arrivederci! — Auf Wiedersehen!

Nun ist unsere Artikelkollektion fast komplett: *gli* benutzt man für männliche Wörter in der Mehrzahl, die mit Vokal, mit *s* + Konsonant, mit *z*, *ps* oder *gn* beginnen.

**Bestimmter Artikel männlich:**

| | |
|---|---|
| *il – l' – lo* | Singular |
| *i – gli* | Plural |

**weiblich:**

| | |
|---|---|
| *la – l'* | Singular |
| *le* | Plural |

**Unbestimmter Artikel männlich:**
*un – uno*
**weiblich:**
*una — un'*

*Uno* kannten sie noch nicht: Es wird analog zu *lo* vor Wörtern gebraucht, die mit *s* + Konsonant, *z*, *ps* und *gn* anfangen.
Übrigens: Sagen Sie nie *uno momento*, wenn Sie nicht gleich als Adriateutone eingestuft werden wollen.

Eine gute Nachricht: In den meisten italienischen Eisdielen müssen Sie für die Schlagsahne nicht extra zahlen. Und auch die erbarmungslosen Portioniergeräte für die Kugeln sind unüblich. Statt dessen werden großzügige Spachtel benutzt.

*Arrivederci* können Sie in fast jeder Situation gebrauchen, um sich zu verabschieden. Es ist etwas höflicher als *ciao*. Zu einem Freund würde man es vielleicht nicht sagen, einer Oma oder einer Tante aber schon.

# Übungen

Wir hoffen, Sie sind damit einverstanden, dass dieser Dialog so nicht bleiben kann. Ansonsten fangen wir an, uns Sorgen um Sie zu machen.

## 1. Die richtige Reihenfolge

1. C'è la panna?
2. Va bene. Ecco il Suo gelato!
3. Allora prendo anche un po' di panna.
4. Certo.

Mit *preferisco* können Sie Vorlieben ausdrücken. Oder auch auf diplomatische Art ein Angebot ablehnen.

## 2. Ich mag lieber

*Preferisco **la fragola.***

1. la fragola
2. il caffè
3. comprare un vestito
4. fare una pausa
5. una spremuta d'arancia
6. lo zabaione

Immer brav dem Zeitgeist-motto folgen: Höher, schneller, weiter …

## 3. Verbinden Sie

1. la piazza
2. le taglie
3. i signori
4. i gusti
5. il negozio

a ☐ più bella
b ☐ più carino
c ☐ più gentili
d ☐ più piccole
e ☐ più buoni

Wenn Sie eine Seite zurück-blättern, finden Sie alle Arti-kel im Überblick. Versuchen Sie aber zuerst, sich nur auf Ihre Erinnerung zu verlassen.

## 4. Setzen Sie den richtigen Artikel ein

1. _____ prezzi
2. _____ scontrino
3. _____ programmatore
4. _____ strade
5. _____ spremuta
6. _____ insegnanti
7. _____ zabaione
8. _____ fragole
9. _____ ufficio

In dieser Übung trainieren Sie eine ganz wichtige Frage. Damit können Sie jeden Italiener zum wan-delnden Wörterbuch machen. Sie können die Fragen auch gerne beant-worten, auf Deutsch versteht sich, denn auf Italienisch wäre es vielleicht doch noch zu schwer.

## 5. Was bedeutet?

*Cosa significa „zabaione"?*

1. zabaione
2. scontrino
3. fare la fila
4. insegnante
5. taglia
6. spremuta
7. ufficio
8. sinistra
9. vetrina

An süßen Leckereien herrscht in Italien kein Mangel: Die Schaufenster der *pasticcerie* (Konditoreien) sind dekoriert mit Geburtstags- und Hochzeitstorten, *profiterol* (schokoladenüberzogene Windbeutel), fettgebackenen, puddinggefüllten Krapfen, marmeladenbestrichenen *crostate* (flache, von einem Teiggitter überzogene Mürbeteigkuchen). Auch fehlt es nicht an *strudel* und *sacher* (sprich: *sakker),* zwei Spezialitäten, die, wie die Namen unschwer erkennen lassen, österreichischer Herkunft sind.

Kuchen und sonstige *dolci* stehen in Italien am Ende eines Mittag- oder Abendessens, und den *caffè* (darunter hat man immer Espresso zu verstehen) gibt's hinterher, keinesfalls dazu. Zum *dolce* selbst darf nur ein *spumante,* ein (meist sehr süßer) Sekt serviert werden. Im *gran caffè,* dem italienischen Kaffeehaus, steht, wie der Name schon sagt, der *caffè* an erster Stelle. Es werden zwar auch *dolci* gereicht, aber außerhalb der üblichen Mahlzeiten ist das Luxus. Oft sind es gutsituierte, ältere Damen, die sich am Nachmittag vom livrierten Kellner ein Gebäckstück servieren lassen. Dazu wird dann allerdings Tee getrunken, *tè al limone.* Der Kaffee ist nämlich kein Begleitgetränk, sondern eine Art Schnäpschen danach. Aber ob Kaffee oder Tee, das einzige wahre Tabugetränk am Nachmittag ist und bleibt der *cappuccino.* Mit seiner fetten, nahrhaften Milch gilt der *cappuccino* als regelrechte Mahlzeit, die nur am Morgen den Bauch füllen darf.

**Il gran caffè**
Das *gran caffè* mit seiner prunkvollen Ausstattung – Spiegel, Lüster, Polster, Edelholz – ist die Mutter aller Bars. Das erste Kaffeehaus entstand 1647 in Venedig, und das Kaffeetrinken wurde dort schnell so populär, dass es bereits im 18. Jahrhundert allein auf dem Markusplatz acht Cafeterien gab. Andere Orte, darunter vor allem die großen Hafenstädte wie Genua und Triest zogen bald nach. Das traditionsreichste Café in Rom ist das *Caffè Greco.*

# Wie zahlst du?

**Banken und Sicherheit**
Manche der großen Banken in Italien werden regelrecht bewacht. Kleinere und mittlere Filialen versuchen, sich mit einem Sicherheitssystem, das aus zwei (vermutlich kugelsicheren) Plexiglastüren besteht, vor Überfällen zu schützen. Auf Knopfdruck öffnet sich dem Bankkunden die erste Tür; die zweite Tür geht nur dann auf, wenn sich die erste wieder geschlossen hat. Man steht für kurze Zeit wie in einer Art Raumkapsel. Öffnen und Schließen wird mittels einer kleinen Rot-Grün-Ampelschaltung angezeigt.

Als Brigitte wieder halbwegs erfrischt ist, spricht sie vom Nebentisch eine Schweizerin an, die dringend Franken wechseln muss. Und das an einem Samstagnachmittag! Ciccio kann sie beruhigen. Die Banken seien samstags zwar geschlossen, aber im Zentrum gebe es – mit speziellen Öffnungszeiten für Touristen – die *cambi* (Wechselstuben). Die haben den Vorteil, dass man auch außerhalb der gewöhnlichen Öffnungszeiten Geld tauschen kann, dafür wechselt man meist zu ungünstigen Kursen. Wer über eine Scheckkarte verfügt, kann auch am *bancomat* rund um die Uhr Geld ziehen. Immer häufiger wird mittlerweile übrigens die *carta di credito,* die Kreditkarte, benutzt. Der Rummel mit dem Plastikgeld ist inzwischen schon so weit gediehen, dass viele Hotels gar keine Reservierung mehr akzeptieren, wenn man nicht die entsprechende Kartennummer angibt. Weiteres Zahlungsmittel ist nach wie vor der *assegno* (der Scheck). Wer trotz dieser vielen Möglichkeiten zur Geldbeschaffung auf einen Bankbesuch nicht verzichten will, sollte auf jeden Fall Zeit mitbringen, denn man muss sich auf langes Schlangestehen gefasst machen. Da Ciccio noch Besorgungen zu machen hat und Frau Aeppli nur Deutsch spricht, bietet Brigitte ihre Mithilfe an. Sie versucht es zunächst bei einem *ufficio cambio* (Wechselstube), doch bei dem halsabschneiderischen Umtauschangebot, das ihr dort gemacht wird, greift sie lieber auf ihre *carta eurocheque* zurück und zieht Geld am nächsten *bancomat.*

# Dove c'è una banca qui vicino?

| | |
|---|---|
| sai | du weißt |
| la banca | die Bank |
| l'ufficio cambio | die Wechselstube |
| adesso | jetzt |
| posso | ich kann |
| devo | ich muss |
| da mangiare | zu essen |
| da tua madre | bei deiner Mutter |
| il ristorante | das Restaurant |
| ti | dich |

| | |
|---|---|
| sapere | wissen |
| so | ich weiß |
| sai | du weißt |
| sa | er/sie/es weiß; Sie wissen |

Wenn es um Fähigkeiten geht, benutzt man *sapere*: *so parlare italiano* (ich kann Italienisch sprechen) und nicht *posso parlare italiano*, was so viel heißt wie „ich darf Italienisch reden".

**Da, da, da**
Die Präposition *da* ist nicht besser als die anderen: Auch sie hat mehrere Bedeutungen, die nicht immer leicht zu behalten sind:
1. *da mangiare* – zu essen (mit Infinitiv)
2. *da tua madre* – bei deiner Mutter (mit Person)
3. *dalle 3.00 alle 4.00* – von drei bis vier Uhr (mit Zeitangabe)

Haben Sie es schon gemerkt? Im Italienischen kann man für zukünftige Handlungen auch das Präsens gebrauchen: *Domani che fai?* (Was machst du morgen?) So eine harmlose Frage versteckt die eigentliche Frage: Hättest du Lust, morgen mit mir auszugehen?

---

■ Ciccio, sai dove c'è una banca qui vicino?

Ciccio, weißt du, wo es eine Bank hier in der Nähe gibt?

● Oggi le banche non sono aperte.

Heute sind die Banken nicht auf.

■ Forse c'è un ufficio cambio.

Vielleicht gibt es eine Wechselstube.

● È vero, al Panteon so che c'è un cambio.

Ja, stimmt, ich weiß, dass am Pantheon eine Wechselstube ist.

■ Allora andiamo.

Dann lass uns gehen.

● No Brigitte, adesso non posso. Devo ancora comprare qualcosa da mangiare.

Nein, Brigitte, jetzt kann ich nicht. Ich muss noch etwas zu essen kaufen.

■ Ma non mangi da tua madre?

Aber isst du nicht bei deiner Mutter?

● Sì, ma normalmente faccio io la spesa. Domani che fai Brigitte?

Ja, aber normalerweise kaufe ich ein. Was machst du morgen, Brigitte?

■ Non so ...

Ich weiß nicht ...

● Se vuoi andiamo al ristorante.

Wenn du willst, gehen wir ins Restaurant.

■ Sì, che bello.

Ja, wie schön.

● Allora ti chiamo domani mattina.

Dann rufe ich dich morgen früh an.

# Übungen

Die Fragen funktionieren auch ohne *sai,* aber mit klingen sie idiomatischer und eleganter.

## 1. Weißt du ...?

*Sai **dove c'è una banca**?*

1. dove c'è una banca
2. che gusti ci sono
3. cosa significa „scontrino"
4. come arrivo a piazza Colonna
5. quando sono aperti i negozi
6. come si chiama l'albergo

Sie wissen nicht weiter? Alles, was Sie für diese Übersetzung brauchen, finden Sie in den letzten zwei Lektionen.

## 2. Auf Italienisch?

1. Ist es deine Lieblingseisdiele?
2. Jetzt kann ich nicht.
3. Was bedeutet „gente"?
4. Ich stehe Schlange.
5. Er ruft dich morgen früh an.

Lassen Sie sich nicht von der Präposition *da* verwirren: Nur für 3. gibt es zwei Möglichkeiten.

## 3. Wie geht der Satz weiter?

1. Ciccio, mangi
2. Prima bisogna
3. Brigitte, vai
4. Devo comprare

a ☐ da mangiare.
b ☐ da tua madre?
c ☐ da sola?
d ☐ fare lo scontrino.

Wieso diese Hörübung? Weil man im Italienischen an der Wortstellung nicht erkennen kann, ob ein Satz als Frage oder Aussage gemeint ist. Alles hängt von der Melodie ab. Schärfen Sie also Ihr musikalisches Ohr.

## 4. Frage oder Aussage?

1/43

|  | Frage | Aussage |
|---|---|---|
| 1. Andiamo a mangiare un gelato | ☐ | ☐ |
| 2. C'è la panna | ☐ | ☐ |
| 3. Bisogna pagare prima | ☐ | ☐ |
| 4. Ti chiamo domani mattina | ☐ | ☐ |
| 5. Forse c'è un ufficio cambio | ☐ | ☐ |

***Dovere* (müssen)**
*Dovere* ist immer gut für eine Ausrede: *Non posso, devo ...*
Nach den Formen von *dovere* steht ein Verb in der Regel im Infinitv.

## 5. Ich muss ...

*Devo **comprare da mangiare**.*

1. comprare da mangiare
2. fare la fila
3. decidere i gusti
4. pagare l'albergo
5. fare lo scontrino
6. aspettare l'autobus

**1/44**

| | |
|---|---|
| possibile | möglich |
| cambiare | wechseln |
| il franco | der Franken |
| i traveller's cheques | die Travellerschecks |
| i contanti | das Bargeld |
| maledizione! | verdammt! |
| ho portato | ich habe gebracht |
| troppo poco | zu wenig |
| i soldi | das Geld |
| la commissione | die Gebühr |
| la carta di credito | die Kreditkarte |
| il bancomat | der Geldautomat |

- È possibile cambiare franchi?
  Ist es möglich Franken zu wechseln?

- Certo. Cosa ha traveller's cheques o contanti?
  Sicher. Was haben Sie, Travellerschecks oder Bargeld?

- Contanti. Un attimo. Ah, maledizione!
  Bargeld. Einen Moment. Ah, verdammt!

- Che c'è?
  Was gibt's?

- Ho portato troppo pochi soldi.
  Ich habe zu wenig Geld mitgebracht.

- Quanti soldi ha?
  Wie viel Geld haben Sie?

- 300 franchi.
  300 Franken.

- Benissimo. 300 franchi sono 170 euro.
  Sehr gut. 300 Franken sind 170 Euro.

- Scusi quanto?
  Entschuldigung, wie viel?

- 170 euro.
  170 Euro.

- Ma è veramente poco …
  Das ist aber wirklich wenig …

- Beh, c'è la commissione da pagare.
  Ja, da ist die Gebühr zu zahlen.

- No scusi, preferisco provare con la carta di credito a un bancomat.
  Nein, Entschuldigung, aber ich möchte es lieber mit der Kreditkarte am Geldautomaten versuchen.

---

**Maledizione!**
Dieses Wort sollten Sie nur sagen, wenn etwas so richtig schief geht, z. B., Sie haben den Zug verpasst, das Auto geht kaputt, der Computer stürzt ab. Nicht aber bei Lappalien wie einer Verspätung, kaltem Essen oder Dauerregen.

**Sprechen und schreiben**
Haben Sie schon gemerkt, dass die Wörter *poco* und *il franco* im Plural ein „h" haben? Ohne diesen Zusatz würde ihre Aussprache ganz anders als im Singular klingen.

**Die Vergangenheit**
Es geht ganz leicht: Sie brauchen dafür eine konjugierte Form von haben (*ho*) und das Partizip Perfekt des Verbs (*portato*).
*ho portato* ich habe gebracht
*hai portato* du hast gebracht
*ha portato* er/sie hat gebracht

Verben der *are*-Konjugation hängen an den Verbstamm (*port-*, *compr-* usw.) die Endung *-ato* an.

Sorry, das ist noch nicht die ganze Geschichte. Es gibt auch Verben, die mit dem Hilfsverb *essere* funktionieren.

# Übungen

Hier müssen Sie immer genau überlegen, welche Antwort passt. Wir haben mit Absicht einige Fallen eingebaut, damit Sie Ihr Verständnis für Satz-zusammenhänge schärfen.

## 1. Die richtige Antwort

1. Quanti soldi ha?
   a ☐ 300 franchi.
   b ☐ Contanti.
2. Che gusti?
   a ☐ Una spremuta d'arancia.
   b ☐ Zabaione e fragola.
3. Domani che fai?
   a ☐ Allora io faccio la fila.
   b ☐ Non so.
4. Sai dove c'è una banca aperta?
   a ☐ Oggi le banche non sono aperte.
   b ☐ No, adesso non posso.

Alle Verben dieser Übung stammen aus der *are*-Konjugation. Das Partizip Perfekt wird mit der Endung *-ato* gebildet.

## 2. Alles schon geschehen

*Ho portato pochi soldi.*
1. Porto pochi soldi.
2. Parlo sempre io.
3. Mangio il gelato.
4. Cambio solo franchi.
5. Compro un vestito nuovo.
6. Cerco un lavoro.

Nichts ist unmöglich, aber man muss vorher fragen. Selbst Nr. 6 ist nicht so absurd: Es gibt mittlerweile Eiswaffeln, auf die zehn und mehr Eissorten passen: Schultüteneis.

## 3. Ist es möglich ...?

*È possibile cambiare franchi?*
1. cambiare franchi
2. telefonare con monete
3. andare in autobus
4. fare colazione in albergo
5. comprare il computer domani
6. prendere dieci gusti

Sie müssen den Eindringling finden, der in diesen Wort-ketten steckt. Denken Sie dabei auch immer an den Zusammenhang, in dem die Wörter gebraucht werden.

## 4. Welches Wort passt nicht in die Reihe?

1. madre – fratello – fidanzato – sorella
2. arrivederci – ciao – buongiorno – cincin
3. scontrino – carta di credito – soldi – travellers' cheques
4. va bene – certo – grazie – sì
5. banca – ufficio cambio – bancomat – gelateria

Bei Frage 3 muss richtig mitgedacht werden.

## 5. Richtig oder falsch?

1/45

|  | richtig | falsch |
|---|---|---|
| 1. Die Dame möchte Franken wechseln. | ☐ | ☐ |
| 2. Er wechselt 500 Euro. | ☐ | ☐ |
| 3. Der Wechselkurs Euro/Franken ist 1:1. | ☐ | ☐ |
| 4. Man muss beim Wechseln Gebühren zahlen. | ☐ | ☐ |
| 5. Der Herr und die Dame verabschieden sich. | ☐ | ☐ |

Bankgeschäfte haben in Italien eine lange Tradition. Im Mittelalter waren es vor allem die Lombarden, die bei großen Messen ihre Geldwechseltische aufbauten und Münzen und Metalle nach entsprechendem Abwiegen und Prüfen umtauschten. Das Wort *banco* (Bank) bezeichnete ursprünglich den Tisch der Geldwechsler. Überhaupt sind viele Begriffe des Bankwesens italienischer Herkunft: *Girokonto, Saldo, Disagio, brutto, netto* und auch das Wort *Bankrott,* womit der zerbrochene Tisch des Geldwechslers gemeint war.

Mailand, die Hauptstadt der Lombardei, ist noch heute Dreh- und Angelpunkt der Wirtschafts- und Finanzwelt und Sitz der Börse. Hier wird der Löwenanteil des nationalen Bruttosozialprodukts erwirtschaftet, die Region Lombardei ist eine der reichsten Regionen Europas. Rom spielt in ökonomischer Hinsicht eine Nebenrolle, ist jedoch Sitz der italienischen Regierung und der zentralstaatlichen Verwaltung. Vor allem der Norden attackiert die festgefahrenen Strukturen, die überladene und starre Bürokratie. Das römische Modell kann nur wenig wirksam funktionieren und bietet zudem reichlich Nährboden für allerlei Pöstchenschieberei und Korruption. Vor diesem Hintergrund ist es kein Zufall, dass eine Aktion wie die der *mani pulite* (saubere Hände) von der Mailänder Staatsanwaltschaft ausging, um mit dem Politfilz endlich einmal aufzuräumen. Dazu kommen das veränderte Parteienspektrum seit Anfang der neunziger Jahre und die Diskussion um die Föderalisierung des Landes – dies alles kratzt an der politischen Monopolstellung der Hauptstadt Rom.

**Girokonto**
Dieses Wort kommt zwar aus dem Italienischen, aber das Girokonto heißt heute in Italien *conto corrente* (laufendes Konto). Das Wort *netto* wird nach wir vor benutzt, aber man spricht nicht mehr von *brutto,* sondern von *lordo,* was außerhalb des Bankgeschäfts auch „besudelt" bedeuten kann.

# Was hätten Sie gerne?

**Wo gibt's was?**

| | |
|---|---|
| Wurst | *salumeria* |
| Fleisch | *macelleria* |
| Brot | *panificio, fornaio* |

Der *negozio di alimentari* (Lebensmittelgeschäft) ist eigentlich ein Tante-Emma-Laden. Außer einer Reihe abgepackter Lebensmittel, Konserven, Wurst, Käse und Getränke werden hier auch Rasierschaum, Shampoo und sonstiger Kleinkram für den Alltagsbedarf verkauft. Auch frisches Brot ist gelegentlich in überschaubaren Mengen im Angebot. Dicke Schinken und Käse baumeln von der Decke, und manche Läden sind so voll gepackt mit Kisten, Kästen, Dosen und Schachteln, dass für die Kundschaft kaum noch Platz ist. In Italien gibt es auch große Supermärkte, die sich von anderen europäischen Supermärkten höchstens durch Varianten im Sortiment unterscheiden. Der *supermercato* bleibt allerdings eine anonyme Angelegenheit und hat nichts von der nachbarschaftlichen Vertrautheit des kleinen Ladens an der Ecke. In Ciccios *negozio di alimentari* kauft die Familie schon seit Jahr und Tag ein. Man kennt sich, erkundigt sich nach dem Wohlbefinden der Frau Mama oder lästert über unliebsame Bewohner des Viertels. Ciccio weiß, dass er im Notfall auch einmal außerhalb der Geschäftszeiten schnell noch ein paar Eier oder ein Päckchen *pasta* bekommt. Doch heute muss er von dieser Möglichkeit keinen Gebrauch machen. Die Lebensmittelläden sind in der Regel am Samstagnachmittag geöffnet, wie übrigens alle anderen Geschäfte auch. Der Samstag ist für den Einzelhandel ein vollwertiger Werktag. Ciccio kauft das Notwendigste für seine Familie ein: etwas Brot, Schinken und Käse. Für *frutta e verdura* (Obst und Gemüse) geht er zum *fruttivendolo* (Obstverkäufer).

2/1

| | |
|---|---|
| ti posso dare | ich kann dir geben |
| il pane | das Brot |
| il panino | das Brötchen |
| il prosciutto crudo | der rohe Schinken |
| l'etto | hundert Gramm |
| Scusa! | Entschuldige! |
| quel formaggio | dieser Käse da |
| piccante | würzig, scharf |
| mi piace | er schmeckt mir |
| questa caciottina | dieser Caciottina(-Käse) |
| alla cassa | zur Kasse |
| ci vediamo | wir sehen uns |

| | |
|---|---|
| ■ Ciao Ciccio, cosa ti posso dare? | Ciccio, was kann ich dir geben? |
| ● C'è ancora del pane? | Ist noch Brot da? |
| ■ Sì, ci sono dei panini. | Ja, es gibt Brötchen. |
| ● Allora cinque panini e anche un po' di prosciutto crudo. | Dann fünf Brötchen und auch ein bisschen rohen Schinken. |
| ■ Sì, Parma o San Daniele? | Ja, Parma oder San Daniele? |
| ● Parma. | Parma. |
| ■ Quanti etti ti do? | Wie viele (hundert) Gramm gebe ich dir? |
| ● Due etti, per favore. Scusa, quel formaggio come si chiama? | Zweihundert Gramm, bitte. Entschuldige, wie heißt dieser Käse da? |
| ■ È un provolone. Molto buono ma un po' piccante. | Es ist ein „Provolone". Sehr gut, aber ein bisschen würzig. |
| ● No, piccante non mi piace. | Nein, würzig schmeckt mir nicht. |
| ■ Allora prova questa caciottina! | Dann versuch diese Caciottina hier! |
| ● Hmm, molto buona. Sì, prendo la caciottina. È tutto. | Hmm, sehr gut. Ja, ich nehme die Caciottina. Das ist alles. |
| ■ Bene, allora alla cassa. | Gut, dann zur Kasse. |
| ● Ciao, ci vediamo. | Tschüss, wir sehen uns. |

**Ein neues Verb: _dare_**

| | |
|---|---|
| _do_ | ich gebe |
| _dai_ | du gibst |
| _dà_ | er/sie gibt; Sie geben |

_di_ + il = _del_
_di_ + la = _della_
_di_ + i = _dei_
_di_ + le = _delle_

**_di_ + Artikel**
für unbestimmte Mengen:
_del pane_ –
etwas Brot
_della caciottina_ –
etwas Caciottina
_dei panini_ –
einige Brötchen
_delle fragole_ –
einige Erdbeeren

**hier und dort**
_questo/-a_ – diese/-r/-s hier
_quello/-a_ – diese/-r/-s da
_Quello_ sagt man, wenn man sich auf etwas bezieht, das nicht in unmittelbarer Nähe des Sprechers ist.

**Abrakadabra**
Es gibt einen Trick, mit dem man jedes Wort verkleinern kann: Sie hängen einfach die Endung -ino/-a (Singular) oder -ini/-e (Plural) an das Wort an.
_caciottina_ = kleine Caciotta
_formaggino_ = kleiner Käse
_panino_ = kleines Brot, Brötchen

**Die Befehlsform**
Verben auf _are_: _scusare_
Vertraulich: _scusa!_
(entschuldige!)
Höflich: _scusi!_
(Entschuldigen Sie!)

# Übungen

Natürlich gibt es hier mehr als eine Möglichkeit: Wir wollen aber testen, ob Sie die neuen Wörter aus den letzten zwei Lektionen schon können.

## 1. Was fehlt?

1. Scusa, _____ formaggio come si chiama?
2. Ho portato troppo _____ soldi.
3. Cosa ti _____ dare?
4. No, piccante non mi _____ .
5. Allora _____ questa caciottina!
6. Ciao, _____ vediamo.

Achtung, wenn der Plural dran ist, müssen auch das Verb und das *di* mit dem Artikel im Plural stehen.

## 2. Gibt es noch ...?

2/2

*C'è* ancora **del pane?**

1. pane
2. prosciutto crudo
3. formaggio
4. caffè
5. panini
6. spremuta d'arancia
7. biglietti

In dieser Übung ist es wie im Leben: Es ist leichter, Möglichkeiten auszuschließen, als sich für eine zu entscheiden. Am Ende kommt man trotzdem zu einem Ergebnis.

## 3. Verbinden

1. banca
2. formaggio
3. gelateria
4. prosciutto
5. vestito

a ☐ Parma
b ☐ gusti
c ☐ negozio d'abbigliamento
d ☐ ufficio cambio
e ☐ provolone

Wenn man ein Wort verkleinert, entsteht oft eine neue Bedeutung. Schauen Sie bei 3. und 4. auf alle Fälle in den Lösungen nach, um mehr zu erfahren.

## 4. Alles etwas kleiner

1. caciotta    *caciottina*
3. signora _____
5. strada _____
7. attimo _____
9. gelato _____
2. formaggio _____
4. telefono _____
6. fratelli _____
8. moneta _____

Befehle geben macht nie Spaß. Aber manchmal muss es sein.

## 5. Befehlen auf Italienisch

*Scusa!*

1. scusare
2. mangiare
3. cercare
4. provare
5. lavorare
6. telefonare
7. parlare
8. comprare

# Vorrei dei pomodori

**2/3**

| | |
|---|---|
| vorrei | ich hätte gern |
| il pomodoro | die Tomate |
| il chilo | das Kilo |
| poi | dann, sonst |
| la verdura | das Gemüse |
| l'insalata | der Salat |
| gli spinaci | der Spinat |
| Le | Ihnen |
| lì | dort |

■ Buonasera signore. Di cosa ha bisogno?
Guten Abend, Signore. Was brauchen Sie?

● Vorrei dei pomodori.
Ich möchte Tomaten.

■ Sì, quanti?
Ja, wie viele?

● Non so, uno, due chili.
Ich weiß nicht, ein, zwei Kilo.

■ Benissimo. Vuole altro poi?
Sehr gut. Wollen Sie sonst noch etwas?

● Forse un po' di verdura.
Vielleicht etwas Gemüse.

■ Preferisce un'insalata o degli spinaci?
Möchten Sie lieber einen Salat oder etwas Spinat?

● No, non mi piacciono gli spinaci. Un'insalata.
Nein, ich mag keinen Spinat. Einen Salat.

■ Ecco qui. Le va bene questa?
Hier. Ist Ihnen dieser recht?

● No, preferisco quella lì.
Nein, ich möchte lieber den dort.

■ Benissimo. Altro?
Sehr gut. Sonst noch etwas?

● No, va bene così. Quanto fa?
Nein, es ist recht so. Was macht es?

■ Allora sono due e cinquanta.
Also es sind zwei fünfzig.

● Ecco a Lei.
Hier für Sie.

■ Grazie.
Danke.

**Ich würde gern …**
*Vorrei* ist eine Form des Konditionals von *volere*: Eigentlich sollte dieser Kurs nicht so weit kommen, aber ein so höfliches und brauchbares Wort möchten wir Ihnen nicht vorenthalten.

**mi piace – mi piacciono**
Sagen Sie nicht immer gleich *mi piace, mi piace,* wenn Sie etwas mögen: Steht nämlich dieses „Etwas" in der Mehrzahl, dann müssen Sie *mi piacciono* sagen:
*Mi piacciono le fragole, gli spaghetti* usw.

**Dativpronomen**
| | |
|---|---|
| *mi* | mir |
| *ti* | dir |
| *Le* | Ihnen |

**Non solo insalata**
Eines ist in Italien bestimmt billiger: das Gemüse. Die Vielfalt ist groß und alles wächst vor Ort. Davon eine kleine Kostprobe:
| | |
|---|---|
| *la rucola* | Rucolasalat |
| *la lattuga* | Kopfsalat |
| *il radicchio* | Radicchio |
| *la bieta* | Mangold |
| *gli zucchini* | Zucchini |
| *i pomodori* | Tomaten |
| *gli spinaci* | Spinat |

# Übungen

Fällt Ihnen diese Übung schwer, weil Sie überlegen müssen? Keine Angst, genau das wollten wir. Wenn das Problem dagegen die vielen unbekannten Wörter sind, hilft nur eines: zurückblättern und wiederholen.

## 1. Die richtige Antwort

1. Quanto fa?
   a ☐ Non so, uno due chili.
   b ☐ Sono due e cinquanta.
2. C'è ancora del pane?
   a ☐ Ci sono ancora dei panini.
   b ☐ Sì, quanti?
3. Di cosa ha bisogno?
   a ☐ Due etti, per favore.
   b ☐ Vorrei dei pomodori.
4. Preferisce un'insalata o degli spinaci?
   a ☐ Un'insalata.
   b ☐ No, preferisco quella lì.

Das Verb *piacere* hat zwei Bedeutungen: „gefallen", „mögen" und „schmecken": *mi piace la pizza, mi piace Maria ...*

## 2. *Mi piace* oder *mi piacciono*?

1. gli spinaci
2. il prosciutto di Parma
3. lo zabaione
4. le fragole
5. i pomodori
6. la Germania
7. fare la spesa

Was Sie alles gern möchten. Ja, es müssen nicht nur Sachen, sondern können auch Tätigkeiten sein, z. B. *cambiare, mangiare* usw.

## 3. Was möchten Sie?

2/4

*Vorrei* dei pomodori.
1. dei pomodori
2. un chilo di pane
3. un'insalata
4. un'informazione
5. del prosciutto crudo
6. quel formaggio lì
7. cambiare 300 franchi

Passen Sie sehr genau auf: Sie müssen den ganzen Satz lesen, um zu verstehen, auf welche Person sich das Dativpronomen bezieht.

## 4. Was fehlt: *mi, ti* oder *Le*?

1. Signora, cosa ___ posso dare?
2. Non ___ piace l'insalata: preferisco gli spinaci.
3. Vuoi un cappuccino o ___ va bene anche un caffè?
4. Scusi, ___ può fare lo scontrino?
5. Può prendere una caciottina, se non ___ piace il provolone.

Bitte alles übersetzen! Nein, wir wollen Sie nicht auf den Arm nehmen. In jedem Unsinn steckt ein Sinn. Sagt eine alte chinesische Weisheit.

## 5. Sinn oder Unsinn?

1. Diese Kreditkarte ist ein bisschen scharf.
2. Ich würde gern die Mutter kaufen.
3. Kann ich auch mit Brötchen zahlen?
4. Ein Eis bitte, mit 100 Gramm Käse, 200 Gramm Schinken und etwas Sahne.
5. Können Sie mir 200 Gramm von diesem Restaurant da geben?

„Alle Wege führen nach Rom." Man könnte noch ergänzen: „und alles geht von Rom aus", zumindest was die Organisation des italienischen Staates anbelangt. Italien ist, entgegen seiner historisch gewachsenen Struktur, zentralistisch verwaltet. In den vergangenen Jahren ist der Ruf nach mehr Eigenverantwortung und größerem Handlungsspielraum für die Regionen laut geworden. Man will nicht länger den langsam mahlenden Mühlen der römischen Bürokratie ausgeliefert sein. *Federalismo* (Föderalismus) heißt das neue Zauberwort, und man nimmt sich dabei Deutschland gern zum Vorbild. So wünschen sich die einen größere und gleichberechtigte Hoheit der Regionen, andere, allen voran „Lega-Nord-Führer" Umberto Bossi, möchten lieber ihr eigenes, separatistisches Süppchen kochen. Der arme und subventionsabhängige Süden, so wird argumentiert, sei Italien doch nur ein Klotz am Bein. Der wirtschaftsstarke Norden des Landes könne alleine viel besser dastehen.

Die Kluft zwischen Norden und Süden findet gerne Ausdruck in gegenseitiger Diffamierung. Die Norditaliener, die viel *polenta* (Hartweizengries) essen, müssen sich dieses Umstands wegen damit abfinden, dass man sie im Süden als *polentoni* (Polenta-fresser) bezeichnet. Das Wort *polentone* jedoch hat fast noch einen liebenswürdigen Unterton, vergleicht man es mit der Bezeichnung, die Norditaliener auf Süditaliener anwenden: Sie werden *terroni* genannt, frei übersetzt: „Erdfresser" *(terrone* = Acker).

**La pizza**
Der weltberühmten Pizza ist es Ende des 19. Jahrhunderts auf besondere Art gelungen, eine Brücke zwischen Nord- und Süditalien zu schlagen: Die Königin Margherita von Savoyen wollte die neapolitanische Spezialität, eben die Pizza, kennen lernen. So wurde in Süditalien zu Ehren der Königin aus dem Norden die Pizza Margherita erfunden, die mit ihrem Belag (Tomaten, Mozzarella, Basilikum) die Farben der italienischen Trikolore symbolisiert.

# Italienisch reservieren

## Preise für jeden Geschmack

Die traditionelle Einteilung der Speiselokale sah folgendermaßen aus: *ristorante* – gehobene Preisklasse, *trattoria* – mittlere Preisklasse, *pizzeria* – billig. Auf diese Unterscheidung kann man sich heute nicht mehr unbedingt verlassen. Es gibt inzwischen auch stinkteure *trattorie* und einigermaßen preisgünstige *ristoranti*. In der *pizzeria* aber kann man sich nach wie vor auch mit kleinem Geldbeutel satt essen.

## Rosticceria

Wer zu faul zum Kochen ist, kann sich in der *rosticceria* versorgen. Die *rosticceria* ist eine Art Garküche, wo man gegrilltes Hähnchen, Braten, Gemüse, Kartoffeln etc. zum Mitnehmen bekommt.

In einer Stadt wie Rom herrscht selbstverständlich kein Mangel an *ristoranti, trattorie* und *pizzerie,* doch für den Abend mit Brigitte, überlegt sich Ciccio, muss es schon etwas Besonderes sein. Die guten und preisgünstigen Restaurants sind oft so überfüllt, dass die Kundschaft vor dem Lokal Schlange stehen muss.

Von einem gemütlichen Abendessen, bei dem man anschließend noch eine Weile bei *caffè* und *grappa* sitzen bleibt, kann dann keine Rede mehr sein. Wer fertig gegessen hat, zahlt und geht, um Platz für die draußen Wartenden zu machen. So stellt Ciccio sich den Abend nicht vor.

Er kennt ein gutes Fischrestaurant, das er gelegentlich mit seiner Mutter besucht: *La vongola* (die Venusmuschel). Aber auch *La vongola* ist meistens voll, und Ciccio beschließt, sicherheitshalber vorzubestellen. Schließlich will er vor Brigitte keine *brutta figura* (schlechte Figur) abgeben. Zunächst scheint er Pech mit seiner *prenotazione* (Vorbestellung) zu haben. Erst verwählt er sich, dann hat er den Manager an der Strippe. Der sagt aber, es wäre kein Tisch mehr frei. Für solche Fälle gibt es ein paar wundersame „Türöffner": Entweder man zählt zu den bekannten Gästen, oder man hat eine *raccomandazione,* was „Empfehlung" heißt, aber mit „Vitamin B" übersetzt werden muss. Gottseidank ist Ciccio im *La vongola* als Gast nicht ganz unbekannt, so dass das Unmögliche möglich wird: Er bekommt einen Tisch. „Das Gespräch hätte Brigitte mit anhören müssen ..." wünscht sich Ciccio insgeheim. Einem romantischen Abend mit seiner deutschen Freundin scheint nichts mehr im Wege zu stehen ...

**2/5**

| | |
|---|---|
| pronto | hallo (am Telefon) |
| riservare | reservieren |
| un tavolo | ein Tisch |
| per stasera | für heute Abend |
| con chi? | mit wem? |
| prenotare | vorbestellen |
| capisco | ich verstehe |
| la vongola | die Venusmuschel |
| ho sbagliato | ich habe mich geirrt |
| non fa niente | das macht nichts |

■ Pronto?

Hallo?

● Buongiorno, vorrei riservare un tavolo per stasera.

Guten Tag. Ich würde gern einen Tisch für heute Abend reservieren.

■ Ma con chi parlo?

Aber mit wem spreche ich (denn)?

● Sono Francesco Crespi. Vorrei prenotare un tavolo per due.

Ich bin Francesco Crespi. Ich würde gern einen Tisch für zwei Personen reservieren.

■ Mi scusi, ma non capisco …

Entschuldigung, aber ich verstehe nicht …

● Non parlo con il ristorante «La vongola»?

Spreche ich nicht mit dem Restaurant „La vongola"?

■ No, questo non è un ristorante.

Nein, das ist kein Restaurant hier.

● Ah, mi scusi, ho sbagliato numero.

Ah, entschuldigen Sie. Ich habe mich in der Nummer geirrt.

■ Non c'è problema signore, non fa niente.

Kein Problem, Signore, das macht nichts.

---

*stasera = questa sera*

Italiener melden sich am Telefon nicht mit dem Namen, sondern sagen *pronto* (hallo).

**Non capisco**
ist der ideale Ausdruck, um sich vor den Weltrekordlern im Schnellreden zu verteidigen.

**capire**
| | |
|---|---|
| capisco | ich verstehe |
| capisci | du verstehst |
| capisce | er/sie versteht; Sie verstehen |

Eine Gruppe von Verben der *ire*-Konjugation hat eine „regelmäßige" Unregelmäßigkeit: Der Verbstamm verlängert sich um die Silbe *-isc*. *Preferire* wird auch nach diesem Schema konjugiert.

**Wichtige Telefonnummern**
112 *emergenza* (Notruf)
113 *polizia* (Polizei)
12 *informazioni* (Auskunft)
115 *vigili del fuoco* (Feuerwehr)
116 ACI (*Automobile Club Italiano*, Pannendienst)
118 *ambulanza* (Krankenwagen)

# Übungen

In dieser Übung schärfen Sie Ihr Gefühl für die Wortstellung. Keine Bange aber, sie ist nicht so streng wie die deutsche: Mehrere Lösungen sind möglich.

## 1. Räumen Sie auf

1. riservare – un tavolo – per stasera – vorrei
2. è – un ristorante – questo – non
3. con – non parlo – il ristorante «La vongola»?
4. quel – come – si chiama? – formaggio – scusa
5. fa – niente – non

Versuchen Sie das Gespräch so wiederaufzubauen, wie es wirklich stattgefunden hat.

## 2. Die richtige Reihenfolge

1. Non c'è problema, non fa niente.
2. Pronto, parlo con il ristorante «La vongola»?
3. Ah, mi scusi ho sbagliato numero.
4. No, questo non è un ristorante.

Hier haben wir regelmäßige und unregelmäßige Verbformen vermischt: Zugegeben, wir haben Sie mit Absicht etwas verwirren wollen. Wenn Sie hier einen Fehler machen, werden Sie das nächste Mal besser aufpassen.

## 3. Welche Form stimmt?

1. capire
   - a ☐ tu capi
   - b ☐ tu capisci
2. offrire
   - a ☐ io offro
   - b ☐ io offrisco
3. preferire
   - a ☐ lui preferisce
   - b ☐ lui prefere
4. volere
   - a ☐ lei vuole
   - b ☐ lei vole
5. sapere
   - a ☐ tu sai
   - b ☐ tu sei

Da sich Italiener am Telefon selten mit ihrem Namen bzw. mit ihrer Dienststelle melden, fragen Sie am besten selber nach.

## 4. Mit wem spreche ich?

*Pronto, parlo con **il ristorante «La vongola»**?*

1. il ristorante «La vongola»
2. la gelateria «Giolitti»
3. il signor Crespi
4. l'ufficio cambio
5. l'albergo «Forum»
6. la dottoressa Simonetti

Diese Übung geht nur mit Ihrer CD. Hören Sie sich den Dialog ein paar Mal an, um danach die richtigen Antworten anzukreuzen. Im Lösungsschlüssel ist der Dialog wiedergegeben.

## 5. Richtig oder falsch?

2/6

|  | richtig | falsch |
|---|---|---|
| 1. Mario und seine Mutter sind zu Hause. | ☐ | ☐ |
| 2. Marios Mutter kann nicht einkaufen gehen. | ☐ | ☐ |
| 3. Schinken ist da, muss nicht eingekauft werden. | ☐ | ☐ |
| 4. Mario liebt Spinat. | ☐ | ☐ |
| 5. Mario und seine Mutter sehen sich abends. | ☐ | ☐ |

| | |
|---|---|
| mi dispiace | es tut mir leid |
| senta | hören Sie |
| un vostro cliente | ein Kunde von Ihnen |
| si ricorda | Sie erinnern sich |
| venire | kommen |
| a che ora? | um wie viel Uhr? |
| ho sentito | ich habe gehört |
| Può ripetere? | Können Sie wiederholen? |
| alle otto e mezzo | um halb neun |
| le persone | die Personen |
| mille | tausend |

- Vorrei riservare un tavolo per stasera.

  Ich würde gern einen Tisch für heute Abend reservieren.

- Mi dispiace, ma per stasera non ci sono tavoli.

  Es tut mir leid, aber für heute Abend gibt es keine Tische mehr.

- Senta, io sono un vostro cliente. Crespi, non si ricorda?

  Hören Sie, ich bin ein Gast von Ihnen. Crespi, erinnern Sie sich nicht?

- Crespi, Crespi, ah sì, Lei viene sempre con Sua madre?

  Crespi, Crespi, ah ja, Sie kommen immer mit Ihrer Mutter?

- Sì. Non può fare qualcosa?

  Ja. Können Sie da nicht etwas machen?

- Mmh, a che ora vuole venire?

  Mmh, um wie viel Uhr wollen Sie kommen?

- Non so, alle otto, nove …

  Ich weiß nicht, um acht, neun …

- Scusi, non ho sentito bene, può ripetere?

  Entschuldigung, ich habe nicht richtig gehört. Können Sie wiederholen?

- Alle otto e mezzo.

  Um halb neun.

- Quante persone?

  Wie viele Personen?

- Due persone. Grazie mille.

  Zwei Personen. Tausend Dank.

---

**Die reflexiven Verben**
*Si ricorda* kommt von *ricordarsi (ricordare si)* und bedeutet hier „Sie erinnern sich".

| | |
|---|---|
| *mi ricordo* | ich erinnere mich |
| *ti ricordi* | du erinnerst dich |
| *si ricorda* | er/sie erinnert sich; Sie erinnern sich |

Auch *ci vediamo* (wir sehen uns) ist reflexiv.

**Befehle, aber höflich**
| | |
|---|---|
| *Scusi!* | Entschuldigen Sie! |
| *Dica!* | Sagen Sie! |
| *Senta!* | Hören Sie! |

**Uhrzeiten auf einen Blick**
| | |
|---|---|
| … *e un quarto* | viertel nach |
| … *e mezzo* | halb … |
| … *e tre quarti* | … drei viertel |

Es wird zur vollen Stunde dazugerechnet. Etwa ab „zwanzig vor" wird abgezogen:
… *meno un quarto* =
… weniger ein viertel
  = viertel vor …
… *meno cinque* =
… weniger fünf (Minuten)
  = fünf vor …

*alle*
*quattro meno cinque*
= 3.55 (Uhr)
*alle* heißt „um"

**Partizip Perfekt, II. Kapitel**
Verben auf *-are:*
Verbstamm + *ato*
*parl-are* → *parl-ato*
Verben auf *-ire:*
Verbstamm + *ito:*
*sent-ire* → *sent-ito*

# Übungen

Versuchen Sie sich hier nicht an der offiziellen Zeit (etwa dreizehn Uhr dreißig). Gefragt sind viertel, halb usw. Bei Satz 3 heißt es *all'* statt *alle,* da „ein Uhr" in der Einzahl steht.

Wenn jemand einen Satz mit *mi dispiace* anfängt, kann nichts Gutes kommen. Es sei denn, jemand möchte sich wirklich entschuldigen. Diese Wendung ist auch die beste Waffe, um höflich abzulehnen.

In dieser Übung sollen Sie Sätze in der Vergangenheit bilden: Achten Sie auf die jeweilige Person (ohne sie im Satz zu erwähnen) und auf die Konjugation: *-are* oder *-ire*?

Die Unterscheidung zwischen vertraulicher und höflicher Befehlsform ist wirklich ein harter Brocken im Italienischen, auch weil man sie oft mit den normalen Formen der Gegenwart verwechselt. Da hilft nur eins: Einmal merken und nie wieder vergessen.

Diese Übersetzung soll vor allem der Wiederholung dienen: Wir wollen aus Ihnen keine literarischen Übersetzer machen.

## 1. Um wie viel Uhr?

*Fai colazione alle otto e mezzo.*

1. fai colazione – 8.30
2. andiamo al ristorante – 19.45
3. c'è il pranzo – 13.30
4. vai al lavoro – 7.45
5. ci vediamo sabato sera – 22.30
6. passa l'autobus – 9.15

## 2. Es tut mir leid ...

2/8

*Mi dispiace, ma **non ci sono tavoli.***

1. non ci sono tavoli
2. non lo so
3. non mi piacciono gli spinaci
4. preferisco abitare da sola
5. non posso
6. non ho soldi
7. sono sposato

## 3. Bilden Sie Sätze in der Vergangenheit

*Ho sentito bene.*

1. sentire (io) – bene
2. cambiare (Lei) – 300 franchi
3. capire (io) – tutto
4. aspettare (Lei) – un'ora – l'autobus
5. preferire (tu) – il formaggio piccante
6. telefonare (Lei) – a Maria

## 4. Du oder Sie?

| | du | Sie |
|---|---|---|
| 1. Senta! | ☐ | ☐ |
| 2. Scusa! | ☐ | ☐ |
| 3. Dica! | ☐ | ☐ |
| 4. Come si chiama? | ☐ | ☐ |
| 5. Ti piace il provolone? | ☐ | ☐ |
| 6. Mi sa dire dov'è una banca? | ☐ | ☐ |

## 5. Auf Italienisch?

1. Ich kann mich nicht erinnern.
2. Ich mag keine Tomaten.
3. Um wie viel Uhr gibt's das Mittagessen?
4. Das macht nichts!
5. Wir sehen uns um halb zehn im Zentrum.

Die Fastfood-Welle hat auch vor Italien nicht Halt gemacht. Für junge Italiener war es in der Anfangszeit von McDonald's und Burger King beinahe schon ein revolutionärer Akt, mit dem Mahlzeitendiktat in der Familie zu brechen und statt Mamas *pasta* Hamburger, Fritten und Coke zu konsumieren. Inzwischen haben sich die Burger-Ketten selbst an traditionsreichen historischen Plätzen etablieren können: in der Mailänder *Galleria* beispielsweise, der renommierten Einkaufspassage direkt neben dem Dom, oder an der weltberühmten spanischen Treppe in Rom. Amerikanischer Lebensstil gilt vielen *giovani* (jungen Leuten) mehr als die gewachsene mediterrane Kultur. Man nimmt gern ein schlechtes Essen in Kauf, bewegt sich dafür aber unter Gleichgesinnten. Die qualitativ bessere Variante der schnellen Mahlzeit findet man in der *paninoteca,* wo man köstlich belegte Brötchen in allen möglichen Spielarten bekommt. Auch eine gut sortierte *bar* bietet meist wohlschmeckende Sandwiches, Toasts, *pizzette* oder sogar *tramezzini* an. Ein *tramezzino* besteht aus zwei dreieckigen Weißbrotscheiben, die mit mayonnaisebalsamierten Zutaten wie Schinken, Thunfisch, Tomaten, Pilzen, Mozzarella, Gurken, Salat und vielem mehr gefüllt sind. Das *Tramezzino-Paradies* schlechthin ist Venetien, aber diesen leckeren, kalorienreichen *spuntino,* den Happen für zwischendurch, gibt es auch in anderen Gegenden Italiens.

**Ausländische Restaurants** sind in Italien bei Weitem nicht so verbreitet wie in Deutschland. In kleineren Ortschaften gibt es ausschließlich heimische Küche, und die größeren Städte bieten dem Liebhaber exotischer Genüsse allenfalls ein *ristorante cinese,* ein China-restaurant. Nur in den Großstädten findet man mal thailändische, indische, griechische oder japanische Spezialitäten.

**Alternative zur Pizza** und gut aus der Hand zu essen ist die *focaccia,* eine Art belegtes Pizzabrot. Kommt aus Ligurien, gibt's in fast ganz Norditalien.

# Test 3

Achtung Falle! Denken Sie nicht an die Bräuche mancher italienischen Restaurants im Ausland, die Seele und Sitten verkaufen, um den Umsatz zu steigern.

Mailand ist auf alle Fälle die wirtschaftlich wichtigste Stadt Italiens.

Keine Ahnung? In den Texten zu 10A und 11A finden Sie die notwendigen Informationen.

Apropos Restaurants: Solche Lokale gibt es in Italien leider viel zu selten.

Mit Hilfe der Amerikaner konnten sich die Italiener im Zweiten Weltkrieg vom Faschismus befreien.

Vielleicht kann Ihnen hier auch Ihr Wissen aus Zeitungs- und Fernsehberichten weiterhelfen, wenn Sie die Texte nicht komplett in Erinnerung haben.

Verwechseln Sie nicht Geld mit Uhrzeit, Eissorten mit Gemüse.

## 1. Was stimmt?

1. Cappuccino trinkt man in Italien ...
   a ☐ nur am Vormittag.
   b ☐ vor allem am Nachmittag.
   c ☐ nach dem späten Abendessen.
2. Mailand ist die Hauptstadt ...
   a ☐ von Italien.
   b ☐ der Lombardei.
   c ☐ der Korruption.
3. Tante-Emma-Läden sind in der Regel ...
   a ☐ mit allem bestückt, außer mit Brot.
   b ☐ nur am Wochenende geöffnet.
   c ☐ auch samstags geöffnet.
4. In einem Restaurant, das gut und billig ist, ...
   a ☐ ist der Andrang groß.
   b ☐ sind die Portionen klein.
   c ☐ bekommt man keinen Kaffee.
5. Der amerikanische Lebensstil ...
   a ☐ hat die Qualität des Essens verbessert.
   b ☐ ist in Italien tabu.
   c ☐ ist vielen jungen Menschen richtungweisend.
6. Der deutsche Föderalismus wird in Italien ...
   a ☐ nirgendwo ernst genommen.
   b ☐ als Mittel gegen den Zentralstaat diskutiert.
   c ☐ bereits im Süden erfolgreich praktiziert.

## 2. Frage und Antwort

1. Quanti soldi ha?
2. Parlo con il ristorante «La vongola»?
3. A che ora vuole venire?
4. Che gusti?
5. C'è ancora del pane?
6. Preferisce l'insalata o i pomodori?

a ☐ No, questo non è un ristorante.
b ☐ Vorrei dei pomodori.
c ☐ Ci sono ancora dei panini.
d ☐ Alle dieci.
e ☐ Zabaione e fragola.
f ☐ 300 franchi.

## 3. Wählen Sie immer nur eine Möglichkeit

Prüfen Sie bei jeder Möglichkeit, ob sie Sinn macht und ob sie von der Grammatik her stimmt.

1. Quanti panini _____ ancora?
   a ☐ c'è
   b ☐ ci sono
   c ☐ sono
2. Preferisco _____ lì.
   a ☐ quale
   b ☐ quella
   c ☐ questa
3. Ho _____ troppi pochi soldi.
   a ☐ portato
   b ☐ porto
   c ☐ possibile
4. Signora, cosa ___ posso dare?
   a ☐ Le
   b ☐ ti
   c ☐ lo
5. Gli spinaci non mi _____.
   a ☐ piace
   b ☐ piacciono
   c ☐ piacere
6. Vorrei _____ un tavolo per stasera.
   a ☐ venire
   b ☐ ripetere
   c ☐ riservare

## 4. Sinn oder Unsinn?

Im Deutschen kann „Käse" auch „Quatsch" bedeuten. Im Italienischen nie. Sprachen sind nicht 1:1 wiederzugeben.

1. Geben Sie mir bitte 500 Gramm Italien.
2. Ich verstehe diesen Käse nicht.
3. Ist es möglich, die Leute zu wechseln?
4. Schlangestehen kostet zu wenig.
5. Vorher muss man den Bus nehmen, dann die Tickets kaufen.

# Ein Abend zu zweit

**Ein italienisches Essen**
*aperitivo* – Aperitif
*antipasto* – Vorspeise
*primo* – erster Gang
*secondo con contorno* –
zweiter Gang mit Beilage
*dessert* – Dessert

**Pane, coperto e servizio**
Der Schrecken aller Speise-
kartenkalkulierer ist der
zusätzliche Betrag für die
Bedienung (*servizio*) und
für Brot (*pane*) und Gedeck
(*coperto*). Im italienischen
Restaurant wird eben nicht
jedes Stück Brot berechnet,
sondern es ist ein Pauschal-
betrag zu zahlen: Sie dürfen
dann, so oft Sie wollen,
nachbestellen.

Für Ciccio ist der große Moment gekommen: Brigitte folgt seiner
Einladung ins Restaurant. Bis jetzt hat er sich noch nicht getraut,
ihr zu sagen, dass er sie „besonders" sympathisch findet. Brigitte
lässt auf sich warten und erscheint schließlich etwas verspätet. Er
steht auf, möchte ihr den Stuhl zurechtschieben, aber sie setzt sich
gar nicht hin. Es täte ihr leid, sagt sie, aber jetzt müsse sie nur
noch schnell Zigaretten in der nächsten Bar kaufen. Ciccio könne
ja in der Zwischenzeit schon bestellen, er kenne sich ohnehin
besser aus. „Das fängt ja gut an", denkt Ciccio, wieder alleine am
Tisch. So bestellt er denn auch für Brigitte zunächst nur einen
*primo* (erster Gang). In der Regel werden erst die *primi* und danach
die *secondi* (Hauptgänge) bestellt. So entscheidet man nach dem
*primo,* ob noch Platz im Bauch ist.
Da kommt Brigitte schon zurück. Aber wozu mit der Chronik eines
misslungenen Abends fortfahren? Erzählen, dass Ciccio Brigitte,
die keinen Fisch mag, in das beste Fischrestaurant von Rom einge-
laden hat? Dass seine Pläne fehlschlagen, weil sie, die engagierte
Geschichtslehrerin, am Tag darauf nach Bologna zur Tagung *Storia
dei mass media italiani* (Geschichte der italienischen Massenme-
dien) fährt? Und dass Ciccio letztlich der Appetit vergeht und ihm
nichts anderes einfällt, als ihr anzubieten, sie am nächsten Morgen
zum Bahnhof zu begleiten?

2/9

| | |
|---|---|
| portare | bringen |
| come primo | als ersten Gang |
| per | für |
| la pasta al tonno | die Nudeln mit Thunfisch |
| gli spaghetti alle vongole | die Spaghetti mit Muscheln |
| li | sie |
| niente | kein, nichts |
| da bere | zu trinken |
| la bottiglia di … | die Flasche … |
| l'acqua | das Wasser |
| la | sie |
| subito | sofort |

■ Cosa porto come primo? — Was soll ich als ersten Gang bringen?

● Per me la pasta al tonno. — Für mich die Nudeln mit Thunfisch.

■ E per la signora? — Und für die Signora?

● Be', per la signorina … mmh, non so. — Mmh, für die Signorina … mmh, ich weiß nicht.

■ Ci sono gli spaghetti alle vongole … molto buoni. — Es gibt Spaghetti mit Muscheln … sehr gut.

● Benissimo, allora li prendo anch'io. — Sehr gut, die nehme ich dann auch.

■ Allora, niente tonno, ma le vongole per due? — Also keinen Thunfisch, sondern die Muscheln für zwei?

● Sì. — Ja.

■ Da bere? — Zu trinken?

● Una bottiglia di «Est Est Est». — Eine Flasche „Est Est Est".

■ Va bene. Altro? — In Ordnung. Sonst noch was?

● Ah sì, può portare anche una bottiglia d'acqua? — Ach ja, können Sie auch eine Flasche Wasser bringen?

■ La porto subito. — Ich bringe sie sofort.

**Erinnern Sie sich?**
*gli* spaghetti
*gli* spinaci
Männliche Hauptwörter, die mit *s* + **Konsonant** beginnen, haben in der Mehrzahl den Artikel *gli*. Genau wie die männlichen Hauptwörter, die mit **Vokal** anfangen:
*gli* italiani
*gli* altri

*Li* steht für männliche Substantive im Plural, *La* steht für weibliche Substantive im Singular.

*I panini, li mangio.* = Die Brötchen, ich esse **sie.**
*Gli spaghetti, li mangio.* = Die Spaghetti, ich esse **sie.**
*La bottiglia, la porto.* = Die Flasche, ich bringe **sie.**
*La pasta, la porto.* = Die Pasta, ich bringe **sie.**

**Gut ist nicht gleich gut**
*Mangio* **bene** *al ristorante.* = Ich esse **gut** im Restaurant.
*Gli Spaghetti sono* **buoni.** = Die Spaghetti sind **gut.**

*bene* ist Adverb und steht mit einem Verb:
*mangiare bene*
*lavorare bene*
*stare bene*

*buono* ist Adjektiv und steht mit Substantiven:
*la pasta buona*
*gli spaghetti buoni*
*il vino buono*
*le vongole buone*

Primo meint immer den ersten Gang: ein Nudel-, Reis- oder Maisgericht oder eine Suppe. Vor dem *primo* gibt es manchmal noch *antipasti:* allerlei Eingelegtes, Gemüse, Wurst, Melone mit Schinken usw.

## 1. Die richtige Antwort

1. Cosa porto come primo?
   a ☐ Un pomodoro, per favore.
   b ☐ La pasta al tonno per due.
2. Da bere?
   a ☐ Gli spaghetti alle vongole.
   b ☐ Una bottiglia di vino.
3. Può portare la pasta?
   a ☐ Sì, la porto subito.
   b ☐ Sì, sono molto buoni.
4. Prende gli spaghetti?
   a ☐ Sì, li prendo.
   b ☐ No, non mi piace.

Hier ist das richtige Akkusativpronomen gefragt: *li* oder *la?*

## 2. ... nehm ich nicht!

2/10

*La pasta? No, non **la** prendo.*
1. la pasta
2. i panini
3. la panna
4. gli spaghetti
5. l'acqua
6. la caciottina
7. gli spinaci
8. l'insalata
9. i pomodori

Denken Sie daran, dass *buono* angeglichen werden muss: *buono, buona, buoni, buone.*
*Bene* verändert sich nie.

## 3. *buono* oder *bene*?

*La pasta al tonno è **buona**.*
1. La pasta al tonno è _____.
2. Il direttore lavora _____.
3. In questa gelateria il gelato è molto _____.
4. Al ristorante «La vongola» mangio sempre _____.
5. Gli spaghetti sono _____.
6. La colazione in albergo è _____.
7. La mamma di Ciccio sta _____.

*Gli* wird gesprochen wie etwa in *biglietto*, also lji. Lassen Sie die Zunge genussvoll am Gaumen entlanggleiten.

## 4. Wo sind ...?

*Dove sono **gli insegnanti**?*
1. insegnanti
2. scontrini
3. uffici
4. italiani
5. spaghetti
6. impiegati
7. spinaci
8. altri
9. americani

Das Wort *grappa* verstehen Sie gewiss ohne Übersetzung.

## 5. Zu trinken?

*Cosa porto da bere? – **Una bottiglia di vino,** per favore.*
1. una bottiglia di vino
2. una coca-cola
3. una spremuta d'arancia
4. un cognac
5. un aperitivo
6. una grappa
7. una bottiglia d'acqua
8. un whisky

# Il pesce non lo mangio 13 B

**2/11**

| | |
|---|---|
| la sigaretta | die Zigarette |
| fumare | rauchen |
| ordinare | bestellen |
| il pesce | der Fisch |
| lo | ihn |
| le tagliatelle al ragù | Bandnudeln mit Hackfleischsauce |
| le | sie |
| volentieri | gern |
| la specialità | die Spezialität |
| si mangiano | man isst, sie werden gegessen |
| oddio | oh Gott |

| | |
|---|---|
| ■ Hai trovato le sigarette, Brigitte? | Hast du Zigaretten gefunden, Brigitte? |
| ● Sì, il tabaccaio è qui vicino ... Vuoi fumare? | Ja, der Tabakladen ist hier in der Nähe ... Willst du rauchen? |
| ■ No, grazie, adesso no. | Nein, danke, jetzt nicht. |
| ● Hai già ordinato? | Hast du schon bestellt? |
| ■ Sì, gli spaghetti alle vongole. | Ja, Spaghetti mit Muscheln. |
| ● Aha ... | Aha ... |
| ■ Cosa c'è, non ti piacciono? | Was ist, magst du sie nicht? |
| ● Scusa, Ciccio, ... ma il pesce non lo mangio. | Entschuldige, Ciccio, ... aber ich esse keinen Fisch. |
| ■ Ah ... maledizione! «La vongola» è un ristorante di pesce! | Ach ... verdammt! „La vongola" ist ein Fischrestaurant! |
| ● Posso prendere un'altra cosa. | Aber ich kann auch etwas anderes nehmen. |
| ■ Forse le tagliatelle al ragù? | Vielleicht Nudeln mit Hackfleisch? |
| ● Ah sì, le mangio volentieri. | Oh ja, die esse ich gern. |
| ■ Benissimo. Allora le tagliatelle. | Sehr gut. Also Nudeln. |
| ● Sono una specialità di Bologna? | Eine Spezialität aus Bologna? |
| ■ Si, ma si mangiano anche a Roma. | Ja, aber man isst sie auch in Rom. |
| ● Sai che domani vado a Bologna? | Weißt du, dass ich morgen nach Bologna fahre? |
| ■ A Bologna? Oddio, sto male! | Nach Bologna? Oh Gott, mir ist schlecht! |

*Oddio* ist das zusammengezogene *o Dio* = oh Gott.

**Befehlsform:**
Für alle Verben auf *-are* gilt:
Die Duzform endet auf *-a*,
die Siezform auf *-i*:
*Scusa!* Entschuldige!
*Scusi!* Entschuldigen Sie!
Andersrum ist es bei Verben auf *-ere* oder *-ire*:
*Senti!* Höre!
*Senta!* Hören Sie!

**Akkusativpronomen:**
*lo* und *le*
*il pesce, lo mangio.* =
Den Fisch, ich esse **ihn**.
*Le tagliatelle, le mangio.* =
Die Tagliatelle, ich esse **sie**.

Zusammenfassung:
Männlich und weiblich
Singular: *lo* und *la*
Männlich und weiblich
Plural: *li* und *le*.
Bitte nicht verwechseln:
1. *lo* Akkusativ von *lui*
2. *lo* Artikel von männlichen Hauptwörtern mit *s* + Konsonant

# Übungen

## 1. Was fehlt?

1. Gli spaghetti _____ vongole non ti _____?
2. Le tagliatelle al _____ sono una _____ di Bologna.
3. «La vongola» è un ristorante di _____.
4. Mi dispiace, Ciccio, ma il _____ non ___ mangio.
5. Le tagliatelle si _____ anche a Roma.

## 2. *Lo, la, li* oder *lei?*

*Le  **tagliatelle**? Sì, **le** prendo.*

1. le tagliatelle     2. l'acqua     3. il cappuccino
4. il vestito     5. i biglietti     6. il prosciutto
7. lo scontrino     8. le monete     9. lo zabaione

## 3. Verbinden Sie

1. Non voglio fumare adesso.     a ☐ Ich kann auch etwas anderes nehmen.
2. Qui si mangia la pizza.     b ☐ Hast du Zigaretten gefunden?
3. Gli spinaci non mi piacciono.     c ☐ Brigitte isst keinen Fisch.
4. Posso prendere anche un'altra cosa.     d ☐ Hier isst man Pizza.
5. Hai trovato le sigarette?     e ☐ Ich will jetzt nicht rauchen.
6. Brigitte non mangia il pesce.     f ☐ Spinat schmeckt mir nicht.

## 4. Man isst

2/12

*Si mangia **la pasta.***

1. la pasta     2. le tagliatelle     3. i pomodori
4. il pesce     5. il formaggio     6. gli spaghetti

## 5. *Scusi?* oder *Scusa?*

1. _____, signore, sa dov'è un tabaccaio qui vicino?
2. _____, Ciccio, ma il pesce non lo mangio.
3. _____, sa dov'è il ristorante «La vongola»?
4. _____, sai cosa si mangia a Bologna?
5. _____, Gianna, ma ho bisogno di qualcosa di rinfrescante.
6. _____, può portare una bottiglia d'acqua?
7. _____, Pino, ma gli spinaci non mi piacciono.

*Saltimbocca alla romana, bistecca fiorentina, risotto alla milanese, fegato alla veneziana* und *pizza napolentana:* Man muss nur einen Blick auf eine Speisekarte werfen, will man die Vielfalt der regionalen Küchen kennen lernen. Dass im Ausland sizilianische Gerichte auf dem Menü neben Spezialitäten aus Genua stehen, hat eher mit Marketing zu tun. Die *cucina italiana* ist ein internationaler Verkaufsschlager – unter diesem Begriff wird alles zu Gold gekocht. Aber ursprünglich ist die italienische Küche eine Küche der Regionen. Wenn es um Gaumenfreuden geht, sind die Italiener empfindlich: Eine *polenta* würden sie nicht in Neapel bestellen, genauso wenig wie eine *mozzarella* aus Büffelmilch in Turin. Jede Provinz hat eine Fülle von besonderen Speisen, vom *antipasto* bis zum *dessert,* vom Wein bis zur Käseplatte.

Manches Regionale ist zum Nationalen avanciert: Zum Beispiel der *parmigiano,* der nicht nur in Parma auf die *tortellini* gestreut wird. Er ist auch eine Zutat für genuesisches *pesto* und von Sizilien bis zum Brenner unverzichtbare Krönung von überbackenen Auberginen, *pasta* und allerlei Suppen. In den Großstädten findet man Spezialitäten aus anderen Regionen, und außerdem gibt es eine ganze Reihe von Gerichten, die man überall in Italien bestellen kann: *minestrone* (Gemüsesuppe), *pasta al sugo* (Nudeln mit Soße) oder *pomodori al riso* (Tomaten mit Reis gefüllt). Wenn es um die *pizza* geht, kriegen sich Neapolitaner und Römer regelmäßig in die Wolle. Wie schmeckt sie besser: neapoletanisch mit dickem Rand oder römisch dünner und knusprig? Uns soll das nicht zu sehr tangieren – Hauptsache sie schmeckt …

**Gaumenfreuden**
**Piemonte** und **Valle d'Aosta**
*la fonduta* (Art Käsefondue)
**Lombardia**
*polenta e osei* (Polenta mit Vögeln)
*risotto alla milanese* (safrangewürzter Zwiebelreis)
**Veneto, Trentino** und **Friuli**
*risi bisi* (Reis mit Erbsen)
*fegato alla veneziana* (Leber mit Zwiebeln und Rotwein)
**Liguria**
*pasta al pesto* (Pesto)
**Emilia-Romagna**
*zampone* (Schweinsfuß)
**Toscana**
*bistecca fiorentina* (gegrilltes T-Bone-Steak)
**Adriaregionen**
**(Marche, Abruzzo)**
*la scamorza ai ferri* (gegrillter Käse)
**Lazio**
*saltimbocca alla romana* (Kalbsschnitzel mit Salbei und Schinken)
**Calabria**
*capretto ripieno* (gefülltes Zicklein)
**Sicilia**
*cassata* (Eis mit Pistazien und kandierten Früchten)

# Bologna, Gleis 12

**Parken in Italien**

In den Städten stehen eine Vielzahl der Autos im Parkverbot. Legal parken ist eine seltene Kunst, oft eine Unmöglichkeit. *Seconda fila* und *terza fila,* also in zweiter und dritter Reihe parken, sind beliebte Alternativen.

**Taxifahren**

Taxistände sind in der Regel an größeren Plätzen in den Städten sowie an Bahnhöfen und Flughäfen zu finden. Wenn Sie ein Taxi anhalten möchten, achten auf die Leuchtschrift *libero* (frei). Um böse Überraschungen zu vermeiden, sollten Sie noch vor der Fahrt den Preis besprechen.

So einen Abend wie im *«La vongola»* vergisst man nicht leicht, erst die Aufregung, dann die Enttäuschung. Doch Ciccio hat noch nicht aufgegeben. Pünktlich um neun Uhr früh steht er mit seinem Auto vor dem Hotel Forum, um Brigitte zur *Stazione Termini* zu bringen. Ein Plätzchen für sein Auto zu finden ist ein Problem in den schmalen Straßen um den Riesenbahnhof. *In seconda fila* (zweite Reihe) zu parken, einfach so, das ist Ciccio zu riskant, also überlässt er Auto samt Schlüssel einem *parcheggiatore* (Parkplatzwächter), der sich mit einer Kapitänsmütze die Autorität eines städtischen Beamten verschafft. Ciccio darf Brigittes Gepäck tragen, doch sie hat nur einen kleinen Koffer mitgenommen, schließlich bleibt sie ja bloß ein paar Tage in Bologna. Ihr Zug fährt in zwanzig Minuten, und sie hat noch keine Fahrkarte. Während sie am Schalter Schlange steht, schaut sich Ciccio nach einem Gepäckwägelchen um. Drei Minuten später ist er wieder bei ihr, allerdings mit leeren Händen. Einen Blick auf den Fahrplan: Eurostar nach Bologna, zuschlagspflichtig, Gleis 12. Als der Zug abfährt, winkt sie ihm aus dem Fenster: *Mi devi chiamare* (Du musst mich anrufen), ruft er ihr noch zu. Ihre Antwort ist schon nicht mehr zu verstehen, aber in der Ferne lächelt sie noch. Sie freut sich. Ciccio lächelt zwar, kann sich aber nicht so richtig freuen. In Gedanken versunken geht er den Bahnsteig zurück und kommt plötzlich wieder zu sich, als eine komische Stimme ihn anbrummt *„hotel, taxi, hotel, taxi"*. Was ist bloß mit ihm los, dass man ihn schon für einen Touristen hält?

| | |
|---|---|
| la seconda classe | die zweite Klasse |
| per | nach |
| andata e ritorno | Hin- und Rückfahrt |
| vorrebbe? | möchten Sie? |
| partire | abreisen, wegfahren |
| il treno delle 10.05 | der 10:05-Zug |
| il treno rapido | der Intercity |
| la prenotazione obbligatoria | die Pflicht-Reservierung |
| il supplemento | der Zuschlag |

- ■ Un biglietto di seconda classe per Bologna.  
  Eine Fahrkarte zweiter Klasse nach Bologna.

- ● Andata e ritorno?  
  Hin- und Rückfahrt?

- ■ Sì.  
  Ja.

- ● Quando vorrebbe partire?  
  Wann möchten Sie fahren?

- ■ Adesso con il treno delle 10.05.  
  Jetzt, mit dem 10:05-Zug.

- ● Ah, con l'Eurostar.  
  Ah, mit dem Eurostar.

- ■ L'Eurostar cos'è?  
  Eurostar, was ist das?

- ● È un treno rapido con prenotazione obbligatoria.  
  Das ist ein reservierungspflichtiger Intercity.

- ■ E allora cosa devo fare?  
  Also, was muss ich machen?

- ● Deve pagare un supplemento.  
  Sie müssen einen Zuschlag zahlen.

- ■ Quanto costa?  
  Wie viel kostet das?

- ● Il biglietto e il supplemento sono 68 euro.  
  Die Fahrkarte und der Zuschlag, das sind 68 Euro.

**Der kleine Unterschied**
*il treno delle 10.05*
= der 10.05-Zug

*Il treno parte alle 10.05*
= der Zug fährt um 10.05

*vorrei* ich möchte
*vorrebbe* er/sie möchte;
Sie möchten

Den Grammatikliebhabern sei gesagt, dass es sich hier um Formen des Konditionals von *volere* handelt.

**2-mal *di***
**1. *di* mit Artikel**
1. für unbestimmte Mengen:
*della verdura* Gemüse
*del formaggio* Käse
*dei prosciutti* Schinken
2. wenn ausgedrückt werden soll, wozu etwas gehört. Die passende Frage dazu lautet: wessen?
*la borsetta della signora* = die Handtasche der Signora
*la fermata dell'autobus* = die Haltestelle des Busses (Bushaltestelle)
Grammatikaner wissen: das ist der Genitiv.
**2. *di* ohne Artikel**
für bestimmte Mengen:
*un po' di* ein bisschen
*una bottiglia di* eine Flasche
*un bicchiere di* ein Glas
Außerdem:
*un negozio di*
*un biglietto di*

# Übungen

Immer schön höflich fragen.

## 1. Mit welchem Zug?

2/14

*Vorrebbe partire con il treno **delle 10.05?***

1. delle 10.05
2. rapido
3. delle 19.30
4. Eurostar
5. delle 17.40
6. per Amsterdam
7. delle 9.10
8. per Bologna

---

***di* + Artikel**

Singular
*di + il = del*
*di + l' = dell'*
*di + lo = dello*
*di + lo = della*
Plural
*di + i = dei*
*di + gli = degli*
*di + le = delle*

## 2. *Di* in allen Variationen

1. Vado alla fermata _____ autobus.
2. Prendo un po' _____ prosciutto.
3. Il treno _____ 11.25 non parte oggi.
4. Faccio un biglietto _____ seconda classe.
5. Compro _____ panini.
6. Il negozio _____ abbigliamento è qui vicino.
7. Ordino una bottiglia _____ vino.
8. Prendi anche _____ pane?

---

Machen Sie eine solche Sortierübung auch einmal schriftlich. Was man einmal geschrieben hat, bleibt besser im Gedächtnis.

## 3. Ordnen Sie den Satzsalat

1. obbligatoria – rapido – è – un treno – prenotazione – con
2. partire – il treno – vorrebbe – con – 17.00 – delle
3. per – pagare – l'Eurostar – bisogna – un supplemento
4. un biglietto – Bologna – quanto – per – costa

---

Hier kommt erst die Antwort, dann die Frage. Was gehört wohl wozu?

## 4. Antwort und Frage

1. Il biglietto e il supplemento sono 68 euro.
2. Adesso con il treno delle 9.00.
3. È un treno rapido con prenotazione obbligatoria.
4. Deve pagare un supplemento.

a ☐ Cosa devo fare?
b ☐ Quanto costa?
c ☐ Quando vorrebbe partire?
d ☐ L'Eurostar cos'è?

---

CD reinschieben und Ohren auf.

## 5. Ja oder nein?

2/15

|  | sì | no |
|---|---|---|
| 1. Brigitte prende il treno delle 10.05. | ☐ | ☐ |
| 2. Brigitte prende un treno rapido. | ☐ | ☐ |
| 3. Brigitte non paga il supplemento. | ☐ | ☐ |
| 4. L'andata costa 34 euro. | ☐ | ☐ |
| 5. Ciccio vuole partire. | ☐ | ☐ |
| 6. Brigitte deve partire. | ☐ | ☐ |

**2/16**

| | |
|---|---|
| dammi | gib mir |
| la valigia | der Koffer |
| il binario | das Gleis |
| guardare | schauen |
| l'orario dei treni | der Zugfahrplan |
| nella borsetta | in der Handtasche |
| confuso/-a | verwirrt, durcheinander |
| in viaggio | auf Reisen |
| la fine del mondo | das Ende der Welt |
| devi | du musst |
| il pomeriggio | der Nachmittag |

| | |
|---|---|
| ■ Dammi la valigia, Brigitte! | Gib mir den Koffer, Brigitte! |
| ● Grazie, Ciccio. | Danke, Ciccio. |
| ■ Qual è il binario? | Welches Gleis ist das? |
| ● Devo guardare l'orario dei treni. | Ich muss im Fahrplan schauen. |
| ■ Ecco, sta lì! | Hier, da ist er! |
| ● Binario, binario, binario … 12. | Gleis, Gleis, Gleis … 12. |
| ■ Hai il biglietto? | Hast du die Fahrkarte? |
| ● Sì, oddio, ma dove? | Ja, oh Gott, aber wo? |
| ■ Non è nella borsetta? | Ist sie nicht in der Handtasche? |
| ● Non lo so, forse è lì … sì, eccolo! | Ich weiß es nicht, vielleicht ist sie da … ja, da ist sie! |
| ■ Sei veramente confusa, Brigitte! | Du bist wirklich durcheinander, Brigitte! |
| ● Sì, ma è sempre così. | Ja, aber das ist immer so. |
| ■ Sempre? | Immer? |
| ● Sì, in viaggio sono confusa. | Auf Reisen bin ich durcheinander. |
| ■ Ma Brigitte, Bologna non è la finde del mondo. | Aber Brigitte, Bologna ist nicht das Ende der Welt. |
| ● Lo so. | Ich weiß. |
| ■ Quando arrivi a Bologna mi chiami? … Brigitte, mi devi chiamare! … Nel pomeriggio. | Wenn du in Bologna ankommst, rufst du mich an? … Brigitte, du musst mich anrufen! … Am Nachmittag. |

*Dammi!* – Gib mir! besteht aus *da'* (gib!) und *mi* (mir).

**nella** *borsetta* = in **der** Handtasche

Sie kennen schon **nel** *pomeriggio* = am Nachmittag
**nella** = *in + la*
**nel** = *in + il*

*Eccolo!* = Da ist es! Nämlich *il biglietto*. Erinnern Sie sich an *lo, la, li, lei?* Diese Pronomen können an *ecco* einfach angehängt werden: Da ist er! Da ist es! Da ist sie! Da sind sie! *Eccomi!* = Da bin ich!

# Übungen

## 1. Ecco!

*Dammi **la valigia!** – Sì, eccola!*

1. la valigia
2. il telefono
3. i biglietti
4. le verdure
5. lo scontrino
6. la borsetta
7. il vestito
8. le sigarette
9. il vino

Hier handelt es sich immer um Formen von *di* mit Artikel oder *in* mit Artikel. Blättern Sie im Zweifelsfall zurück auf S. 94 und 95.

## 2. Welche Präposition fehlt?

1. Prendo il treno __delle__ 9.30.
2. Il tuo biglietto è _____ borsetta.
3. Bologna non è la fine _____ mondo.
4. Guardo l'orario _____ treni.
5. Ti chiamo _____ pomeriggio.
6. Aspetto alla fermata _____ autobus.
7. Il vestito è _____ valigia.
8. Il computer _____ programmatore è nuovo.

Bringen Sie Ordnung in die hektische Suchaktion.

## 3. Die richtige Reihenfolge

1. Sì, oddio, ma dove?
2. Hai il biglietto?
3. Non è nella borsetta?
4. Non lo so … forse è lì … sì, eccolo!

Erinnern Sie sich auch an die anderen Formen von *dovere:*

| | |
|---|---|
| *devo* | ich muss |
| *devi* | du musst |
| *deve* | er/sie muss; Sie müssen |

## 4. Musst du das tun?

*Devi **chiamara Ciccio?***

1. chiamare Ciccio
2. pagare un supplemento
3. veramente partire
4. fare la fila
5. pagare in contanti
6. telefonare nel pomeriggio

Bei Satz 3 müssen Sie überlegen, ob ein Mann oder eine Frau durcheinander sein soll.
In Satz 4 können Sie *chiamare* oder *telefonare* benutzen.

## 5. Auf Italienisch

1. Der Eurostar ist ein reservierungspflichtiger Zug.
2. Möchten Sie am Nachmittag abreisen?
3. Wenn ich auf Reisen bin, bin ich immer durcheinander.
4. Rufst du mich an, wenn du in Bologna bist?
5. Ich möchte eine Fahrkarte zweiter Klasse, Hin- und Rückfahrt.
6. Sie müssen einen Zuschlag zahlen.

Als 1956 der Bau der *Autostrada del Sole* begonnen wurde, erhoffte man sich, die bis dahin abenteuerlichen 800 Kilometer von Mailand nach Neapel auf eine Tagesfahrt reduzieren zu können, und man prophezeite bis zum Jahr 2000 eine Zahl von täglich 20 000 Fahrzeugen auf der Autobahn. Nur einige Jahre später wurde diese Ziffer dank des Wirtschaftsbooms der 1960er-Jahre überschritten und ist bis heute wohl um mehr als das Hundertfache gewachsen. Ja, Italien, das Land der romantischen Zypressenalleen und der verwinkelten Gässchendörfer ist auch die Heimat von Fiat und Ferrari. Eine moderne Autonation mit einem ausgedehnten Autobahn- und Schnellstraßennetz von Palermo bis zum Brenner. Dieses hat aber auch seinen Preis, nämlich die Autobahngebühren, die zum Ärger vieler „Nur-mit-meinem-Auto-Philosophen" konsequent berappt werden müssen.

Wer das Aussitzen am Steuer leid ist und stattdessen lieber Zeitung liest oder mit den Sitznachbarn plaudert, dem steht in Italien ein erstklassiges und vergleichsweise billiges Angebot von Zugverbindungen zur Verfügung. Frühstück in Rom, Mittagessen in Mailand ist heute dank des Hochgeschwindigkeitszugs *Pendolino* möglich, der 600 Kilometer in nur 3 Stunden und 40 Minuten zurücklegt. Der Spruch manch böser Zungen aus dem Norden, dass südlich von Rom alles aufhöre, stimmt zwar nicht, aber Reisende in den Süden dürfen ein Stück Langsamkeit entdecken. Wer es eilig hat, der kann sich der nationalen Fluggesellschaft *Alitalia* anvertrauen: Der längste inneritalienische Flug dauert nicht mehr als eine Stunde.

**Achtung Mautstelle!**
*Caselli* heißen die Mautstellen auf italienischen Autobahnen. Dort ist *il pedaggio* (Autobahngebühr) zu entrichten. Fährt man auf die Autobahn, erhält man am *casello* zunächst einen Kontrollstreifen. Beim Verlassen der Autobahn zeigt man diesen vor und zahlt die Gebühr für die gefahrene Strecke. Mit speziellen Guthabenkarten wie VIACARD lassen sich die vor allem im Sommer sehr langen Wartezeiten an den *caselli* verkürzen.

*Onda Verde* (grüne Welle) informiert im Radio, wie Sie Staus und Straßenarbeiten am besten aus dem Weg gehen können.

**Reisen online**
Autobahn:
www.autostrade.it
Bahn:
www.ferroviedellostato.it
Flugzeug:
www.alitalia.it

# 15

## Hotels & Co.

**Achtung, Preise!**
Beträchtliche Preisunter-
schiede in den Hotels kann
es zwischen *alta* und *bassa
stagione* (Hoch-, Nach-
saison) geben: Es lohnt sich
immer außerhalb der Haupt-
reisezeit zu fahren. Vor
allem in Feriengebieten
bieten viele Hotels *mezza
pensione* (Halbpension) oder
*pensione completa* (Vollpen-
sion) an. Eine Auflistung des
Preises von Zimmer und
Zusatzleistungen finden Sie
zur Sicherheit hinter der Tür
des Hotelzimmers.

*Camera con bagno* =
Zimmer mit Bad

**Bagno & bagno**
Seien Sie nicht überrascht,
wenn Sie hören, dass je-
mand, der mit Ihnen unter-
wegs ist, unbedingt zum
*bagno* müsse. Das Wort
*bagno* bedeutet sowohl Bad
als auch Toilette.

Brigitte hat sie nicht gezählt, aber bis jetzt waren es schon sicher zwanzig Tunnels. Die Strecke von Rom nach Bologna quer durch den Apennin, die Wirbelsäule Italiens, ist ein ständiger Wechsel zwischen hell und dunkel. Nach dreieinhalb Stunden kommt sie am Bahnhof *Stazione Centrale* an.

Bologna, *la rossa* (die Rote), so genannt wegen seiner roten Ziegeldächer und weil es seit jeher eine Hochburg der Linken war, befindet sich am südlichen Rande der Poebene. Diese Stadt hat, gerade weil sie abseits der Touristenströme liegt, einen diskreten Charme, eine unscheinbare Eleganz bewahrt und besitzt trotz ihrer geringen Größe ein reges kulturelles Leben.

Ein Hotel hat Brigitte nicht reserviert, sie weiß, dass in Bologna Zimmer leicht zu finden sind – wenn nicht gerade Messe ist. Am Bahnhof geht sie zum *ufficio informazioni* (Informationsbüro), wo sie Auskunft bekommt. Ob sie *un albergo a quattro stelle* (ein Vier-Sterne-Hotel) möchte, fragt sie die Dame am Schalter. Das sei ihr zu teuer, meint Brigitte, *un alberghetto* (ein kleines Hotel) würde ihr auch passen. Schließlich verlässt sie das *ufficio,* versehen mit Stadtplan inklusive Wegbeschreibung zum Hotel «Emilia». Zwar ist es nicht das gewünschte *alberghetto,* dafür liegt es aber optimal. Brigitte bezieht ihr Zimmer im sechsten Stock. Leider funktioniert nicht alles so, wie sie es sich vorstellt …

**2/18**

| | |
|---|---|
| la camera singola | das Einzelzimmer |
| il bagno | das Bad |
| Per quanto tempo? | Für wie lange? |
| fino a | bis |
| dal… al | vom … bis … |
| la notte | die Nacht |
| il piano | das Stockwerk |
| l'ascensore (m) | der Aufzug |
| il documento | der Ausweis |
| la … volta | das … Mal |
| sono già stata | ich bin schon gewesen |
| due anni fa | vor zwei Jahren |

■ Buongiorno, signora, dica! — Guten Tag, Signora, bitte sehr?

● Vorrei una camera singola con bagno. — Ich möchte ein Einzelzimmer mit Bad.

■ Per quanto tempo? — Für wie lange?

● Fino a giovedì mattina. — Bis Donnerstagvormittag.

■ Allora dal 20 al 24, per tre notti? — Also vom 20. bis zum 24., für drei Nächte?

● Sì. — Ja.

■ Ho ancora una camera al sesto piano. — Ich habe noch ein Zimmer im sechsten Stock.

● C'è l'ascensore? — Gibt es einen Aufzug?

■ Ma sì, l'ascensore c'è. — Sicher gibt's einen Aufzug.

● Bene, allora la prendo. — Gut, dann nehme ich es.

■ Ha un documento? — Haben Sie einen Ausweis?

● Sì, eccolo! — Ja, hier bitte.

■ Ma Lei non è italiana? — Sind Sie keine Italienerin?

● No, sono tedesca. — Nein, ich bin Deutsche.

■ Ma non è la prima volta che è in Italia? — Aber Sie sind nicht zum ersten Mal in Italien?

● No, sono già stata in Italia due anni fa. — Nein, ich bin vor zwei Jahren schon in Italien gewesen.

---

**Die Ordnungszahlen**
**1. bis 10.**
1. *primo*
2. *secondo*
3. *terzo*
4. *quarto*
5. *quinto*
6. *sesto*
7. *settimo*
8. *ottavo*
9. *nono*
10. *decimo*

**Partizip von „sein"**
Die Frau:
*sono stata* =
ich bin gewesen
Der Mann:
*sono stato* =
ich bin gewesen

*due anni fa* =
**vor** zwei Jahren
Das geht auch mit anderen Zeitangaben:
*tre giorni fa* =
vor drei Tagen
*quattro ore fa* =
vor vier Stunden

Wenn Sie Ihr Repertoire an Zeitangaben erweitern wollen:
*la settimana* die Woche
*il mese* der Monat
*l'anno* das Jahr

*un'ora*
Eigentlich heißt es *una ora*. Um die Aussprache zu vereinfachen, wird *una* apostrophiert.

# Übungen

Hier muss Brigitte scharf nachdenken, um sich an alles erinnern zu können.

## 1. Wo bist du wann gewesen, Brigitte?

*Sono stata **in Italia due anni** fa.*

1. in Italia – due anni
2. a Roma – cinque giorni
3. al bar – tre ore
4. in centro – due giorni
5. in America – quattro anni
6. al negozio di alimentari – un'ora

Bei 3. zeigt sich, dass Italienisch gar nicht so schwer ist: Sie brauchen beim Datum keine Ordnungs-, sondern stinknormale Kardinalzahlen.

## 2. Die richtige Frage

1. Sì, l'ascensore c'è.
   - a ☐ Al sesto piano?
   - b ☐ C'è l'ascensore?
2. Sì, eccolo.
   - a ☐ Ha un documento?
   - b ☐ Ma Lei non è italiana?
3. Dal 20 al 26.
   - a ☐ È la prima volta che è in Italia?
   - b ☐ Per quanto tempo sta qui?
4. No, sono tedesca.
   - a ☐ Ma Lei non è italiana?
   - b ☐ Vorrebbe un camera singola?

Ohne Aufzug hätten die weniger Sportlichen hier wahrscheinlich Probleme.

## 3. Zimmer mit Aufzug

*Ho ancora una camera al **sesto** piano.*

1. sei
2. sette
3. dieci
4. cinque
5. nove
6. quattro
7. otto
8. tre

Füllen Sie die Lücken mit Hilfe des Dialogs 15A.

## 4. Füllen Sie die Lücken

1. Vorrei una _____ singola con _____ .
2. Allora_____ 20 _____26.
3. Sono già _____n Italia due anni _____.
4. Ho ancora una camera ____ sesto _____.

Apropos Einzelzimmer in Satz 3. Andere Arten von Zimmern heißen:
*camera doppia* = Doppelzimmer
*camera matrimoniale* = Doppelzimmer (mit richtigem Ehebett)

## 5. Verbinden Sie

1. Ich bin schon hier gewesen.
2. Haben Sie einen Ausweis?
3. Ich möchte ein Einzelzimmer.
4. Für wie lange?
5. Es gibt einen Aufzug.
6. Also für sechs Nächte.

- a ☐ C'è l'ascensore.
- b ☐ Allora per sei notti.
- c ☐ Sono già stata qui.
- d ☐ Ha un documento?
- e ☐ Vorrei una camera singola.
- f ☐ Per quanto tempo?

2/20

| | |
|---|---|
| la domanda | die Frage |
| il televisore | der Fernseher |
| funzionare | funktionieren |
| meno | weniger |
| rumoroso/-a | laut |
| che strano | wie merkwürdig |
| l'elettricista(m) | der Elektriker |
| ieri | gestern |
| controllare | überprüfen |
| fra cinque giorni | in fünf Tagen |

■ Scusi, ho una domanda.   Entschuldigung, ich habe eine Frage.

● Prego.   Bitte.

■ Ha un'altra camera singola?   Haben Sie ein anderes Einzelzimmer?

● Perché? C'è qualcosa che non va bene?   Warum? Ist etwas nicht in Ordnung?

■ Mmh, il televisore non funziona e vorrei una camera meno rumorosa.   Mmh, der Fernseher funktioniert nicht und ich möchte ein weniger lautes Zimmer.

● Mmh, che strano … l'elettricista è stato qui ieri.   Mmmh, wie merkwürdig … der Elektriker ist gestern hier gewesen.

■ Forse non ha controllato il mio televisore?   Vielleicht hat er meinen Fernseher nicht überprüft?

● Non so, adesso vedo se c'è un'altra camera.   Ich weiß nicht, jetzt schau ich mal, ob es ein anderes Zimmer gibt.

■ Grazie.   Danke.

● Lei parte domenica fra cinque giorni?   Sie reisen in fünf Tagen ab?

■ Sì.   Ja.

● Ho ancora una camera al quarto piano, più grande e più bella dell'altra.   Ich habe noch ein Zimmer im vierten Stock, größer und schöner als das andere.

---

*fra* steht vor,
*fa* hinter der Zeitangabe:
*fra cinque giorni* =
**in** fünf Tagen
*cinque giorni fa* =
**vor** fünf Tagen

**Vergangenheit**
*ho controllato*
*hai controllato*
*ha controllato*
Wenn die Vergangenheit mit *avere* (haben) gebildet wird, bleibt das Partizip Perfekt *(controllato)* unverändert. Es endet auf *-o*, egal ob von einem Mann oder einer Frau die Rede ist.

*sono stato*
*sono stata*
Wenn die Vergangenheit mit *essere* (sein) gebildet wird, ändert sich das Partizip Perfekt: Endung *-o* für den Mann, Endung *-a* für die Frau.

*più o meno* =
mehr oder weniger
*più di*   mehr **als**
*meno di*   weniger **als**

*più bella dell' altra* =
schöner **als** das andere
*di + l'* = *dell'*

*camera a due letti* =
Doppelzimmer, aber mit getrennten Einzelbetten
*camera con bagno* =
Zimmer mit Bad
*camera con doccia* =
Zimmer mit Dusche
*camera con frigobar* =
Zimmer mit Minibar
*camera con vista sul mare* =
Zimmer mit Blick aufs Meer

# Übungen

Ein weniger seltsames Zimmer in 6.? Vielleicht hat es darin ja gespukt?!

## 1. Ein anderes Zimmer

*Non ha una camera **meno rumorosa** dell'altra?*

1. meno rumorosa
2. più bella
3. più carina
4. meno grande
5. più piccola
6. meno strana
7. più elegante

War das schon oder kommt das noch? Das ist hier die Frage …

## 2. *Fra* oder *fa*?

1. L'elettricista viene _____ due giorni.
2. Allora _____ due giorni.
2. Ciccio è stato a Bologna un anno _____.
3. Brigitte è stata in Germania 15 giorni _____.
4. Il treno arriva _____ un'ora.
5. La mia famiglia viene _____ tre giorni.
6. Un anno _____ sono stato a Milano.
7. _____ due giorni vado in centro.
8. Sono stata a Roma quattro giorni _____.

Lückenfüller sind keine Lückenbüßer.

## 3. Füllen Sie die Lücken

*sei stato – ho ordinato – sono stata – ha controllato – è stato – ho portato – ha sbagliato – ho sentito*

1. _____ le tagliatelle al ragù.
2. Dove _____ ieri, Ciccio?
3. Può ripetere, per favore, non _____ .
4. Il signore _____ a Firenze due giorni fa.
5. Questo non è un ristorante. _____ numero.
6. _____ troppo pochi soldi.
7. L'elettricista _____ il televisore.
8. Io _____ in albergo due ore fa.

Nicht mehr nur *voglio* (ich will). Jetzt geht's schon viel charmanter mit *vorrei* (ich möchte).

## 4. Ich möchte ein Zimmer …

2/21

*Vorrei una camera **singola**.*

1. singola
2. con televisore
3. con bagno
4. matrimoniale
5. con vista sul mare
6. con frigobar
7. con doccia

# Socken und Ampeln

Liegt es an den Genen oder an der Umwelt? War es das väterliche Blut oder hat es mit der glitzernden Farbenpracht der Kirchen, mit der erhabenen Schlichtheit der Renaissancepaläste zu tun, dass Italiener beim Anziehen ein besonderes Händchen für Stoffe, Modelle und Farbkombinationen haben? Dieses gewisse Etwas, das den auf Äußerlichkeiten weniger bedachten Völkern des Nordens manchmal abgeht. „Nimm mich wie ich bin" ist kein Satz für italienische Frauen, zumindest was das Aussehen betrifft. Die *bellezze acqua e sapone,* die natürlichen Schönheiten, die nur mit Wasser und Seife auskommen, sind nämlich rar und es überwiegt die Kunst des Schminkens und des Scheinens: Schließlich kann dem Werk von Mutter Natur immer noch nachgeholfen werden. Mode ist nicht Oberflächlichkeit oder gar Frevel, sondern Ausdruck und präzises Regelwerk, weswegen nichts mehr Furcht einflößt als *brutta figura* zu machen, sich zu blamieren. Sandalen-mit-Strümpfen-Träger in kurzen Hosen verstehen vielleicht nicht, wie man sich diesem Diktat des guten Geschmacks so unterwerfen kann. Schließlich ist Mode in Italien auch häufig Quelle des Konformismus. Dies zur Verwunderung von vielen, die in Italien immer noch das Land der Anarchie, der Freiheit des Individuums und der Gleichgültigkeit vor den Regeln sehen wollen. Aber jede Gesellschaft hat ihre Regeln. Die einen reagieren auf rote Ampeln, die anderen auf grüne Socken …

**Für jede Tasche**
*Valentino, Armani, Versace, Dolce e Gabbana* und viele mehr. Das Made in Italy gilt als Synonym für Mode, aber nicht jeder hat das entsprechende Portemonnaie dafür. Als Alternative findet man auf den wöchentlichen Straßenmärkten qualitativ gute Kleidung zu günstigen Preisen sowie alle möglichen Fälschungen und Nachahmungen berühmter Modedesigner: So etwa Jeans *Amami* (lieb mich) statt *Armani*. Sie können aber auch auf die *saldi,* den Schlussverkauf, mit wirklich lohnenden Nachlässen warten.

**Größenunterschiede bei Damenbekleidung**
Deutschland:
34 – 36 – 38 –
40 – 42 – 44 – 46
Italien:
40 – 42 – 44 –
46 – 48 – 50 – 52

# Zeit für Zeitungen

## Zeitungen und Zeitschriften

Die wichtigsten Tageszeitungen *Corriere della Sera* und *La Repubblica* bringen in den größeren Städten jeweils einen Lokalteil. Ansonsten können Sie für spezifischere Informationen eine der vielen Regionalzeitungen zu Rate ziehen.
Torino: *La Stampa*
Genova: *Il Secolo XIX*
Venezia: *Il Gazzettino*
Trieste: *Il Piccolo*
Bologna: *Il Resto del Carlino*
Firenze: *La Nazione*
Napoli: *Il Mattino*
Palermo: *Il Giornale di Sicilia*

Wöchentlich erscheinende Zeitungen gibt es in Italien nicht, statt dessen *riviste* (Zeitschriften) wie *L'Espresso, Panorama* und *Epoca,* die den Anspruch von politischen Magazinen haben. Die traditionsreichsten Klatschillustrierten sind *Oggi* und *Gente.*

*Storia dei mass media italiani:* Der Kongress in Bologna behandelt einen Aspekt der italienischen Zeitgeschichte, der Brigitte bisher nur sehr wenig vertraut war. Sie erfährt etwas über den Einfluss der Medien auf das politische und kulturelle Leben im Italien der Nachkriegszeit. Zum Beispiel, dass sich nur dank des Fernsehens die nationale Hochsprache etablierte oder dass bis vor einigen Jahren die staatlichen TV-Kanäle fest in der Hand der wichtigsten Parteien waren. Im dreitägigen Kongress wird auch das Zeitungspanorama der Halbinsel thematisiert.

In Italien gibt es eine Vielzahl überregionaler Zeitungen, die wichtigsten und meistverkauften sind der *Corriere della Sera* aus Mailand und die römische *La Repubblica,* beide politisch dem Mitte-Links-Spektrum zugehörig. Echte Boulevardblätter gibt es nicht, stattdessen bringen auch die als „seriös" geltenden Zeitungen Skandalthemen und viel Klatsch. Pendants zu „Bild" sind die drei täglich erscheinenden Sportzeitungen *Gazzetta dello Sport, Corriere dello Sport, Tuttosport.* Man findet sie in jeder Bar zwischen Eisschrank und Flipper.

Seit drei Stunden sitzt Brigitte im Konferenzraum der Universität von Bologna und hört den Vorträgen zu. Ihren Nachbarn, einen gutaussehenden Herrn Mitte dreißig, fragt sie, was am Nachmittag auf dem Programm stehe. *Oggi pomeriggio e libero* (Heute Nachmittag ist frei), erfährt sie. Für Brigitte die richtige Gelegenheit, um die Stadt etwas näher kennen zu lernen. Ob er nicht mitkommen wolle, fragt sie den Herrn. *Non ho tempo* (Ich habe keine Zeit) meint er, aber einen Stadtführer könne er ihr mitgeben …

2/22

| | |
|---|---|
| libero/-a | frei |
| il giro | der Rundgang |
| conoscere | kennen |
| la città | die Stadt |
| non ... mai | niemals |
| il museo | das Museum |
| purtroppo | leider |
| Che peccato! | Wie schade! |
| la guida | der Führer |

So bildet man einen Satz mit „nie":
*non* + **Verb** + *mai*
**Non** *sono* **mai** *stata.* =
Ich bin **nie** gewesen.
**Non** *vado* **mai.** =
Ich gehe **nie.**

*qualcosa da:* =
etwas zu:
*qualcosa* **da** *vedere* =
etwas **zu** sehen
*qualcosa* **da** *mangiare* =
etwas **zu** essen
*qualcosa* **da** *bere* =
etwas **zu** trinken

| | |
|---|---|
| ■ Oggi pomeriggio è libero. | Heute nachmittag ist frei. |
| ● Che bello! Così posso fare un giro per Bologna. | Wie schön! Da kann ich einen Rundgang durch Bologna machen. |
| ■ Non conosce la città? | Kennen Sie die Stadt nicht? |
| ● No, non sono mai stata a Bologna. | Nein, ich bin noch nie in Bologna gewesen. |
| ■ Non è mai stata a Bologna? | Sie sind noch nie in Bologna gewesen? |
| ● No, questa è la prima volta. | Nein, es ist das erste Mal. |
| ■ Ah, ci sono dei musei molto belli da vedere. | Ah, es gibt sehr schöne Museen zu sehen. |
| ● Lei la città, la conosce bene? | Kennen Sie die Stadt gut? |
| ■ Sì, io sono di Bologna. | Ja, ich bin aus Bologna. |
| ● Allora perché non viene con me? | Also warum kommen Sie nicht mit mir? |
| ■ Vorrei veramente, ma purtroppo non ho tempo. | Ich möchte wirklich gern, aber leider habe ich keine Zeit. |
| ● Che peccato! | Wie schade! |
| ■ Ma se vuole Le do una guida ... | Aber wenn Sie möchten, gebe ich Ihnen einen Führer ... |
| ● Grazie, molto gentile. | Danke, sehr freundlich. |

# 16 A Übungen

So langweilig kann Ihr Leben gar nicht sein.

## 1. Langweiliges Leben

*Non **vado** mai **al ristorante.***

1. vado al ristorante
2. mangio il gelato
3. faccio un giro per Bologna
4. prendo una camera in albergo
5. fumo una sigaretta
6. vado al museo

*Non conosce la città –*
*sce* wird wie Sch(ule) gesprochen.
Aber bei *conosco* (ich kenne) wird *sco* wie sk gesprochen.

## 2. Die richtige Frage

1. No, non sono mai stata a Bologna.
   a ☐ Non conosce la città?
   b ☐ C'è qualcosa che non va bene.
2. Purtroppo non ho tempo.
   a ☐ Non è mai stata a Bologna?
   b ☐ Perché non viene con me?
3. Sì, io sono di Bologna.
   a ☐ Viene con me nel pomeriggio.
   b ☐ Lei la città la conosce bene.
4. Sì, ci sono dei musei molto belli.
   a ☐ C'è qualcosa da vedere?
   b ☐ Non conosce la città?

Nachfragen bringt die Kommunikation in Gang.

## 3. Was gibt's?

*C'è qualcosa di **rinfrescante da bere?***

1. rinfrescante – bere
2. bello – vedere
3. buono – mangiare
4. divertente – fare

Schreiben Sie die Sätze in der richtigen Reihenfolge auf.

## 4. Die richtige Reihenfolge

1. giro – per – fare – posso – un – Bologna
2. mai – stata – sono – non – Bologna – a
3. guida – vuole – se – do – Le – una
4. vedere – belli – dei – sono – musei – da – ci – molto

*Giro* heißt die Runde, die Tour. Sie kennen bestimmt den *Giro d'Italia,* das berühmte Radrennen. Sie kennen selbstverständlich auch das *Girokonto,* auf dem sich das Geld dreht und bewegt.

## 5. Ja oder nein?

|  | sì | no |
|---|---|---|
| 1. La signora Müller parte nel pomeriggio. | ☐ | ☐ |
| 2. Il treno parte alle 11.40. | ☐ | ☐ |
| 3. Il dottor Rossi vorrebbe fare un giro. | ☐ | ☐ |
| 4. La signora Müller conosce molto bene Firenze. | ☐ | ☐ |
| 5. La signora Müller vuole vedere un museo. | ☐ | ☐ |
| 6. Non ci sono souvenir in centro. | ☐ | ☐ |

# Il museo è chiuso  16 B

2/25

| | |
|---|---|
| chiuso | geschlossen |
| fatto | gemacht, gekauft |
| detto | gesagt |
| non ... niente | nichts |
| visto | gesehen |
| il cartello | das Schild |
| la mancanza di personale | der Personalmangel |
| rimanere | bleiben |
| visitare | besichtigen |
| la chiesa | die Kirche |

■ Il museo è chiuso, signorina! — Das Museum ist geschlossen, Signorina!

● Come è chiuso? — Wie, es ist geschlossen?

■ Dalle 13.00 alle 16.00 è chiuso. — Von 13.00 bis 16.00 Uhr ist es geschlossen.

● Ma io ho già fatto il biglietto! — Aber ich habe schon die Eintrittskarte gekauft!

■ Mi dispiace ... — Tut mir leid ...

● Il signore alla cassa non mi ha detto niente. — Der Herr an der Kasse hat mir nichts gesagt.

■ Ma non ha visto il cartello? — Aber haben Sie das Schild nicht gesehen?

● Quale cartello? — Welches Schild?

■ Lì: per mancanza di personale il museo rimane chiuso dalle 13.00 alle 16.00. — Dort: Wegen Personalmangel bleibt das Museum von 13.00 bis 16.00 Uhr geschlossen.

● Mmh ... — Mmh ...

■ Grazie, arrivederci. — Danke, auf Wiedersehen.

---

**Ein paar Partizipien:**
*chiuso* (von *chiudere*) = geschlossen
*fatto* (von *fare*) = gemacht
*detto* (von *dire*) = gesagt
*visto* (von *vedere*) = gesehen

**non ... niente**
funktioniert genauso wie
*non ... mai:*
**non** + Verb + **niente**

**5x fare**
*fare la colazione* = frühstücken
*fare il biglietto* = eine Fahr-(Eintritts-)karte lösen
*fare la spesa* = einkaufen
*fare la fila* = Schlange stehen
*fare la camera* = das Zimmer machen (im Sinne von aufräumen)

# Übungen

2/26

Was haben Sie nicht getan? Outen Sie sich als Unter-lassungssünder.

## 1. Nix und wieder nix

*Non ho **detto** niente.*

1. detto
2. ordinato
3. visto
4. sentito
5. comprato
6. fatto
7. mangiato
8. capito
9. pagato

Der Dialog der Lektion 16B hilft Ihnen beim Füllen der Lücken.

## 2. Füllen Sie die Lücken

1. Il museo rimane _____ per mancanza di personale.
2. Ma io ho già _____ il biglietto.
3. Non ha visto _____?
4. No, e il signore _____ cassa non mi ha detto _____.
5. Mi dispiace, ma perche non va a _____ una chiesa.
6. Ma le chiese sono _____ ?

Entsprechungen helfen im Alltag, wenn einem nicht sofort alle Vokabeln einfallen.

## 3. Ersetzen Sie das Schräggedruckte

1. Il museo *è chiuso.*                a ☐ l'intercity
2. Ho già *comprato* il biglietto.     b ☐ non sono chiuse
3. Perché non va a *visitare*
   una chiesa?                          c ☐ parlo
4. Non *dico* mai *niente.*            d ☐ non è aperto
5. Le chiese *sono aperte.*            e ☐ fatto
6. *L'Eurostar* parte fra un'ora.     f ☐ vedere

Übersetzen Sie die Sätze auch, zur Not mit Hilfe der Randspalte S. 107.

## 4. Schon erledigt

*Ho già fatto **la colazione.***

1. la colazione
2. il biglietto
3. la spesa
4. lo scontrino
5. la prenotazione
6. l'insalata
7. lo shopping
8. la camera

Inzwischen haben Sie be-stimmt schon ein gutes Sprachgefühl und die Über-setzung fällt leichter als am Anfang.

## 5. Auf Italienisch?

1. Ich habe das Schild nie gesehen.
2. Das Museum ist wegen Personalmangel geschlossen.
3. Ciccio hat mir nichts gesagt.
4. Ich möchte einen Rundgang durch Rom machen.
5. Am Nachmittag gehe ich eine Kirche besuchen.
6. Vielleicht kann ich Ihnen meinen Führer geben.

Abendessen in einer italienischen Familie ist etwas Besonderes. Jeder, der das schon einmal erlebt hat, kennt die heitere, lärmende Atmosphäre um den Tisch mit klirrenden Schüsseln, kichernden Schwestern und klagenden Eltern. Im Laufe der Jahre hat sich ein Stammgast in die Esszimmer eingeschlichen, der diese Runde immer mehr auflöst: das Fernsehen.

Der große Schritt hin zur nationalen *teledipendenza* (Fernsehsucht) geschah Anfang der 1980er-Jahre, als erste überregionale Privat-sender auftauchten, die dem Staatsfernsehen RAI Konkurrenz machten. Es war die Zeit des Aufstiegs von Silvio Berlusconi, der mit einem einfachen Rezept Erfolg hatte: alles Mögliche und Machbare aus dem US-amerikanischen Fernsehen kopieren, vom Frühstücksfernsehen zur Talk-Show *all'italiana*. Resultat waren hohe Fernseheinschalt- und Hirnausschaltquoten: Es ging so weit, dass der Mailänder Unternehmer bis zum heutigen Tag mehrmals Ministerpräsident wurde und über seine eigenen und die staat-lichen Sender das politische Geschehen stark beeinflusste.

Um mit den Privaten mitzuhalten, haben die drei staatlichen Fern-sehkanäle *Rai Uno, Rai Due, Rai Tre* ihr Niveau bewusst gesenkt, folgten aber in ihrem Populismus einer eher internationalen Ten-denz. Typisch für das italienische Fernsehen sind Varietesendungen mit einer Mischung aus Liedern, Lotterie, Ballett und Komik. Alt-gediente *presentatori* (Moderatoren) wie Pippo Baudo oder der inzwischen verstorbene Mike Bongiorno sind zu Wegbegleitern von Generationen geworden und haben sich einen Platz im Fami-lienalbum neben Onkel und Tante erquatscht.

**Fernsehen**
Öffentlich:
*RAI Uno*
*RAI Due*
*RAI Tre*
*RAI = **Ra**diotelevisone*
*italiana*

Privat:
*Canale 5*
*Italia 1*
*Rete 4*
*Telemontecarlo*
*La 7*

**San Remo**
Es gibt Sendungen, die fast so alt sind wie das Fernsehen selbst. Eine davon ist die jährliche Übertragung des Sängerwettbewerbs in San Remo, *il Festival della Can-zone italiana*. Alte Schlager-stars messen sich mit jungen Talenten, Gäste aus aller Welt werden eingeladen und in Familie und Freundeskreis finden erhitzte Diskussionen statt.

# Test 4

## 1. Was stimmt?

Hier wollen wir uns auf etwas beschränken, worüber sich Leute wirklich streiten.

1. Die weltbekannte *cucina italiana* …
   a ☐ gibt es eigentlich gar nicht.
   b ☐ stammt aus Little Italy.
   c ☐ wird nur von Frauen zubereitet.

Kleiner Tipp: Er landet meist auf den Nudeln.

2. *Parmigiano* ist …
   a ☐ ein Käse aus Genua.
   b ☐ ein Käse aus Parma.
   c ☐ ist gut fürs Karma.

Alle Angaben sind natürlich ohne Gewähr: Wer weiß, was in 10 Jahren passieren wird?

3. Die Autobahnen Italiens …
   a ☐ haben keine Geschwindigkeitsbegrenzungen.
   b ☐ sind gebührenpflichtig.
   c ☐ reichen nur von Neapel bis Bologna.

Eine kleine Zusatzinformation: Die erste Universität der Welt wurde in Bologna gegründet.

4. Bologna wird *la rossa* (die Rote) genannt wegen …
   a ☐ seiner roten Dächer.
   b ☐ der zahlreichen Ferraris in den Straßen des Zentrums.
   c ☐ seines Rotlichtviertels.

Tipp: Birkenstock ist immer noch die Ausnahme.

5. Italiener legen besonderen Wert auf …
   a ☐ modische Kleidung.
   b ☐ die Freiheit der Mafia.
   c ☐ Sandalen mit Socken.

Dieser Name dürfte Ihnen spätestens seit Seite 109 bekannt sein.

6. Berlusconi ist …
   a ☐ Italiens Nationaltorwart im Fußball.
   b ☐ einer der bekanntesten Showmaster im Fernsehen.
   c ☐ ein Medienmogul.

## 2. Frage und Antwort

Passen Sie bei Frage 4 auf: Es wird nicht nach der Zeit gefragt.
Es ergeben sich einige lustige Möglichkeiten: Wir wollen Ihnen den Spaß nicht verderben und Sie von vornherein ausschließen, in den Lösungen finden Sie aber die sinngemäß wahrscheinlichsten Antworten.

1. Allora cosa devo fare?
2. Per quanto tempo?
3. Lei la città la conosce bene?
4. Quando arrivi mi chiami?
5. C'è qualcosa che non va bene?
6. Vuoi fumare?

a ☐ Fino a giovedì mattina.
b ☐ Vorrei una camera meno rumorosa.
c ☐ Deve pagare un supplemento.
d ☐ Va bene, ti chiamo nel pomeriggio.
e ☐ No grazie, adesso no.
f ☐ Sì, io sono di Bologna.

## 3. Wählen Sie immer nur eine Möglichkeit

1. Al ristorante «La vongola» mangio sempre _____.
   - a ☐ buono
   - b ☐ bene
   - c ☐ buona
2. Una bottiglia ____ vino, per favore.
   - a ☐ di
   - b ☐ da
   - c ☐ del
3. _____, sai dove c'è un ristorante qui vicino?
   - a ☐ Scusa
   - b ☐ Scusi
   - c ☐ Per favore
4. Parto con il treno _____ nove.
   - a ☐ per le
   - b ☐ delle
   - c ☐ dalle
5. Un anno fa dove sei _____ Brigitte?
   - a ☐ stato
   - b ☐ portato
   - c ☐ stata
6. Perché non va a _____ una chiesa?
   - a ☐ visitare
   - b ☐ visto
   - c ☐ trovare

## 4. Sinn oder Unsinn?

1. Entschuldigung, aber mein Salat funktioniert nicht.
2. Diese Familie ist lauter als die andere.
3. Ich möchte den Personalmangel besuchen.
4. Gibt es eine erfrischende Kirche hier in der Nähe?
5. Vor zwei Stunden ist Brigitte eine andere Person gewesen.
6. Haben Sie eine Nacht mit Aufzug?

Achtung Teutonenfalle: Denken Sie nach: Muss es ein Adjektiv oder ein Adverb sein?

Mit diesem Satz können Sie auch beim Italiener um die Ecke eine gute Figur abgeben. Hauptsache, er stimmt, sonst kommt es zur Blamage.

Wenn Sie bei dieser Übung keine Fehler machen, haben Sie auch schwierigere Grammatikregeln schon verinnerlicht. Hut ab! Könnten Sie Satz 5 nicht auch auf sich beziehen? Mit reiner Logik lässt sich das Leben nicht verstehen. Und eine Sprache sowieso nicht.

# Fragen Sie Ihren Arzt...

**Pronto soccorso (Erste Hilfe)** wird geleistet von den Krankenhäusern, den *ospedali,* und von den verschiedenen Kreuzen. Außer der *croce rossa,* dem Roten Kreuz, gibt es auch eine *croce bianca* und eine *croce verde,* ein Weißes und ein Grünes Kreuz. Beratung und ambulante Versorgung gibt es in sogenannten *consultori* und *ambulatori.*

Brigitte fühlt sich schlapp. Schon am Abend vor ihrer Abreise hatte sie leichte Kopf- und Halsschmerzen, und auf der Rückfahrt von Bologna nach Rom hegt sie nur noch einen Wunsch: *a letto* (ins Bett). In der Nähe des Hotels «Forum» gibt es zum Glück eine *farmacia* (Apotheke). Sie will sich ein paar Medikamente besorgen, die sie ohne Rezept bekommen kann. Sollte keine Besserung eintreten, kann sie immer noch *dal medico* (zum Arzt) gehen. In diesem Falle müsste sie ihren internationalen Krankenschein, den sie vorsorglich von zu Hause mitgebracht hat, bei der *A.S.L.,* der *Azienda sanitaria locale,* vorlegen. Die *A.S.L.* ist die lokale Gesundheitsbehörde, die dem ausländischen Patienten ein Gutscheinheft mit Krankenscheinen aushändigt, wenn er sein gültiges und unterschriebenes Anspruchsformular vorweisen kann. Bei der *A.S.L.* liegen auch die Namenslisten der Vertragsärzte aus, die auf Krankenschein behandeln. Der Haken bei der Sache ist, dass nicht alle Leistungen von der Krankenkasse übernommen werden. Im Allgemeinen ist immer noch eine Eigenbeteiligung zu zahlen, die man sich am besten quittieren lässt, damit die heimische Krankenkasse diese Auslagen gegebenenfalls zurückerstattet. Wem das alles zu umständlich ist, dem bleiben nur zwei Möglichkeiten: nicht zum Arzt zu gehen oder alles aus eigener Tasche zu zahlen. Viele Ärzte behandeln nämlich am liebsten gegen Barzahlung.

Brigitte hofft jedoch, dass sie den Arzt gar nicht braucht. Sie baut auf den guten *farmacista* von nebenan, der ihr mit *consigli e medicine* (Ratschlägen und Medikamenten) weiterhelfen soll.

2/27

| | |
|---|---|
| il raffreddore | die Erkältung |
| le pillole | die Tabletten |
| il mal di gola | die Halsschmerzen |
| le gocce | die Tropfen |
| la schiena | der Rücken |
| il tempo | das Wetter |
| il consiglio | der Ratschlag |
| meglio | besser |
| la casa | das Haus |
| dormire | schlafen |
| la medicina | das Medikament |
| scrivere | schreiben |

**Der Mensch besteht aus …**

| | |
|---|---|
| *la testa* | der Kopf |
| *l'occhio* | das Auge |
| *il naso* | die Nase |
| *la bocca* | der Mund |
| *i denti* | die Zähne |
| *le orecchie* | die Ohren |
| *la gola/* | |
| *il collo* | der Hals |
| *la schiena* | der Rücken |
| *il petto* | die Brust |
| *il cuore* | das Herz |
| *il braccio* | der Arm |
| *la mano* | die Hand |
| *il dito* | der Finger |
| *la pancia* | der Bauch |
| *il sedere* | der Po |
| *la gamba* | das Bein |
| *il piede* | der Fuß |
| *l'anima* | die Seele |

*Gola* ist der Hals von innen, *collo* von außen.

*ho mal di …*
(ich habe …-schmerzen) =
*mi fa male* (es tut mir weh)
*mi fa male* + Artikel +
Körperteil

| | |
|---|---|
| ■ Ha qualcosa per il raffreddore? | Haben Sie etwas gegen Erkältung? |
| ● Sì, Respirosan in pillole. | Ja, Respirosan-Tabletten. |
| ■ Va bene anche per il mal di gola? | Ist es auch gut gegen Halsschmerzen? |
| ● No, per il mal di gola c'è Guttosan gocce. | Nein, gegen Halsschmerzen gibt es Guttosan in Tropfen. |
| ■ E per il mal di schiena? | Und gegen Rückenschmerzen? |
| ● Ma Lei sta veramente male. | Es geht Ihnen wirklich schlecht. |
| ■ Beh, è … eeehtcì… il tempo. | Nun, es ist … hatschi … das Wetter. |
| ● Le posso dare un consiglio? | Kann ich Ihnen einen Rat geben? |
| ■ Sì? | Ja? |
| ● È meglio se oggi sta a casa e dorme un po'. | Es ist besser, wenn Sie heute zu Hause bleiben und ein bisschen schlafen. |
| ■ E le medicine? | Und die Medikamente? |
| ● Certo, le deve prendere. | Sicher, Sie müssen sie nehmen. |
| ■ Mi sa dire forse anche un dottore? | Können Sie mir auch einen Doktor sagen? |
| ● Sì, può provare il dottor Miglio. | Ja, Sie können den Doktor Miglio probieren. |
| ■ Come si scrive Miglio? | Wie schreibt man Miglio? |
| ■ Milano, Imola, Genova, Livorno, Imola, Otranto. | Milano, Imola, Genova, Livorno, Imola, Otranto. |

**Buchstabieren**
Unsere Antons, Bertas und Cäsars sind in Italien schlichte Städtenamen, außer bei H, weil es dafür keine Stadt gibt:
*Ancona, Bologna, Como, Domodossola, Empoli, Firenze, Genova, Hotel, Imola, Livorno, Milano, Napoli, Otranto, Palermo, Quarto, Roma, Savona, Torino, Udine, Venezia, Zara.*

Ein paar Buchstaben kommen im Italienischen gar nicht vor, nämlich *j, k, w, x, y, ä, ö, ü.*

## 1. Was fehlt?

1.  Ha _____ per il raffreddore?
2.  E per il _____ di schiena?
3.  È _____ se oggi sta a casa e dorme un po'.
4.  Come _____ scrive Miglio?

## 2. Darf ich ...?

1.  Posso dare un consiglio?  *Sì, lo può dare.*
2.  Posso provare le pillole? _____
3.  Posso chiamare la dottoressa Giglio?  _____
4.  Posso prendere le medicine? _____
5.  Posso scrivere i numeri? _____

## 3. Ich habe ...schmerzen

2/28

*Ho mal di **gola**.*

1.  gola
2.  testa
3.  schiena
4.  denti
5.  orecchie
6.  pancia
7.  cuore
8.  Germania

## 4. Räumen Sie auf

1.  qualcosa – per – il raffreddore? – ha
2.  sa dire – mi – un dottore? – forse
3.  posso – dare – un consiglio? – Le
4.  è meglio – se – sta – a casa

## 5. *Parole magiche* – Zauberworte

1.  Was bedeutet ...?  _____
2.  Wie sagt man auf Italienisch ...? _____
3.  Wie schreibt man ...? _____
4.  Können Sie wiederholen? _____
5.  Ich habe nicht verstanden. _____

2/29

| Avanti! | Herein! |
|---|---|
| proprio | gerade |
| preoccuparsi | sich Sorgen machen |
| ho preso | ich habe genommen |
| il veleno | das Gift |
| pregare | beten |
| la Madonna | die Madonna |
| il metodo naturale | die natürliche Methode |
| migliore | besser |
| la tisana al timo e al comino | der Kümmel-Thymian-Teeaufguss |
| l'angelo | der Engel |

- ■ Chi è? — Wer ist da?
- ● Sono io, Ciccio. — Ich bin es, Ciccio.
- ■ Avanti! — Herein!
- ● Ciao Brigitte, come stai? — Hallo Brigitte, wie geht es dir?
- ■ Eh, così così. Ho il raffreddore. — So la la. Ich habe eine Erkältung.
- ● Mi dispiace. Proprio adesso che sei a Roma! — Es tut mir leid. Gerade jetzt, da du in Rom bist!
- ■ Non ti proccupare, ho già preso delle medicine. — Mach dir keine Sorgen, ich habe schon Medikamente genommen.
- ● Quali medicine? — Welche Medikamente?
- ■ Respirosan, Guttosan. — Respirosan, Guttosan.
- ● Ma è veleno quello! — Aber das ist ja Gift!
- ■ Senti, Ciccio, cosa devo fare? Pregare la Madonna? — Hör mal, Ciccio, was soll ich tun? Die Madonna anbeten?
- ● Beh, ci sono dei metodi naturali molto migliori. — Nun, es gibt viel bessere, natürliche Methoden.
- ■ Metodi naturali? — Natürliche Methoden?
- ● Sì, ti porto una tisana al timo e al comino. — Ja, ich bringe dir eine Kümmel-Thymian-Teemischung mit.
- ■ Sei veramente un angelo Ciccio. — Du bist wirklich ein Engel, Ciccio.

---

Können Sie sich an die Befehlsform noch erinnern? *Scusa! Sentì!* usw. Möchte man auffordern, etwas nicht zu tun, dann gebraucht man: *non* + Infinitiv
*Non ti preoccupare!* (Mach dir keine Sorgen!)
*Non mangiare!* (Iss nicht!)

Vergleiche mit und ohne *più*: *migliori = più buoni*
Es gibt Adjektive, die neben *più* noch eine eigene Steigerungsform haben:
*migliore     più buono*
*maggiore     più grande*
*minore       più piccolo*
*peggiore     più cattivo*
(schlechter)

Partizipien der *-ere*-Konjugation enden normalerweise auf *-uto*:
*piacere – piaciuto*,
sie sind aber oft sehr unregelmäßig:
*prendere – preso* (genommen)

Andere unregelmäßige Partizipien:
*vedere – visto*
*scrivere – scritto*
*chiudere – chiuso*
*aprire – aperto*
*dire – detto*
*fare – fatto*
*essere – stato*

# Übungen

Irgendwie kann hier etwas nicht stimmen. Bringen Sie diesen Dialog wieder in Gang.

## 1. Die richtige Reihenfolge

1. Mi dispiace. Proprio adesso che sei a Roma.
2. Eh, così così. Ho il raffreddore …
3. Non ti proccupare, ho già preso delle medicine.
4. Ciao Brigitte, come stai?

Befehle geben ist vielleicht nicht Ihre Sache, aber einen guten Rat kann man schon mal geben. Apropos, beim ersten Beispiel muss man den Infinitiv etwas umformen, weil *preoccuparsi* ein Reflexivverb ist. Ab Nummer 2 können Sie ganz sorglos bevormunden.

## 2. Die zehn Gebote

*Non **ti preoccupare**!*

1. preoccuparsi
2. fumare in ufficio
3. mangiare troppi gelati
4. lavorare la domenica
5. dire: maledizione!
6. aspettare la fine del mondo
7. andare senza pagare
8. rimanere senza scontrino
9. capire male
10. cambiare sempre marito

Hier müssen Sie die richtigen Partizipien finden. Mit der Logik kommen Sie aber nicht weit, denn es gibt in dieser Übung nur eine regelmäßige Form.

## 3. Schon geschehen?

*Hai già **preso** le medicine?*

1. prendere le medicine
2. fare il biglietto
3. vedere il dottore
4. ordinare il primo
5. scrivere il numero telefonico
6. dire che non è possibile

Finden Sie heraus, wie die Sätze weitergehen. Bitte keine Experimente, sondern gesunden Menschenverstand. Wir wissen, dass man alles auch ganz anders verstehen könnte.

## 4. Wie geht der Satz weiter?

1. La devi bere
2. Mi sa anche
3. Perché non va a
4. È meglio se oggi
5. Va bene anche per

a ☐ il mal di gola?
b ☐ dire un dottore?
c ☐ ogni tre ore.
d ☐ sta a casa e dorme.
e ☐ visitare una chiesa?

Je nach Ton sind diese Sätze auch als Vorwurf zu gebrauchen.

## 5. Gerade jetzt!

*Proprio adesso che **sei a Roma**!*

1. sei a Roma
2. arriva mio marito
3. ti ho portato una tisana
4. ho mal di schiena
5. parte il treno
6. fatto la spesa
7. ho preso una camera singola
8. ho riservato un tavolo
9. sono stata ad Amsterdam

# Gesundheit und Staat

Das italienische Gesundheitswesen ist einerseits eines der fort-
schrittlichsten Systeme in Europa, was Reformen, Neuerungen und
seine besondere soziale Prägung anbelangt; andererseits krankt es
aufgrund chronischen Geldmangels an allen Ecken und Enden, vie-
le der hoch gesteckten Ansprüche werden nicht erfüllt. Politische
Richtlinien und Gesetzgebungen im Gesundheitsbereich
kommen vom Zentralstaat Italien, mit der lokalen Umsetzung sind
die so genannten *A.S.L.* oder *A.S.S.L.* betraut. Das zweite *S* bei der
*azienda sanitaria locale* steht für *socio,* wie auch das gesamte
Gesundheitssystem als *sistema socio-sanitario* bezeichnet wird.
Das hat seinen guten Grund: Der soziale Aspekt *(socio)* steht bei
der Gesundheitsversorgung gleichberechtigt neben der rein medi-
zinischen *assistenza* (Betreuung) und kommt dabei insbesondere
den Patienten zugute, die in hohem Maße auch der sozialen
Versorgung bedürfen, also vor allem alten, behinderten oder psy-
chisch kranken Menschen. Eine zentrale Idee ist, dass die *assistenza*
dabei von einer Art Spezialteam geleistet werden soll. So müsste
z. B. ein schwer behindertes Kind von einem Team aus Facharzt,
Psychologe, Sozialarbeiter, Krankenpfleger und kommunalem
Mitarbeiter der *A.S.L.* betreut werden. Doch häufig bleibt ein
solcher Idealfall graue Theorie, weil Gelder fehlen. Alle Bürger
Italiens haben das Recht auf gleiche Behandlung, so steht es im
Gesetz, und so verspricht es die Zugehörigkeit zu einer *cassa
mutua* (Krankenkasse). Trotzdem darf Otto Normalverbraucher
manchmal Monate auf einen Platz im Krankenhaus warten, wenn
er nicht gerade gut Freund mit dem Chefarzt ist.

**Psychiatriereform und
Behindertenpädagogik**
1978 wurde in Italien ein
neues Gesetz verabschiedet,
das die gesamte Psychiatrie
reformieren sollte. Großer
Vordenker und Verwirklicher
dieses Unternehmens, das
zur Schließung der psychia-
trischen Krankenhäuser
in Italien und zu einer
menschenfreundlicheren
und familiennahen Betreu-
ung der freien *pazzi,* der
Irren, führte, war der
Triestiner Psychiater
Franco Basaglia. Im Zuge
dieser Bewegung wurden
auch neue Ansätze zur Inte-
gration behinderter Kinder in
den Schulbetrieb entwickelt.
So gehört, ebenso wie das
*manicomio* (Irrenhaus), auch
die staatliche Sonderschule
der Vergangenheit an.

# Zurück zur Natur

**Agriturismo** erfreut sich zunehmender Beliebtheit. Dieses Konzept vom umweltbewussten „Urlaub auf dem Lande" folgt ganz dem Trend: weg vom schädlichen Massentourismus und hin zum *turismo dolce* (sanfter Tourismus). Viele Bauernhöfe, die *agriturismo* anbieten, betreiben ökologischen Landbau und vermarkten auch ihre Produkte. Grün ist im Kommen.

Computerfachmann Ciccio schwört zu Brigittes großer Überraschung nicht nur auf Naturheilmittel, sondern gibt sich sogar als *ecologista* (Umweltschützer) zu erkennen. Brigitte ist skeptisch, was das ökologische Bewusstsein in Italien angeht: Sehr viele Autos fahren ohne Katalysator, Grünflächen scheint es außer den großen Parks kaum zu geben, Fahrradwege ebenso wenig, und die Bezeichnung für das Zentrum *zona a traffico limitato*, verkehrsberuhigte Zone, scheint ihr eher ein frommer Wunsch. Auch Ciccio weiß um diese Mängel, aber eine so harsche Kritik will er doch nicht auf sich sitzen lassen. Es tue sich doch schon vieles. Er spricht von Abfalltrennung, von Altglas-, Papier- und Batteriecontainern, von den Projekten zur Reinigung der großen Flüsse, von der Wiederentdeckung der Natur, den großen Nationalparks, den Umweltorganisationen *WWF* und *Lega Ambiente*. *I verdi* (die Grünen), räumt er ein, seien im Vergleich zu Deutschland natürlich eine kleine Partei mit ihren 2 %, aber Italien habe es auch nicht leicht, nicht zuletzt seines kulturellen Erbes wegen. Man könne in Rom nun einmal keine 15 U-Bahn-Linien zur Verkehrsentlastung bauen, weil man ständig auf Katakomben und römische Gräber stoße. Aber Brigitte habe schon Recht, es müsse noch vieles getan werden und man könne einiges von dem, was in den Ländern nördlich der Alpen gemacht werde, abschauen. Apropos: Ciccio hat sich in Deutschland gerade ein Paar Birkenstock, Modell Freizeit, gekauft, die seien dort viel billiger, erzählt er. Brigitte ist überrascht: Was kann es bedeuten, dass im Land der Modemacher Gesundheitsschuhe Fuß fassen?

2/31

| | |
|---|---|
| l'ecologista | der Umweltschützer |
| importante | wichtig |
| rispettare | respektieren |
| la natura | die Natur |
| però | aber, jedoch |
| il senso | der Sinn |
| il traffico | der Verkehr |
| lo smog | der Smog |
| dipendere da | ankommen auf, abhängen von |
| la storia | die Geschichte, die Vergangenheit |
| difficile | schwer |
| stanno cambiando | sie ändern sich gerade |

- ■ Sai, io sono ecologista. — Weißt du, ich bin „ecologista".

- ● Che significa «ecologista»? — Was bedeutet „ecologista"?

- ■ Significa che per me è importante rispettare la natura. — Es bedeutet, dass es für mich wichtig ist, die Natur zu respektieren.

- ● Beh anche per me è importante, però ... — Ja, auch für mich ist es wichtig, aber ...

- ■ Cosa «però»? — Was „aber"?

- ● Qui in Italia la natura non si rispetta molto ... — Hier in Italien respektiert man die Natur nicht besonders ...

- ■ In che senso? — In welchem Sinn?

- ● Beh, il traffico, lo smog ... — Naja, der Verkehr, der Smog ...

- ■ Sì, ma dipende ... — Ja, aber es kommt darauf an ...

- ● Dipende da cosa? — Worauf kommt es an?

- ■ Dalla storia delle città. Qui è tutto più difficile. — Auf die Geschichte der Städte. Hier ist alles schwieriger.

- ● Sì, però bisogna fare qualcosa. — Ja, aber man muss etwas machen.

- ■ Le cose stanno cambiando, bisogna avere un po' di pazienza. — Die Dinge ändern sich, man muss etwas Geduld haben.

Die Endung *-ista* ist sowohl männlich als auch weiblich. Sie steht oft bei Berufen: *elettricista, farmacista* (Apotheker), *dentista* (Zahnarzt). Sie steht auch bei Anhängern politischer Ideen: *comunista* (Kommunist), *nazionalista* (Nationalist) usw.

Wörter, die mit einer betonten Silbe enden, haben im Singular und im Plural die gleiche Form:
*il caffè — i caffè*
*la città — le città*

Bei Übersetzungen geht manchmal etwas verloren, weil es einfach keine Entsprechung gibt. Wie im Fall der Konstruktionen *stare* + Gerundium *(sta cambiando)*, die gerade ablaufende Handlungen ausdrücken. Im Deutschen kann man den Sinn durch „gerade", „im Begriff zu" wiedergeben, es gibt aber keine entsprechende Verbform.

*stare* + **Gerundium**
*sto cambiando* = ich ändere mich gerade

*stai telefonando* = du bist am Telefonieren

*sta mangiando* = er/sie isst gerade

Das Gerundium der *-are*-Konjugation wird mit dem Verbstamm + der Endung *-ando* gebildet.

# Übungen

Was der Bauer schon kennt, das schafft er schon. Also, diese Übung sollte für Sie kein Problem darstellen. Der einzige Knackpunkt ist, dass nicht alle Fragen und Antworten aus dem letzten Dialog stammen.

## 1. Die richtige Antwort

1. Dipende da cosa?
   a ☐ Sì, ma dipende.
   b ☐ Dalla storia delle città.

2. Quali medicine?
   a ☐ Respirosan, Guttosan.
   b ☐ Ma è veleno quello!

3. In che senso non si rispetta la natura?
   a ☐ Qui è tutto più difficile,
   b ☐ Beh, c'è molto traffico, smog ...

4. Ha qualcosa per il raffreddore?
   a ☐ Ci sono dei metodi naturali molto migliori.
   b ☐ Sì, può prendere il Respirosan in pillole.

Hier ist alles im Fluss, d. h. es passiert alles gerade eben. Sie kennen die Formen von *stare* und wissen, wie das Gerundium gebildet wird?

## 2. Alles fließt

*Le cose stanno cambiando.*
1. cose – cambiare
2. marito – aspettare
3. Laura – telefonare
4. elettricista – lavorare
5. treno – arrivare
6. io – cercare il dottor Miglio

Alles ist relativ, alles hängt von etwas anderem ab. Mit diesem Satz lässt sich auch oft Verantwortung abschieben: Soll ich es machen? – *Dipende da te.* (Es hängt von dir ab.)

## 3. Hängt ab von ...

2/32

*Dipende **dalla storia delle cittá.***
1. dalla storia delle città
2. dal dottore
3. da tua madre
4. dalle medicine
5. dal traffico
6. da Brigitte

In jeder dieser Wortketten hält sich ein Störenfried versteckt. Finden Sie ihn und beachten Sie: Es können mehrere Kriterien sein, die ihn von den übrigen Wörtern unterscheiden: Bedeutung, Wortart usw.

## 4. Welches Wort passt nicht in die Reihe?

1. devo – senso – sono – posso
2. angelo – importante – naturale – difficile
3. Respirosan – Guttosan – tisana – smog
4. preso – detto – bisogna – portato

Ein kleines Quiz. Wer mehr als vier Fehler macht, muss 20 Felder, Pardon, Seiten, zurück.

## 5. Raten Sie auf Italienisch

1. Jemand, für den Natur sehr wichtig ist.
2. Man muss sie haben, wenn man lange wartet.
3. Vor allem im Winter leidet man darunter.
4. Bezeichnung für eine sehr liebe Person, auch wenn sie nicht fliegen kann.

# Ti faccio vedere che ti sbagli

2/33

| | |
|---|---|
| mi sembra | es scheint mir |
| tipico/-a | typisch |
| la parola | das Wort |
| esagerare | übertreiben |
| basta | man braucht nur |
| per strada | auf der Straße |
| sbagliarsi | sich irren |
| fare vedere | zeigen |
| il parco | der Park |
| il giorno | der Tag |

*Pazienza* heißt eigentlich „Geduld", aber man kann dieses Wort auch als Redewendung gebrauchen im Sinne von „so ist es nun mal" oder „immer mit der Ruhe".

**sbagliarsi**
Ein weiteres Reflexivverb:
*(io) mi sbaglio* =
ich irre mich
*(tu) ti sbagli* =
du irrst dich
*(lei) si sbaglia* =
sie irrt sich

*Vedi, andiamo* und *sto* stehen zwar alle in der Gegenwart, aber sie deuten auf zukünftige Handlungen hin. (Vergleichen Sie auch Seite 67.)

| | |
|---|---|
| ■ Pazienza! | Geduld! |
| ● Che c'è? | Was ist damit? |
| ■ Mi sembra una tipica parola italiana. | Es scheint mir ein typisch italienisches Wort. |
| ● Non capisco. | Ich verstehe nicht. |
| ■ Quando una cosa non funziona si dice «pazienza». | Wenn etwas nicht funktioniert, sagt man „Geduld". |
| ● Non ti sembra di esagerare un po' Brigitte? | Meinst du nicht, du übertreibst ein bisschen Brigitte? |
| ■ Basta guardare per strada. | Man braucht nur auf die Straße zu schauen. |
| ● Cosa hai visto per strada? | Was hast du auf der Straße gesehen? |
| ■ Non c'è molto senso per la natura. | Man hat nicht viel Sinn für Natur. |
| ● Ti sbagli Brigitte. | Du irrst dich. |
| ■ Come «mi sbaglio»? | Wie „ich irre mich"? |
| ● Ti faccio vedere che ti sbagli. | Ich zeige dir, dass du dich irrst. |
| ■ Cosa vuoi fare? | Was willst du machen? |
| ● Andiamo in un parco. | Wir gehen in einen Park. |
| ■ E se domani non sto bene? | Und wenn es mir morgen nicht gut geht? |
| ● Pazienza, andiamo un altro giorno. | Nur mit der Ruhe, dann gehen wir an einem anderen Tag. |

# Übungen

Hier müssen Sie nur die armen Satzanfänge mit ihrem Rest verbinden. Halbe Sachen sind schließlich nie angenehm.

## 1. Wie geht der Satz weiter?

| | | | |
|---|---|---|---|
| 1. | Quando una cosa non funziona | a ☐ | tipica parola italiana. |
| 2. | Ho già preso delle | b ☐ | non sto bene? |
| 3. | Mi sembra una | c ☐ | vedere che ti sbagli. |
| 4. | E se domani | d ☐ | si dice pazienza. |
| 5. | Domani ti faccio | e ☐ | medicine. |

Ab und zu auch eine leichtere Übersetzung, nämlich in Ihre Muttersprache, da fühlen Sie sich bestimmt sicherer. Achtung: Wenn ganz ulkige Sätze entstehen, haben Sie zu wörtlich übersetzt.

## 2. Auf Deutsch?

1. Le cose stanno cambiando. _____
2. Basta guardare per strada. _____
3. Non ti sembra di esagerare? _____
4. Bisogna avere un po' di pazienza. _____
5. Ti faccio vedere che ti sbagli. _____

*Fare vedere* heißt wörtlich „sehen machen". Man kann auch sagen: *fare comprare* (kaufen lassen), *fare lavorare* (arbeiten lassen).

## 3. Ich zeig dir ...

*Ti faccio vedere **che ti sbagli.***

| | | | |
|---|---|---|---|
| 1. | che ti sbagli | 2. | mia sorella |
| 3. | cosa c'è per strada | 4. | che le cose sono differenti |
| 5. | un angelo | 6. | come si scrive Miglio |
| 7. | cosa non funziona | 8. | che ci sono metodi migliori |
| 9. | la tisana | | |

Hier müssen Sie immer gut auf das Verb und den Zusammenhang achten. Sonst geraten Sie leicht in eine Falle.

## 4. *Mi, ti* oder *si*?

1. ___ sembra una tipica parola italiana.
2. ___ sbagli!
3. Signor Crespi, non ___ ricorda?
4. Come ___ chiama tua sorella?
5. Non ___ preoccupare!
6. Ti faccio vedere che non ___ sbaglio.

Hören Sie sich den Dialog mindestens zweimal an, bevor Sie die Antworten ankreuzen. Wenn alles stimmt, freuen wir uns mit Ihnen.

## 5. Ja oder nein?

2/34

| | | sì | no |
|---|---|---|---|
| 1. | Sandro spricht gerne über die Natur. | ☐ | ☐ |
| 2. | Luisa bewundert Sandros Ehrlichkeit. | ☐ | ☐ |
| 3. | Sandro besucht seine Mutter nie. | ☐ | ☐ |
| 4. | Luisa macht Sandro Vorwürfe. | ☐ | ☐ |
| 5. | Sandro kann Kritik vertragen. | ☐ | ☐ |

Wenn sich am Wochenende ein Grüppchen Italiener mit Rucksack und Bergstiefeln in Bewegung setzt, so geht es ihnen nicht um ein altmodisches *camminare* (wandern, sich zu Fuß fortbewegen). Heute sprechen sie von *fare il trekking* und meinen vor allem den sportlichen Aspekt der *escursione* (Ausflug). Die *Trekking*-Liebhaber sind meist jüngere Leute des Mittelstandes: Freiberufler, Studenten, Ärzte, Anwälte – alle gesundheits- und umweltbewusst, jedoch keine „echten" Grüne. Eine wirklich verinnerlichte grüne Ideologie hat sich in Italien noch nicht durchsetzen können. Die Umweltschützer schätzen sich schon glücklich, wenn der Ausflugsmüll nicht achtlos in die Gegend geworfen wird. *Non disperdere nell'ambiente (*Nicht in die Landschaft werfen) steht auf der Limo-Flasche. Wer der Aufforderung nachkommt und dann sogar noch die Container der Getrenntglassammlung benutzt, verdient es, mit dem Prädikat „ökologisch korrekt" geadelt zu werden. Italien ist das Land der Widersprüche: Es ist durchaus vorstellbar, dass eine engagierte junge Familie am Wochenende wandern geht und sich an einer Waldsäuberungsaktion der *Lega ambiente* beteiligt, zugleich aber das mitgebrachte Picknick vom Plastikgeschirr verzehrt. Oder dass Lebensmittel nur in der *erboris-teria* (Reformhaus) gekauft werden, weil man sich „mit dem abgepackten Zeug ja nur vergiftet", zugleich aber in der nächsten Bar die Cola in der Blechbüchse bestellt wird: „Ist ja schließlich hygienischer!"

**Umweltorganisationen in Italien**

*WWF*
(World Wildlife Found)

*Italia Nostra*
(Unser Italien)

*Lega Ambiente*
(Umweltliga)

*Pro Natura*
(Für die Natur)

*Lega per la protezione degli uccelli*
(Vogelschutzliga)

*Unione antivivisezionista italiana*
(Italienische Vereinigung gegen Tierversuche)

# Ferien

**Alta stagione** (Hochsaison) für Hotels und Gastronomiebetriebe. Viele Jobsuchende kommen in dieser Zeit vorübergehend gut unter. Die italienischen Gewerkschaften sehen das nicht nur positiv, denn die meisten Hoteliers beschäftigen Kellner und Zimmermädchen mit einem beschränkten Stundenbudget, sodass die Arbeitgeber der Pflicht entbunden sind, Sozialabgaben zu zahlen.

Ciccio und Brigitte haben für ihren Spaziergang im Park einen strahlenden Sommertag erwischt. Ciccio versucht, Brigitte von den Verdiensten seiner Heimatstadt in Sachen Ökologie zu überzeugen, doch sie hört nur mit halbem Ohr zu. In Gedanken ist sie schon mit ihrer bevorstehenden Abreise beschäftigt. Sie hat zwar noch Ferien, aber das Übernachten im Hotel ist auf Dauer zu teuer und außerdem ist ihr Zimmer schon einem anderen Gast versprochen. *L'estate* (der Sommer) steht vor der Tür und mit ihm *l'alta stagione* (Hochsaison), eine Zeit, in der in Italien der große Exodus *al mare* (ans Meer) beginnt. Campingplätze, Ferienwohnungen und Hotels bevölkern sich in den langen Sommerferien: Von etwa Mitte Juli bis Mitte September wird man kaum ein freies Strandplätzchen finden. Schulen und große Fabriken sind geschlossen, Behörden arbeiten, wenn überhaupt, nur mit halber Kraft. Um *Ferragosto* (15. August) ist es schwer, einen normalen Alltag in einer italienischen Stadt zu erleben. Zwar machen immer mehr Italiener beim großen Ferienrummel nicht mehr mit, weil sie von langen Staus auf der Autobahn und überzogenen Preisen in überlaufenen Strandbädern genug haben und deshalb lieber zu Hause bleiben. Aber die Zahl der *Ferragosto*-Urlauber ist nach wie vor beachtlich. Zum Glück zählen auch Ciccios Mutter und Schwester dazu, so dass Ciccio Brigitte eine Unterkunft bei sich anbieten kann. Denn so ungern sie jetzt nach Deutschland zurückkehrt, so wenig wünscht er ihre Abreise.

**2/35**

| | |
|---|---|
| convinto/-a | überzeugt |
| la critica | die Kritik |
| spesso | oft |
| tornare | zurückkehren |
| fra poco | bald |
| ti piacerebbe | es würde dir gefallen |
| restare | bleiben |
| sarebbe | es wäre |
| la vacanze | die Ferien |
| il posto | der Ort |
| la possibilità | die Möglichkeit |
| il mare | das Meer |

■ Allora, sei ancora convinta che qui la natura non si rispetta?

Also, bist du noch überzeugt, dass man hier die Natur nicht respektiert?

● Forse ho esagerato un po' con la mia critica.

Ich habe vielleicht etwas übertrieben mit meiner Kritik.

■ Non ti preoccupare.

Mach dir keine Sorgen.

● Eh, mi dispiace veramente che ...

Ja, es tut mit wirklich leid, dass ...

■ Anch'io spesso esagero.

Auch ich übertreibe oft.

● No, mi dispiace che devo tornare in Germania fra poco.

Nein, tut mir leid, dass ich bald nach Deutschland zurückkehren muss.

■ Fra poco?

Bald?

● Sì, fra quattro giorni.

Ja, in vier Tagen.

■ Non ti piacerebbe restare?

Würdest du nicht lieber bleiben?

● Sarebbe troppo bello.

Es wäre zu schön.

■ Non hai più vacanze?

Hast du keine Ferien mehr?

● Sì, ma in albergo non c'è posto.

Ja, aber im Hotel ist kein Platz.

■ Beh, forse ci sarebbe una possibilità. Mia madre va al mare ... se vuoi ... puoi stare a casa mia ...

Nun, vielleicht gäbe es da eine Möglichkeit. Meine Mutter fährt ans Meer ... wenn du willst ... kannst du bei mir zu Hause wohnen.

---

*Tempo* bedeutet
1. Zeit und
2. Wetter
Nicht aber „Geschwindigkeit" wie im Deutschen.

*tornare*
entweder „zurückgehen" oder „zurückkommen":
*Quando torni?* =
Wann gehst du zurück ...?
Wann kommst du zurück ...?

**Konditional**
*Vorrei* und *vorrebbe* kennen Sie schon, hier kommen noch *piacerebbe* (würde gefallen/schmecken) und *sarebbe* (wäre, würde sein) dazu. Die Endung *-ebbe* ist charakteristisch für das Konditional. Mit diesen wichtigen Formen aber soll's vorläufig genug sein.

| | |
|---|---|
| è | es ist |
| sarebbe | es wäre |
| c'è | es gibt |
| ci sarebbe | es gäbe |

**Aussprache**
Wenn drei Vokale aufeinander treffen wird es für den deutschen Muttersprachler schon brenzlig: Wo packt man am besten die heiße Kartoffel an? Bei *vuoi* und *puoi* das *-u* und *-o* zusammen lesen und gleich danach das *-i* aussprechen.

# Übungen

„Schon wieder" werden Sie sagen. Dann haben Sie aber nicht gut hingeschaut: Hier geht es nämlich darum, die richtige Frage herauszufinden.

## 1. Die richtige Frage

1. Fantastico.
   - a ☐ E se domani non sto bene?
   - b ☐ Hai visto che tempo fa oggi?
2. Che se vuoi puoi stare a casa mia.
   - a ☐ E per me cosa significa?
   - b ☐ Ma come faccio?
3. Sarebbe troppo bello.
   - a ☐ Non hai più vacanze?
   - b ☐ Non ti piacerebbe restare?
4. Sì, fra quattro giorni.
   - a ☐ Fra poco?
   - b ☐ E se domani non sto bene?

Sie müssen hier eigentlich nur Fragen stellen, aber 2. und 5. dürfen Sie auch für sich beantworten.

## 2. Würde es dir nicht gefallen …?

2/36

*Non ti piacerebbe **restare ancora un po'**?*

1. restare ancora un po'
2. essere un angelo
3. conoscere mia sorella
4. provare dei metodi naturali
5. esagerare un po'
6. stare a casa mia
7. tornare fra un anno
8. bere una tisana

Hier geht es um die Modalverben *dovere, potere* und *volere*.

## 3. *Devo, posso* oder *voglio*?

1. Mi dispiace che _____ tornare in Germania.
2. Le _____ dare un consiglio?
3. _____ provare una tisana, forse va bene anche per il mal di schiena.
4. Non _____ più stare in albergo, non c'è posto.
5. Non _____ prendere quelle medicine, sono veleno!

Wer an das Gegenteil denkt, der erweitert seinen Wortschatz.

## 4. Finden Sie das Gegenteil

1. un po'
2. sono convinto
3. fantastico!
4. sempre
5. oggi
6. aperto
7. niente
8. puoi

- a ☐ non so
- b ☐ mai
- c ☐ tutto
- d ☐ molto
- e ☐ domani
- f ☐ devi
- g ☐ maledizione!
- h ☐ chiuso

2/37

| dimmi! | sag mir! |
| dopodomani | übermorgen |
| l'amica | die Freundin |
| pensare | denken |
| bravissimo/-a | sehr anständig |
| da noi | bei uns |
| qualche | einige |
| al massimo | höchstens |
| non ... più | nicht ... mehr |
| a posto | in Ordnung |

| ■ Mamma, ti devo chiedere una cosa. | Mamma, ich muss dich was fragen. |
| ● Dimmi, Ciccio! | Sag mir, Ciccio! |
| ■ Tu dopodomani vai in Sardegna ... | Übermorgen fährst du nach Sardinien ... |
| ● Sì, ma cosa vuoi sapere? | Ja, aber was willst du wissen? |
| ■ Ecco c'è una mia amica tedesca che non ha trovato albergo. | Nun, da ist eine deutsche Freundin, die kein Hotel gefunden hat. |
| ● Un'amica? | Eine Freundin? |
| ■ Sì mamma, ma non come pensi tu. È una persona bravissima. Forse può stare da noi ... | Ja, Mama, aber nicht wie du denkst. Sie ist eine sehr anständige Person. Sie kann vielleicht hier bei uns wohnen ... |
| ● Quanti giorni vuole restare? | Wie viele Tage möchte sie bleiben? |
| ■ Ma non so, qualche giorno. | Ich weiß nicht, einige Tage. |
| ● Ciccio, tu sai che io poi torno ... | Ciccio, du weißt, dass ich dann zurückkomme ... |
| ■ Non c'è problema al massimo resta due settimane ... | Kein Problem, sie bleibt höchstens zwei Wochen ... |
| ● Due settimane? | Zwei Wochen? |
| ■ Sì, poi non ha più vacanze. | Ja, danach hat sie keine Ferien mehr. |
| ● Però voglio trovare la casa a posto, capito? | Ich will aber die Wohnung wieder in Ordnung vorfinden, verstanden? |

*Dimmi!* ist eine Zusammensetzung aus der Befehlsform von *dire* und dem Pronomen *mi*.
*dimmi = di' + mi*
Normalerweise steht das Pronomen vor dem Verb *(mi piace)*, kommt es aber zusammen mit der vertraulichen Befehlsform vor, dann wird es nachgestellt und hinten angehängt.

| *Scusami!* | Entschuldige mich! |
| *Sentimi!* | Hör mir zu! |
| *Dammi!* | Gib mir! |

*Amica* ist irgendeine, aber nicht die feste Freundin!

**Einfach mehr**
Jede Sache kann mit Hilfe der Endung *-issimo/-a* potenziert werden. Wie bei einem Adjektiv muss die Endung mit den jeweiligen Substantiven übereinstimmen:
*una persona bravissima* – eine sehr anständige Person,
*un treno pienissimo* – ein sehr voller Zug,
*chiese bellissime* – sehr schöne Kirchen,
*pomodori buonissimi* – sehr gute Tomaten.
Machen Sie nicht den Fehler *-issimo* mit „das größte, schönste" usw. anstatt mit „sehr" zu übersetzen.

**qualche – einige**
*Qualche* und das darauffolgende Substantiv stehen immer im Singular, obwohl sie mehrere Sachen oder Personen bezeichnen:
*qualche giorno* – einige Tage
*qualche amica* – einige Freundinnen

# 19 B   Übungen

## 1. Verbinden Sie

Nur bei 4. und 5. gibt es zwei Möglichkeiten, ansonsten lassen Sie sich von Ihrem inzwischen erheblichen Sprachvermögen leiten.

1. Mamma, senti ti devo _____ una cosa?    a ☐ sapere
2. E quanti giorni vuole _____ ?    b ☐ tornare
3. Però voglio _____ la casa a posto.    c ☐ trovare
4. Mi dispiace che devo _____ in Germania.    d ☐ chiedere
5. Cosa vuoi _____ ?    e ☐ restare

## 2. Mehr und mehr

Hier sollen Sie die Adjektive steigern, indem Sie eine Endung hinzufügen, die *molto* ersetzt. Welche? Das müssten Sie eine Seite zuvor gelernt haben.

1. una persona molto brava    *una persona bravissima*
2. un problema molto grande    _____
3. un consiglio molto buono    _____
4. un museo molto importante    _____
5. una mamma molto mamma    _____

## 3. Mach, was ich dir sage, Ciccio!

2/38

Schließen Sie möglichst bald Freundschaft mit Italienischsprechenden, wenn Sie diese Wörter im wahren Leben gebrauchen wollen. Einen so vertrauten Ton kann man eben nicht mit allen haben.

*Dimmi Ciccio!*
1. dimmi    2. scusami    3. sentimi
4. ricordati    5. pensami    6. aspettami
7. guardami    8. portami

## 4. Ja, aber nicht so!

**Zeitgeist**
Heutzutage lässt sich keiner bevormunden, nicht einmal die Kinder von ihren Eltern. Deswegen muss auch so eine Übung vorkommen.

*Sì, ma non come **pensi tu.***
1. pensi tu    2. vuole mia sorella
3. ti piacerebbe    4. un angelo
5. dice il dottor Miglio    6. si fa in Italia
7. hai fumato ieri    8. mangiare al ristorante cinese

Als es noch keine Charterflüge in die Karibik gab, liebte man Italien als das Land, wo die Zitronen blühen. Der kürzeste Weg zu Sonne, Strand und Sinnlichkeit führte in jener Zeit über die Alpen. Damals wie heute liebt man Italien aber vor allem wegen seiner großartigen Kunstschätze und wegen der besonderen Atmosphäre seiner Städte, in denen man überall auf Zeichen der Vergangenheit stößt. Griechen, Etrusker, Römer, Langobarden, Araber, Normannen und Spanier haben auf der Halbinsel ihre Spuren hinterlassen. Aber die Bewahrung des kulturellen Erbes bringt eine Menge Probleme mit sich. Für den Verkehr in Rom wäre es sicherlich besser, wenn man anstelle des Forum Romanum ein riesiges Parkhaus bauen würde, und in Florenz könnte eine breite Allee durch das mittelalterliche Gassengewirr zur Verkehrsberuhigung beitragen ... Die Schwierigkeit der Gratwanderung zwischen Tradition und Innovation hat aber viele nicht davon abgeschreckt, sich für bessere Lebensbedingungen einzusetzen. Die Mentalität der Italiener hat sich in Bezug auf die Umwelt in den letzten Jahren merklich gewandelt. Fast alle Stadtzentren sind für den privaten Verkehr gesperrt, das Netz der öffentlichen Verkehrsmittel wurde verbessert und ausgeweitet, Fahrradwege und die Mülltrennung wurden eingeführt, Abgase werden gemessen, und Autos mit Katalysator erhalten steuerliche Vergünstigungen. Obwohl manche die Nase rümpfen und meinen, es handele sich nur um „Kosmetik", wächst das Umweltbewusstsein und mit ihm auch der Sinn für den Erhalt der Kunstschätze. Es wird aber bestimmt noch lange dauern, bis man in den Städten wieder reine Luft einatmen wird.

Italien besitzt über die Hälfte des gesamten *patrimonio artistico* (Kunstgut) der Welt. Ein Grund, weshalb Menschen aus aller Welt Italien bereisen. Die daraus entstandene Tourismusindustrie ist für den Staatshaushalt unverzichtbar geworden. Allein aus Deutschland kommen jährlich 4,5 Millionen Touristen nach Italien.

Die „goldene Kuh" des Tourismus, die jeder melkt, verschärft aber oft nur den Gegensatz zwischen Alt und Neu: Venedig ist als Stadt zum bloßen Symbol verkommen, ein Open-Air-Museum mit 70 000 Einwohnern, das auf den täglichen Heuschreckenüberfall wartet.

# Abreisen ist schwer

## Liebelei

*l'amore*
(die Liebe)

*la donna della mia vita*
(die Frau meines Lebens)

*il principe azzurro*
(der Märchenprinz)

*ti amo*
(ich liebe dich)

*ti voglio bene*
(ich hab dich lieb)

*mi fai impazzire*
(du machst mich verrückt)

*mi manchi*
(du fehlst mir)

*sei il mio grande amore*
(du bist meine große Liebe)

Eine italienische Redewendung lautet: *Partire è sempre un po'
morire* (Abreisen ist immer auch ein wenig sterben). Für Brigitte ist
die Zeit der Abreise gekommen, und beim Gedanken daran wird ihr
schwer ums Herz. Sie hat schöne Erinnerungen an die vergange-
nen Wochen, sie hat Rom kennen und lieben gelernt, und sie hat
Ciccio kennen und ...? Sie kann und will den Gedanken nicht zu
Ende führen, jetzt muss sie erst einmal nach Hause, zurück in ihren
Alltag. Im Unterschied zu Brigitte, dieser *testa teutonica* (teutoni-
scher Kopf), hegt Ciccio sentimentalere Gedanken. Für ihn ist
Brigitte nicht nur irgendeine *storia,* eine Geschichte, die man am
Ende des Sommers ablegt wie ein Paar Badeschlappen, sondern er
will, dass es weitergeht, er wünscht sich *un vero e proprio amore*
(eine wahre und wirkliche Liebe). Ciccio malt sich schon eine mög-
liche gemeinsame Zukunft mit Brigitte aus: Als erstes bräuchte er
eine eigene Wohnung für beide, und dann müsste eine Arbeit für
Brigitte gefunden werden. Doch erstmal steht die Stunde der
*partenza* (Abreise) bevor. Beide sind ein wenig beklommen, und
keiner findet die rechten Worte. Sie wissen, dass ihnen eine
schwere Probezeit bevorsteht, wenn sie ihre zarte Liebe über
tausend Kilometer Entfernung kultivieren wollen. Aber keiner
spricht es aus. Man kann sich ja wiedersehen, sich gegenseitig
besuchen. An die triste Binsenweisheit *l'amore fa passare il tempo
e il tempo fa passare l'amore* (die Liebe lässt die Zeit vergehen,
und die Zeit lässt die Liebe vergehen) soll kein Gedanke ver-
schwendet werden.

**2/39**

| | |
|---|---|
| la compagnia | die Gesellschaft |
| ti è piaciuta | hat dir gefallen |
| a tutti i costi | unbedingt |
| più di tutto | vor allem |
| prendere in giro | auf den Arm nehmen |
| stupido/-a | dumm |
| la fontana | der Brunnen |
| la ragione | das Recht |
| la verità | die Wahrheit |

■ Ciccio, grazie.

Ciccio, danke.

● Grazie per cosa?

Danke für was?

■ Per tutto: per la casa, per la compagnia ...

Für alles: für die Unterkunft, für die Gesellschaft ...

● L'Italia ti è piaciuta allora?

Italien hat dir also gefallen?

■ Sì, moltissimo. Voglio tornare a tutti i costi.

Ja, sehr. Ich möchte unbedingt zurückkommen.

● Cosa ti è piaciuto più di tutto?

Was hat dir am meisten gefallen?

■ Il senso degli italiani per la natura.

Der Sinn der Italiener für die Natur.

● Mi prendi in giro?

Nimmst du mich auf den Arm?

■ Sì, perché hai fatto una domanda stupida.

Ja, weil du eine dumme Frage gestellt hast.

● Perché stupida?

Wieso dumm?

■ Cosa vuoi che ti dica: gli spaghetti alle vongole o la fontana die Trevi ...

Was soll ich dir sagen: die Spaghetti mit Muscheln oder der Trevibrunnen ...

● Hai ragione è una domanda stupida.

Du hast Recht, es ist eine dumme Frage.

■ La verità è che sono stata molto bene con te.

Die Wahrheit ist, dass es mir mit dir sehr gut gegangen ist.

● Mmh, ti devo dire una cosa.

Mhm, ich muss dir was sagen.

*Compagnia* ist ein Wort, das man schwer übersetzen kann. Denn „Gesellschaft" drückt nicht dieses freundschaftliche Beisammensein aus, auf das es eigentlich ankommt. Ein besseres Kompliment konnte Ciccio von Brigitte nicht bekommen: *Compagnia,* das sind die Menschen, nicht die Dinge oder die materiellen Vorteile.

*più di tutto =*
mehr als alles, am meisten

*Piacere* heißt „mögen", „gefallen". Er gehört zu den Verben, die die Vergangenheit mit *essere* bilden. Achten Sie darauf, dass die Endung mit dem Subjekt übereinstimmt. Und auch darauf, dass das Subjekt nicht derjenige ist, der Gefallen empfindet, sondern die Sache oder Person, die gefallen.

*mi piace =*
es gefällt mir
*mi è piaciuto/-a =*
es hat mir gefallen

Dreimal dürfen Sie raten: Was wird Ciccio Brigitte sagen?
1. *Devo andare al bagno.*
2. *Ti amo.*
3. *Ho mal di schiena.*
4. *Non ho più soldi.*
5. *Vuoi una tisana?*
Wie's weitergeht, erfahren Sie auf S. 133.

# Übungen

Welche Antwort passt zu welcher Frage? Malen sie hier nicht alle möglichen Szenarien aus, sondern gehen Sie nach der Wahrscheinlichkeit. Eine kleine Hilfe: *Che c'è?* = „Was ist los?"

## 1. Frage und Antwort

1. Cosa ti è piaciuto più di tutto?
2. Due settimane?
3. Grazie per cosa?
4. L'Italia ti è piaciuta?
5. Che c'è?

a ☐ Per tutto: per la casa, per la compagnia ...
b ☐ Sì, moltissimo.
c ☐ Il senso per la natura degli italiani.
d ☐ Ti devo dire una cosa.
e ☐ Sì, poi devo tornare in Germania.

Typisch solche Sätze! Man muss sie nach dem Urlaub parat haben.
Übrigens: Der Infinitv *(stare a casa tua)* hat hier den Wert eines männlichen Substantivs im Singular.

## 2. Das hat mir am meisten gefallen

2/40

*La fontana di Trevi* mi *è piaciuta* più di tutto.
1. fontana di Trevi
2. i pomodori
3. la sorella di Ciccio
4. la tisana al timo e cornino
5. stare a casa tua
6. gli spaghetti alle vongole

So können die Sätze nicht stehen bleiben. Es gibt mehr als nur einen Weg, um Sie in Form zu bringen. Sie machen sich aber das Leben leichter, wenn Sie an die letzten Dialoge denken.

## 3. Räumen Sie auf

1. piaciuto – cosa – ti – più di tutto? – è
2. una domanda – hai – perché – fatto – stupida
3. una – forse – ci – possibilità – sarebbe
4. a – tornare – a tutti – voglio – costi
5. ti – chiedere – una cosa – devo

Mit dem Ausdruck *la verità è che* betont man die Ehrlichkeit einer Aussage. Satz 8 dagegen ist der Leitgedanke aller zeitgenössischen Philosophie.

## 4. Die Wahrheit ist ...

*La verità è che* **sono stata molto bene con te.**
1. sono stata molto bene con te
2. preferisco tua sorella
3. non ho soldi
4. non ti ho detto la verità
5. vorrei restare in Italia
6. ho sbagliato
7. sono sposato
8. non c'è una verità
9. se vuoi puoi

Willkommen zu der letzten offiziellen Übersetzungsübung in diesem Kurs. Danach dürfen Sie sich als freier Übersetzer niederlassen.

## 5. Auf Italienisch

1. Stell keine dummen Fragen!
2. Nur deine Mutter weiß die Wahrheit.
3. Schön, wirklich sehr schön. Schöner geht es nicht.
4. Am meisten hat mir der Käse geschmeckt.
5. Sein oder nicht sein, das ist das Problem.

**2/41**

| davvero | wirklich, im Ernst |
| rimandare | verschieben |
| la partenza | die Abfahrt |
| stesso/-a | gleiche/-r/-s |
| uno | einer, man |
| innamorarsi | sich verlieben |
| vivere | leben |
| contento/-a | glücklich, froh |
| insistere | auf etwas bestehen, drängen |
| la vita | das Leben |
| Natale (m) | Weihnachten |

- Davvero non puoi rimandare la partenza? — Kannst du wirklich die Abfahrt nicht verschieben?

- No. Non so, sarebbe difficile ... — Nein, ich weiß nicht, es wäre schwierig ...

- È sempre la stessa storia quando uno si innamora ... — Es ist immer das Gleiche, wenn einer sich verliebt ...

- Io vorrei restare, Ciccio, tu lo sai. — Ich möchte bleiben, Ciccio, du weißt es.

- C'è una cosa che non ti ho detto, Brigitte. — Es gibt eine Sache, die ich dir nicht gesagt habe, Brigitte.

- Cosa? — Was?

- Che voglio andare a vivere da solo. — Dass ich vorhabe, alleine zu leben.

- Sono contenta per te. — Ich freue mich für dich.

- Contenta? Tutto qui? — Du freust dich? Ist das alles?

- Ciccio, non insistere. In Germania io ho un lavoro, ho la mia vita. — Ciccio, dränge nicht. In Deutschland habe ich eine Arbeit, ich habe mein Leben.

- E la tua vita ti piace? — Und gefällt dir dein Leben?

- Quante domande Ciccio. A Natale vieni in Germania, no? — Wie viele Fragen, Ciccio. An Weihnachten kommst du nach Deutschland, oder?

*Uno* bezeichnet auch eine unbestimmte Person: „man", „jemand".

*Già* kann auch die Bedeutung haben von „klar", „in der Tat", „du hast Recht".

Die Wendung *andare a* gebraucht man, um zukünftige Handlungen und Absichten auszudrücken: *Vado a lavorare in Germania.* (Ich werde in Deutschland arbeiten.)

Wie wird die Geschichte zwischen Ciccio und Brigitte weitergehen?
a ☐ Sie sehen sich nie wieder.
b ☐ Sie heiraten und bekommen ein Kind.
c ☐ Brigitte zieht nach Italien, findet aber einen anderen Mann.
d ☐ Ciccio erhält jahrelang eine E-Mail-Brieffreundschaft aufrecht.

**Lösung:**
Wenn Sie a angekreuzt haben, leben Sie rational.
Wenn Sie b angekreuzt haben, leben Sie emotional.
Wenn Sie c angekreuzt haben, leben Sie zwar emotional, aber nicht genug.
Wenn Sie d angekreuzt haben, befinden Sie sich noch auf der Suche nach dem Sinn des Lebens.

Dieser Dialog ist etwas durcheinander geraten. Biegen Sie ihn wieder zurecht.

## 1. Die richtige Reihenfolge

1. Cosa?
2. C'è una cosa che non ti ho detto Brigitte.
3. Sono contenta per te.
4. Voglio andare a vivere da solo.

Hier müssen Sie aus dem Kontext verstehen, welches Verb in die Lücke passt. Zugegeben, nicht die leichteste Übung für den Abschluss, aber schließlich sind Sie jetzt reif für die Halbinsel. Wählen Sie aus: *puoi, vuoi, devi, devo, posso, voglio*

## 2. Füllen Sie die Lücken

1. Davvero non _____ rimandare la partenza?
   No, devo tornare in Germania per il lavoro.
2. Davvero non _____ rimandare la partenza?
   No, posso tornare in Germania già sabato.
3. Davvero non _____ rimandare la partenza?
   No, voglio partire oggi.
4. Davvero non puoi rimandare la partenza?
   No, dopodomani _____ parlare con il direttore.
5. Davvero non devi rimandare la partenza?
   No, _____ andare quando voglio.

*Una cosa* bedeutet wörtlich „eine Sache" und kann in bestimmten Zusammenhängen mit „etwas" übersetzt werden.

## 3. Es gibt etwas ...

2/42

C'è una cosa che **non ti ho detto**.

1. non ti ho detto
2. non va bene
3. può cambiare tutto
4. non so
5. bisogna rimandare
6. vorrei comprare
7. ho capito male
8. non mi piace

Aufgepasst: Zwischen *andare* und dem Inifinitiv steht immer eine Präposition. Welche? Das erfahren Sie spätestens in den Lösungen.

## 4. Wie geht der Satz weiter?

1. Davvero non puoi
2. C'è una cosa
3. Voglio andare
4. E la tua vita
5. È veramente meglio

a ☐ che non ti ho detto.
b ☐ a vivere da solo.
c ☐ se io torno in Germania.
d ☐ rimandare la partenza?
e ☐ ti piace?

Dieser Satz ist ideal, um Dinge in Frage zu stellen, die einem nicht so richtig passen.

## 5. Geht es wirklich nicht?

*Davvero non puoi **rimandare la partenza**?*

1. rimandare la partenza
2. insistere un po'
3. aspettare qualche minuto
4. restare più tempo
5. andare a vivere da solo
6. prendere il treno con me
7. cambiare la tua vita

*Ferragosto,* der 15. August und Höhepunkt des italienischen Ferienrummels, ist eigentlich ein religiöses Fest: Mariä Himmelfahrt. In einem katholischen Land wie Italien feiert man die Heiligen, die Schutzpatrone der Dörfer und Städte – und da die Gemeinschaft der Heiligen ja groß ist, fehlt es nicht an Gelegenheiten zum Feiern. Nicht nur die Heiligen bieten Gelegenheit zum geselligen Beisammensein. Auch überlieferte Bräuche lassen Italiener und andere zur *festa in piazza* (Fest auf dem Platz) zusammenkommen, so zum Beispiel beim aus dem Mittelalter stammenden Stadtreiterrennen, dem berühmten *Palio* in Siena, oder bei der *Regata storica* auf dem *Canale Grande* in Venedig.

Die *sagra* ist ein Fest rein kulinarischer Natur – es wird die jeweilige Jahreszeit einer bestimmten Gegend gefeiert. So gibt es Kastanien-, Erdbeer-, Haselnuss- oder Pilzfeste.

Nicht zu vergessen die politischen Feste, allen voran die berühmte *festa dell'Unità,* die große Veranstaltung der ehemals kommunistischen Partei Italiens. Außer Essen und Trinken bieten diese Feste natürlich politische Informationen, und gerne treten auch politisch korrekte Pop- und Rockstars auf.

Auch in der Familie wird gefeiert. Bei der Hochzeit geht es am üppigsten zu, da will sich niemand bescheiden geben. Lieber nimmt man einen Kredit auf, als bei Aussteuer und Einladung zu sparen. Feste mit vierhundert Gästen sind keine Ausnahme. Wenn das Brautpaar aus der Kirche tritt, wird es mit Reis beworfen, und man ruft entweder *Evviva gli sposi!* (Es leben die Brautleute!) oder *Figli maschi!* (Männliche Nachkommen!) Nicht mehr ganz zeitgemäß, dieser Ausruf, oder?

*I confetti*
Bei den Familienfeiern Hochzeit und Taufe werden sogenannte *confetti* verschenkt. *Confetti* sind mit Zuckerguss überzogene Mandeln, wobei der Zuckerguss, je nach Anlass, eine entsprechende Farbe bekommt: bei der Hochzeit Weiß, bei der Taufe eines Jungen Hellblau und bei der Taufe eines Mädchens Rosa.

# Test 5

## 1. Was stimmt?

Eines ist hier sicher: Das italienische Gesundheitssystem leidet an irgendetwas.

Offiziell heißen die italienischen Grünen *Federazione dei Verdi*.

Die richtige Antwort wird Ihnen bei der nächsten Reiseplanung helfen.

Ihre Gründe sind bei dieser Antwort nicht ausschlaggebend.

Der *Palio* findet zweimal jährlich statt.

Wollen Sie eine Italienerin oder einen Italiener heiraten? Diese Übung dient der Vorbereitung.

Achtung, hier sind Frage und Antwort umgekehrt worden. Lesen Sie zuerst die Antwort und überlegen Sie sich eine mögliche Frage dazu. Es wird Ihnen nachher leicht fallen, aus den gegebenen Möglichkeiten die einzig richtige herauszufinden.

1. Das Gesundheitssystem in Italien leidet …
   a ☐ an chronischem Personalmangel.
   b ☐ an finanzieller Not.
   c ☐ an rückständigem Denken.
2. Die Partei der Grünen …
   a ☐ ist in den letzten Jahren um 2 % gewachsen.
   b ☐ hat keinen großen Einfluss auf das politische Leben.
   c ☐ ist gegen Katakomben und Gräber.
3. Die Hauptferienzeit im Sommer ist …
   a ☐ Mai bis August.
   b ☐ Mitte Juni bis Ende August.
   c ☐ Mitte Juli bis Mitte September.
4. Viele Touristen besuchen Italien, …
   a ☐ weil es billiger ist als Thailand.
   b ☐ weil sie sich einen Job als Zitronenpflücker erhoffen.
   c ☐ wegen der großartigen Kunstschätze.
5. Das Pferderennen *il Palio* findet statt in …
   a ☐ Venedig.
   b ☐ Siena.
   c ☐ Florenz.
6. Auf Hochzeiten werden die Brautleute …
   a ☐ aufgefordert, weibliche Nachkommen zu gebären.
   b ☐ nüchtern und ehrlich gefeiert.
   c ☐ mit Reis beworfen.

## 2. Antwort und Frage

1. Per tutto.
2. Può provare il dottor Miglio.
3. Sì, moltissimo.
4. Rimini, Otranto, Salerno, Imola.
5. Pazienza, andiamo un altro giorno.
6. Fra tre ore.

a ☐ Come si scrive Rosi?
b ☐ Quando parte il tuo treno?
c ☐ Mi sa dire un dottore?
d ☐ Grazie per cosa?
e ☐ L'Italia ti è piaciuta?
f ☐ E se domani non sto bene?

## 3. Wählen Sie immer nur eine Möglichkeit

1. Non c'è problema, non ti _____!
   a ☐ preoccupi
   b ☐ preoccupare
   c ☐ preoccuparsi
2. Dipende _____ storia _____ città.
   a ☐ della – delle
   b ☐ dalla – dalla
   c ☐ dalla – delle
3. Le cose _____ cambiando.
   a ☐ sta
   b ☐ sono
   c ☐ stanno
4. Cosa ti è _____ più di tutto?
   a ☐ piaciuto
   b ☐ piaciuta
   c ☐ piace
5. Mi dispiace, ma _____ tornare a casa.
   a ☐ devo
   b ☐ posso
   c ☐ voglio
6. Voglio _____ vivere da solo.
   a ☐ andare
   b ☐ andare a
   c ☐ stare

## 4. Sinn oder Unsinn?

1. Kannst du wirklich nicht dein Leben wechseln?
2. Oft ist die Wahrheit eine dumme Sache.
3. Es ist besser, wenn sich einer nicht alleine verliebt.
4. Es wäre schön, ein bisschen zu übertreiben.
5. In vier Tagen möchte ich wie ein Engel sein.
6. Haben Sie etwas gegen Lebensschmerzen?

Aufpassen: Sprachen sind anders, manchmal ganz anders. Aber das wissen Sie mittlerweile schon.

Zugegeben: Diese Aufgabe ist wirklich nicht leicht. Aber wenn Sie sie schaffen, sind Sie fast Meister.

Die richtigen Fragen zu stellen bringt einem oft die Lösung näher. Plural oder Singular? *Essere* oder *avere*?

Hier zumindest sollten Sie sich von der Logik leiten lassen.

Gratulation, Sie haben es geschafft! Wir würden gerne aus unserem Buch rauskommen, um Ihnen persönlich die Hand zu reichen, aber so ein Buch muss man noch erfinden. Wir hoffen, dass Sie nach diesem Kurs noch mehr Lust haben, Italien kennen zu lernen, dass es für Sie nur ein Anfang war.

## 1 A Übungen

**1. Was fehlt? 1.** Mi chiamo **2.** Lei **3.** tedesco **4.** italiano
**2. Die richtige Antwort 1.** b **2.** a **3.** a **4.** b
**3. Ich heiße ... 1.** Mi chiamo Giulio Cesare (Julius Caesar). **2.** Mi chiamo Luciano Pavarotti (einer der bekanntesten singenden Nudelliebhaber). **3.** Mi chiamo Ugo Fantozzi. **4.** Mi chiamo Ernesto Mazzi. **5.** Mi chiamo Clara Martini. **6.** Mi chiamo Paolo Rossi (Komiker aus Mailand). **7.** Mi chiamo Marco Polo (der berühmte Entdecker soll die Nudeln aus China nach Italien gebracht haben). **8.** Mi chiamo Giovanna Rizzo. **9.** Mi chiamo Gianna Nannini (Rockröhre aus Siena).
**4. Der korrekte Satz 1.** Lei è italiano? **2.** Piacere, mi chiamo Crespi. **3.** Sono italiano. **4.** Non parla tedesco?
**5. Internationale Wörter 1.** informazione **2.** momento **3.** musica **4.** hotel **5.** teatro **6.** telefono
Die Reihenfolge bei der Lösung des Silbenrätsels ist beliebig. Es könnte also bei **2.** auch *teatro* oder irgendein anderes Wort stehen.
**6. Sind Sie ...? 1.** Lei è italiano? **2.** Lei è tedesco? **3.** Lei è americano? **4.** Lei è olandese? **5.** Lei è brasiliano? **6.** Lei è europeo? So antwortet der brave maastrichttreue Euro-Bürger. **7.** Lei è francese? **8.** Lei è russo? **9.** Lei è spagnolo? **10.** Lei è cinese?

## 1 B Übungen

**1. Die richtige Reihenfolge lautet 2.** Scusi, signor Crespi ...? **4.** Sì, prego? **3.** Dov'è l'albergo «Forum»? **1.** Mhm, non lo so.
**2. Wo ist ...? 1.** Dov'è l'albergo? **2.** Dov'è il numero telefonico? **3.** Dov'è il cappuccino? **4.** Dov'è Roma? **5.** Dov'è Brigitte? **6.** Dov'è il signor Crespi?
**3. Wie schreibt man richtig? 1.** a **2.** a **3.** a **4.** b
**4. Hier oder dort? 1.** Non sono di Bogota, sono di Roma. **2.** Non sono di Palermo, sono di Milano. **3.** Non sono di Bari, sono di Mannheim. **4.** Non sono di New York, sono di Capri. **5.** Non sono di Berlino, sono di Monaco.
**5. Richtig oder falsch? 1.** richtig **2.** falsch **3.** falsch, aber streng genommen könnte es auch richtig sein: Jutta sagt zwar „sono di Düsseldorf" – ich bin aus Düsseldorf, aber sie könnte als Düsseldorferin ja trotzdem in München leben. **4.** falsch **5.** falsch. **Der Dialog:** Lei come si chiama? *Mi chiamo Jutta Winkler.* Piacere, sono Mario Benni. *Lei è italiano?* Sì, sono di Verona. E Lei? *Sono di Düsseldorf.*

## 2 A Übungen

**1. Auf Deutsch? 1.** amerikanisch **2.** türkisch **3.** französisch **4.** italienisch **5.** spanisch **6.** englisch **7.** russisch **8.** deutsch **9.** polnisch. Übrigens ist *polacco* im Italienischen nicht abwertend.
**2. Was ist ...? 1.** Qual è il problema? **2.** Qual è l'informazione? **3.** Qual è il bar? **4.** Qual è l'albergo? **5.** Qual è il numero? **6.** Qual è la musica? **7.** Qual è il teatro?
**3. Räumen Sie auf 1.** C'è un bar qui vicino. **2.** Qual è il problema? **3.** Lei è di Roma? **4.** Come sta, signora Weiss?
**4. Was fehlt? 1.** sta **2.** qui **3.** po' **4.** Qual
**5. Wie geht's ...? 1.** Come sta, signora Weiss? **2.** Come sta, signor Crespi? **3.** Come sta, dottor Alberti? **4.** Come sta, professor Einstein? **5.** Come sta, signora Prada? **6.** Come sta, signora Brigitte?

## 2 B Übungen

**1. Die richtige Frage 1.** a **2.** b **3.** a **4.** b

**2. Verbinden Sie 1.** b **2.** e **3.** d Manchmal wird *piacere* auch mit „Angenehm!" übersetzt, klingt aber ein bisschen altbacken. **4.** f **5.** c **6.** a

**3. Wie geht's? 1.** Come stai? – Bene, grazie. **2.** Come stai? – Non c'è male. **3.** Come stai? – Un po' così. **4.** Come stai? – Veramente bene. **5.** Come stai? – Sono stanco (sagt der müde Mann). Sono stanca (sagt die müde Frau). **6.** Come stai? – Sto molto bene.

**4. Frage und Antwort 1.** Parla tedesco? – No, parlo italiano. **2.** Parla turco? – No, parlo francese. **3.** Parla inglese? – No, parlo spagnolo. **4.** Parla olandese? – No, parlo tedesco. **5.** Parla russo? – No, parlo italiano.

**5. Wie sagt man auf Deutsch? 1.** alles in Ordnung, alles gut **2.** Sie sprechen (oder: er spricht; sie spricht; es spricht) **3.** du bist neugierig **4.** hier in der Nähe **5.** ein bisschen, ein wenig

## 3 A Übungen

**1. Was steht davor: *il, la* oder *l'* 1.** la **2.** l' **3.** il **4.** il **5.** la **6.** il **7.** l'

**2. Was arbeiten Sie? 1.** Che lavoro fa? – Sono insegnante. **2.** Che lavoro fa? – Sono fotografo. **3.** Che lavoro fa? – Sono manager. **4.** Che lavoro fa? – Sono studente. **5.** Che lavoro fa? – Sono dottore. **6.** Che lavoro fa? – Sono professore. *Che lavoro fa?* heißt eigentlich: Welche Arbeit machen Sie?

**3. Die richtige Reihenfolge 2.** Buongiorno. **3.** Buongiorno dottoressa, che prende? **1.** Una spremuta d'arancia. **4.** Ah, bene.

**4. Verbinden 1.** e **2.** d **3.** f **4.** b **5.** a

**5. Was nehmen Sie? 1.** Che prende? – Prendo una coca cola. **2.** Che prende? – Prendo una spremuta d'arancia. **3.** Che prende? – Prendo un cappuccino. **4.** Che prende? – Prendo un whisky. **5.** Che prende? – Prendo una pizza. **6.** Che prende? – Prendo un caffè.

## 3 B Übungen

**1. Die richtige Antwort 1.** a **2.** b **3.** a **4.** a

**2. *Un* oder *una*? 1.** una **2.** un **3.** una **4.** un **5.** una **6.** un **7.** un

**3. Sie und ich 1.** sono **2.** prendo **3.** chiama **4.** parlo **5.** fa (hier wird der Spieß umgedreht) **6.** lavoro

**4. Ich bin ... 1.** Faccio il programmatore. **2.** Faccio l'insegnante. **3.** Faccio la dottoressa. **4.** Faccio la colazione. Mindestens genauso geläufig ist: *faccio colazione,* ohne Artikel. **5.** Faccio il segretario. **6.** Faccio il turista. Es gibt auch *la turista* – die Touristin.

**5. Richtig oder falsch? 1.** falsch **2.** richtig, er fragt sie ja Löcher in den Bauch. **3.** falsch ist wohl eher die richtige Antwort, denn sehr begeistert scheint Jutta nicht zu sein. **4.** falsch Mit etwas Humor könnte man die Frage aber auch mit „richtig" beantworten: schließlich arbeitet auch der Tourist in der Tourismusbranche. **5.** richtig. **Der Dialog:** Scusi, Jutta. *Sì, prego, Mario.* Lei che lavoro fa, Jutta? *Sono manager.* Ah, e come va? *Bene, grazie.* Veramente bene? *Beh, Mario ... in ufficio è un po' così.* Io ho un lavoro molto bello, Jutta. *E qua! è?* Faccio il turista.

## 4 A Übungen

**1. Verbinden 1.** e **2.** d **3.** a **4.** e **5.** b

**2. Die richtige Reihenfolge 4.** Cerca qualcosa, signora Weiss? **2.** Sì, cerco ... come si dice in italiano ... **3.** Cosa? **1.** „Pezzi" da venti centesimi.

**3. Es gibt nicht ... 1.** Non c'è colazione. **2.** Non c'è lavoro. **3.** Non c'è bisogno. **4.** Non c'è problema. **5.** Non c'è musica. **6.** Non c'è male. **7.** Non c'è un direttore. **8.** Non c'è un ufficio. Einige der Lösungen sind wörtlich schlecht zu übersetzen, weil es sich um feste Redewendungen handelt. Prägen Sie sich besser die Bedeutung der Redewendungen ein.

**4. Was fehlt?** **1.** d'arancia **2.** qualcosa **3.** sono **4.** fa **5.** c'è

**5. Auf Italienisch ...?** **1.** Come si dice in tedesco la spremuta? Der frisch gepresste Saft. **2.** Come si dice in tedesco l'insegnante? Der Lehrer oder die Lehrerin. **3.** Come si dice in tedesco il bar? Die Bar (obwohl „Bar" im Deutschen eine andere Art von Lokal bezeichnet. Da denkt man eher an Nachtclub und Striptease). **4.** Come si dice in tedesco la colazione? Das Frühstück. **5.** Come si dice in tedesco l'ufficio? Das Büro. **6.** Come si dice in tedesco curioso? Neugierig.

## 4 B Übungen

**1. Die richtige Frage** **1.** b **2.** a **3.** a **4.** a

**2. Die Vorwahl ist ...** **1.** Per telefonare in Germania il prefisso è zero zero quattro nove. **2.** Per telefonare in Italia il prefisso è zero zero tre nove. **3.** Per telefonare in Austria il prefisso è zero zero quattro tre. **4.** Per telefonare in Spagna il prefisso è zero zero tre quattro. **5.** Per telefonare in Svizzera il prefisso è zero zero quattro uno. **6.** Per telefonare in Francia il prefisso è zero zero tre tre. **7.** Per telefonare in Colombia il prefisso è zero zero cinque sette.

**3. Was ich nicht bin** SIE: **1.** No, non sono sposata. **2.** No, non sono stanca. **3.** No, non sono bella. **4.** No, non sono single. **5.** No, non sono fidanzata. **6.** No, non sono italiana. **7.** No, non sono curiosa. **8.** No, non sono gentile. ER: **1.** No, non sono sposato. **2.** No, non sono stanco. **3.** No, non sono bello. **4.** No, non sono single. **5.** No, non sono fidanzato. **6.** No, non sono italiano. **7.** No, non sono curioso. **8.** No, non sono gentile. Gemerkt? Bei Adjektiven auf -e antworten Mann und Frau gleich!

**4. Verbinden: weiblich oder männlich?** **1.** d **2.** c **3.** Hier sind verschiedene Lösungen möglich: *insegnante* kann männlich oder weiblich sein, also ginge theoretisch *l'insegnante stanco* – der müde Lehrer, *l'insegnante bello* – der schöne Lehrer, *l'insegnante curiosa* – die neugierige Lehrerin, *l'insegnante sposata* – die verheiratete Lehrerin. Am besten sind die Lösungen b. oder e., denn d. ist schon vergeben und ist die einzige Lösung, die zu *albergo* passt, und a. braucht man noch für den *marito*. **4.** b oder e alternativ zu dem Adjektiv, das man der Lehrerin zugeordnet hat **5.** a

**5. Auf Italienisch ...?** **1.** (Lei) è single? **2.** Qual è il problema? **3.** Che lavoro fa? **4.** Com'è la colazione? **5.** Non è bello il lavoro in Germania? oder: Il lavoro in Germania non è bello? **6.** (Lei) è curioso? – wenn die Frage einem Mann gilt, (Lei) è curiosa? – wenn die Frage einer Frau gilt.

## T 1 Test

**1. Was stimmt?** **1.** b **2.** a **3.** c **4.** b **5.** b **6.** a

**2. Frage und Antwort** **1.** c **2.** f **3.** d **4.** e **5.** b **6.** a

**3. Wählen Sie immer nur ein Wort** **1.** c **2.** b **3.** a **4.** c **5.** a **6.** c

**4. Sinn oder Unsinn?** **1.** Prendo un single. **2.** Lei è italiana? **3.** Il liceo è curioso. **4.** Il prefisso è sposato? **5.** Cerco un problema bello. **6.** Buongiorno, mi chiamo colazione.

## 5 A Übungen

**1. Was fehlt?** **1.** il Suo vino **2.** buono Sagen Sie nie *bene* für das Essen: *Bene* ist ein Adverb und steht in Verbindung mit einem Verb, z. B. *sto bene*. **3.** alla **4.** semplicemente **5.** tu ... per te

**2. Megalomania** **1.** Se tu sei Marcello Mastroianni io sono Ornella Muti. Zwei weltbekannte Schauspieler, Mastroianni galt als der Inbegriff des „Latin Lover". **2.** Se tu sei Claudia Schiffer io sono David Copperfield **3.** Se tu sei Francesco Petrarca io sono Alessandro Manzoni. Zwei Klassiker der italienischen Literatur: Petrarca, die größte dichterische Seele des Mittelalters, Manzoni, der erste italienische Romanautor. **4.** Se tu sei Leonardo da Vinci io sono Michelangelo. Künstler und wissenschaftliches Genie der Renaissance. **5.** Se tu sei Italo Calvino io sono Günter Grass. **6.** Se tu sei Paolo Conte io sono Eros Ramazzotti. Conte ist eine Kultfigur für Jazzliebhaber, der Sänger Ramazzotti dagegen ein Teenagerschwarm.

**3. Warum nicht? 1.** Perché non prende un cappuccino? Diesen Satz könnte man auch so überset-zen „Wie wär's mit einem Cappuccino?" **2.** Perchè non parla italiano? Die Frage ist etwas frech, oder? Als ob alle Italienisch sprechen müssten. **3.** Perché non fa la colazione qui? **4.** Perché non lavora in ufficio? **5.** Perché non dice semplicemente «Ciccio»? **6.** Perché non fa il programmatore?

**4. *il suo* oder *la sua*? 1.** il suo lavoro Hier ist es nicht der Fall, aber achten Sie darauf: Wenn *suo/-a* höflich gemeint ist, ist der Anfangsbuchstabe groß: *Suo/-a.* **2.** il suo fidanzato **3.** la sua signora **4.** il suo numero telefonico **5.** la sua salute Ist es diesmal nicht so leicht gewesen? Sie mussten einfach wissen, dass *salute* ein weibliches Wort ist. **6.** il suo albergo **7.** la sua colazione

**5. Auf Italienisch ...? 1.** Il vino è veramente molto buono. **2.** Bevo alla Sua salute. **3.** Perché fa colazione in ufficio? Würde Sie so eine Frage nicht stören? Vielleicht nur, wenn Sie von Ihrem Arzt käme. **4.** Sei semplicemente curioso! **5.** Se tu sei un direttore, io sono una dottoressa. Schlimm, dass einem niemand mehr glaubt.

## 5 B Übungen

**1. Die richtige Reihenfolge 3.** Hai fratelli e sorelle? **2.** Ho una sorella più piccola. **1.** E dove abita? **4.** Abita con me e con mia madre. Hypothetisch wäre auch **1. – 4. – 3. – 2.** möglich, aber wir ge-hen davon aus, dass Sie sich vom gesunden Menschenverstand leiten lassen.

**2. Bilden Sie den Plural 1.** a I fratelli sono curiosi. **1.** b Le sorelle sono curiose. **2.** a I fratelli sono gentili. **2.** b Le sorelle sono gentili. **3.** a I fratelli sono piccoli. **3.** b Le sorelle sono piccole. **4.** a I fra-telli sono differenti. **4.** b Le sorelle sono differenti. **5.** a I fratelli sono americani. **5.** b Le sorelle so-no americane. **6.** a I fratelli sono interessanti. **6.** b Le sorelle sono interessanti. **7.** a I fratelli sono buoni. **7.** b Le sorelle sono buone. **8.** a I fratelli sono intelligenti. Bei männlichen Substantiven ist die Übereinstimmung mit dem Adjektiv im Plural kein Problem: es steht immer ein *-i.* **7.** b Le sorelle sono intelligenti.

**3. Verbinden Sie die Fragen mit den richtigen Antworten 1.** c **2.** d **3.** e **4.** a **5.** b Streng genom-men könnte bei **2.** auch e passen, wenn man *lavoro* als Substantiv (die Arbeit) auffasst. Trotzdem klingt die Antwort „Ich suche Büroarbeit" etwas komisch.

**4. Wie heißen die Formen für *tu* und *Lei*? 1.** a tu parli b Lei parla **2.** a tu lavori b Lei lavora **3.** a tu abiti b Lei abita **4.** a tu telefoni b Lei telefona Das Schema ist doch relativ einfach, oder? Die zweite Person Plural endet auf *-i,* die dritte auf *-a.* Dies gilt aber nur für die Verben auf *-are:* Es gibt zwei andere Konjugationen, die wir noch kennen lernen werden.

**5. Die richtige Antwort 1.** no **2.** sì **3.** no **4.** sì **5.** no Die letzte Frage müsste eigentlich ohne Ant-wort bleiben: Denn Fabrizio spricht weder von einer *fidanzata* noch von einem *fidanzato,* und wer soll wissen, ob er nicht einen Freund hat? **Der Dialog:** Sei sposata Gianna? *No, non sono sposata.* Ma hai un fidanzato? *No, sono single.* Allora, abiti ancora con la famiglia? No, la mia famiglia abita in Germania ma io abito qui in Italia. *E perché non sei sposata?* Ma come sei curioso, Fabrizio!

## 6 A Übungen

**1. Die richtige Antwort 1.** a **2.** b Hier wäre auch a denkbar, z. B. in der folgenden Situation: „Soll ich zu deiner Beichte mitkommen?" **3.** b **4.** a

**2. Ich will ... 1.** Voglio lavorare in ufficio. Zugegeben, wer so etwas behauptet, kann nicht ganz normal sein. **2.** Voglio prendere una spremuta d'arancia. **3.** Voglio telefonare in Germania. Das kann mit dem Handy teuer werden: ca. 0,50 € pro Minute. **4.** Voglio abitare in centro. **5.** Voglio tro-vare un fidanzato. **6.** Voglio parlare italiano. Das ist ihr Ziel, oder? **7.** Voglio cercare un insegnante. Dieser Satz ist nicht die Schlussfolgerung von Satz 6. Wir glauben, dass Sie nach diesem Kurs auch ohne Lehrer Italienisch sprechen werden, zumindest was das Essenzielle betrifft.

**3. Wann? 1.** Quando sono aperti i negozi? **2.** Quando è aperto il bar? **3.** Quando è aperto l'ufficio? **4.** Quando è aperta la pizzeria? Immer brav die Endung von *aperto* an das Substantiv anpassen. **5.** Quando è aperto l'albergo? **6.** Quando è aperto il liceo?

**4. Von … bis …** **1.** Il negozio è aperto dalle 16.00 alle 20.00. **2.** Il negozio è aperto dalle 7.00 alle 19.00. **3.** Il negozio è aperto dalle 11.00 alle 14.00. **4.** Il negozio è aperto dalle 19.00 alle 2.00. **5.** Il negozio è aperto dalle 6.00 alle 11.00. **6.** Il negozio è aperto dalle 9.00 alle 14.00. Zugegebenermaßen krause Öffnungszeiten, aber was erfindet man nicht alles, um die Uhrzeiten zu üben.
**5. Welches Verb passt in die Lücke?** **1.** comprare Wenn ein Verb nach *volere* kommt, muss es im Infinitiv stehen. **2.** abiti **3.** faccio **4.** bevo

## 6 B Übungen

**1. Verbinden** **1.** c **2.** d **3.** a **4.** b
**2. Können Sie mir sagen …?** **1.** Mi sa dire dov'è l'albergo «Forum»? Wohlerzogene Personen fangen Fragen mit *Mi sa dire …* an: Man kann ja nicht davon ausgehen, dass jeder Bescheid weiß.
**2.** Mi sa dire dov'è un negozio di abbigliamento? **3.** Mi sa dire dov'è via Nazionale? **4.** Mi sa dire dov'è un bar qui vicino? **5.** Mi sa dire dov'è un telefono? **6.** Mi sa dire dov'è il liceo?
**3. Sie und du** **1.** Prendi un cappuccino? **2.** Vedi la fermata? **3.** Sei stanca? Dies ist die einzige unregelmäßige Form, auf die Sie in dieser Übung stoßen werden. Aber die Formen von *essere* müssten Sie sowieso verinnerlicht haben, oder? **4.** Prendi l'autobus? **5.** Abiti in piazza?
**4. Wo ist das Hotel?** **1.** L'albergo è qui vicino. **2.** L'albergo è in piazza Garibaldi **3.** L'albergo è a sinistra. **4.** L'albergo è in via XX settembre. **5.** L'albergo è in centro. **6.** L'albergo è a destra.
**5. Ja oder nein?** **1.** no **2.** no **3.** sì **4.** sì **Der Dialog:** Scusi, signora Neri, mi sa dire dov'è la fermata dell'autobus? *Sì, Pino, la fermata è in piazza.* Ah, bene … *Dove vai?* Vado in centro perché voglio comprare un vestito. *Ah, c'è un negozio d'abbigliamento molto bello in Via Nazionale. E come si chiama? Si chiama Moda».* Grazie, molto gentile, signora Neri.

## 7 A Übungen

**1. Was machst du?** **1.** Fai la spesa? – No, faccio la colazione. **2.** Fai il programmatore? – No, faccio il manager. Sie haben bestimmt gemerkt, dass *fare* ein multifunktionales Verb ist: Man gebraucht es für Berufsbezeichnungen, aber auch im Sinne von „machen", „herstellen". **3.** Fai il segretario? – No, faccio l'insegnante. **4.** Fai un cappuccino? – No, faccio una spremuta d'arancia. **5.** Fai un lavoro al computer? – No, faccio un lavoro in un bar. Was wohl besser ist? Vor dem PC zu hocken oder Kaffee zu kochen? **6.** Fai l'impiegato? – No, faccio una cosa differente. Diese Antwort klingt sehr diplomatisch, als wollte der Betroffene seinen Beruf nicht preisgeben.
**2. Albertos Woche** **1.** Lunedì Alberto arriva in Italia. **2.** Martedì Alberto va in centro. **3.** Mercoledì Alberto lavora in ufficio. **4.** Giovedì Alberto compra un computer. **5.** Venerdì Alberto fa la spesa. **6.** Sabato Alberto va in albergo. **7.** Domenica Alberto vede la fidanzata. Mein Gott, ist Alberto ein langweiliger Mensch! Er macht ja alles nach seinem Terminplan, sogar mit der Freundin. Aber so jemand soll's auch in Italien geben.
**3. Ordnen Sie den Satzsalat** **1.** Sabato vado a fare la spesa. *Sabato* hätte auch am Schluss stehen können. **2.** Il negozio d'abbigliamento ha prezzi eccezionali. **3.** In due è più divertente. *In due* hätte auch am Schluss stehen können. **4.** Domani mattina cerco un albergo più bello. *Domani mattina* hätte auch am Schluss stehen können.
**4. Mehr, mehr, mehr …** **1.** Piazza Colonna è bella, ma piazza Navona è ancora più bella. Wer die beiden römischen Plätze kennt, wird sicher einverstanden sein. Es sei denn, er liebt heftigen Verkehr. **2.** Il segretario è gentile, ma il direttore è ancora più gentile. **3.** Il telefono è piccolo, ma il telefonino è ancora più piccolo. Gibt es etwas, was noch kleiner als ein *telefonino* ist? Ja, ein Kindertelefon. **4.** Francesca è carina, ma Brigitte è ancora più carina. Eine Frau, die *carina* ist, kann sich glücklich schätzen, *carina* heißt „hübsch". **5.** Il fotografo è divertente, ma il manager è ancora più divertente. **6.** Paolo è curioso, ma Lele è ancora più curioso.

**5. Auf Italienisch? 1.** Domani vado a fare la spesa. Hier hat vielleicht der eine oder andere *comprare* statt *fare la spesa* geschrieben: *Comprare* kann aber ohne Objekt nicht stehen. **2.** Il negozio d'abbigliamento ha prezzi eccezionali. *Eccezionale* heißt eigentlich fast immer „außerordentlich gut". **3.** Vengo con te, perché lunedì non lavoro. **4.** Signora, va da sola in albergo? Das klingt verdächtig nach galanter Einladung.

## 7 B Übungen

**1. Was kostet ...? 1.** Il cappuccino costa un euro. **2.** Il vestito costa settanta euro. **3.** Il pranzo costa trenta euro. **4.** La colazione costa otto euro. **5.** La spremuta d'arancia costa quattro euro. **6.** Un computer costa mille euro. Alle Preise sind wie immer ohne Gewähr.
**2. Verbinden Sie 1.** c Eine weitere Möglichkeit ist d, nur mit c aber gehen die übrigen Sätze auf. **2.** d **3.** a **4.** e **5.** f **6.** b
**3. Wann machst du was? 1.** Quando fai la spesa? – Faccio la spesa sabato. Sie wissen, Wochentage werden im Italienischen ohne Präposition benutzt. **2.** Quando vai in centro? – Vado in centro venerdì. **3.** Quando prendi l'autobus? – Prendo l'autobus domani mattina. **4.** Quando telefoni in Germania? – Telefono in Germania lunedì. **5.** Quando compri il vestito? – Compro il vestito martedì.
**4. Schreiben Sie die Zahlen in Ziffern 1.** 1946 Übrigens: Dies könnte in Italien auch als Jahreszahl gelten: Das deutsche System mit den Zehner-Hunderter existiert nicht. **2.** 3510 **3.** 127 **4.** 238 Haben Sie gemerkt: Wenn eine Zehnerzahl wie *trenta* mit *otto* zusammentrifft, fällt das Endungs-*o* weg. **5.** 76 **6.** 67 **7.** 1800 **8.** 99
**5. Ja oder nein? 1.** sì **2.** no Die Antwort bezieht sich auf den Tag danach. Ob sie das Kleid danach noch kauft, erfahren wir nicht **3.** sì Zumindest ist dies die Meinung von Mauro. **4.** no Das Geschäft heißt «*Supermoda*»: Zugegeben, «*la sua moda*» klingt sehr ähnlich und ist auch vom Inhalt nicht so unwahrscheinlich. **5.** no. **Der Dialog:** Quando vai in centro, Beatrice? *Domani mattina, Mauro, perché?* Perché voglio fare la spesa e in due è più divertente. *Va bene, vengo con te.* E tu Beatrice, cosa compri? *Voglio comprare un vestito: in via Garibaldi c'è un negozio molto carino.* E come si chiama il negozio? *Si chiama «Supermoda».* «Supermoda»? Ma domani è lunedì e il negozio «Supermoda» non è aperto. *Sì, sì, è vero.*

## 8 A Übungen

**1. Was brauchst du? 1.** Hai bisogno di un albergo? – No ho bisogno di un taxi. Komische Alternative, was? Aber vielleicht hat man jemanden in der fremden Stadt kennen gelernt und man braucht kein Hotel mehr, sondern ein Taxi. **2.** Hai bisogno di un telefonino? – No ho bisogno di un computer. **3.** Hai bisogno di una spremuta? – No ho bisogno di una colazione. Ja, ein Orangensaft kann zu wenig sein, wenn man einen langen Arbeitstag beginnt. **4.** Hai bisogno di un insegnante? – No ho bisogno di un segretario. **5.** Hai bisogno di venti euro? – No ho bisogno di trenta euro. **6.** Hai bisogno di un lavoro? – No ho bisogno di una pausa. Diesen Satz sagen entweder Lebenskünstler oder gestresste Manager.
**2. Verbinden Sie 1.** e **2.** d Hier gibt es allerlei Möglichkeiten, nur e geht im Grunde nicht. **3.** b **4.** a Auch hier gingen b und d, *fare* hätte dann aber die Bedeutung von „produzieren, herstellen". **5.** c Andere Möglichkeiten sind a, b, c und d.
**3. a, al, oder alla? 1.** alla fermata **2.** al bar **3.** a Milano **4.** al negozio **5.** alla pizzeria **6.** a Francoforte **7.** al Colosseo **8.** a Roma
**4. Ja, lass uns das tun! 1.** Sì, andiamo a mangiare una pizza! **2.** Sì, andiamo a comprare un vestito! **3.** Sì, andiamo a fare la spesa! Erfreulich diese Unternehmungslust, nicht wahr? **4.** Sì, andiamo a cercare un tabaccaio! **5.** Sì, andiamo a prendere una spremuta d'arancia! **6.** Sì, andiamo a fare la colazione! Hatten Sie so einen Jasager vorher schon kennen gelernt?

**5. Auf Italienisch? 1.** Ha bisogno di un gelato. *Vuole un gelato wäre* sinngemäß nicht ganz falsch, aber „brauchen" bedeutet *avere bisogno.* **2.** Il tabaccaio vende anche biglietti. **3.** Bisogna andare alla fermata. **4.** Quanto costa un gelato? – Costa due euro. **5.** Perché prendere l'autobus? Andiamo a piedi. Hier wird der Infinitiv genauso nackt wiedergegeben wie im Deutschen: Schön, wenn es einmal leicht ist. **6.** Fantastico! Il direttore paga il pranzo. Die Frage ist bloß: Mit welchem Hintergedanken? **7.** In centro c'è un negozio che vende telefonini. Vor zwanzig Jahren hätte dieser Satz hier nicht stehen können.

## 8 B Übungen

**1. Füllen Sie die Lücken 1.** L'orario dice che c'è un autobus ogni dieci minuti. Das Bindewort *che* verbindet hier zwei Sätze mit zwei verschiedenen konjugierten Verben. **2.** C'è un signore che aspetta come noi, se vuoi chiedo a lui. *Chiedere* in Zusammenhang mit einer Person verlangt die Präposition *o.* **3.** Ciccio, ho bisogno di qualcosa di rinfrescante. Sie erinnern sich: Die Wendung „etwas Gutes, Schönes" etc. wird im Italienischen mit *qualcosa di* wiedergegeben. **4.** Sono già venti minuti che non passa. **5.** Sono veramente stanca, ho bisogno di una pausa.

**2. Fragen, aber wen? 1.** Chiedi al signore? – No chiedo alla signora. **2.** Chiedi a Mario? – No chiedo a Clemente. **3.** Chiedi alla dottoressa? – No chiedo al direttore. Wieder mal jemand, der nur mit den höchsten Chargen sprechen will. **4.** Chiedi al tabaccaio? – No chiedo al programmatore. Es ist eine Frage der Kompetenz: Was man beide fragen könnte? Zum Beispiel die besseren DVD-Rohlinge, denn Tabakhändler vertreiben auch so etwas. **5.** Chiedi al fratello? – No chiedo alla sorella. **6.** Chiedi a Carola? – No chiedo a Barbara. Ja, Barbara weiß es einfach besser.

**3. Auf Deutsch? 1.** eine Frau, die wartet – Wenn Sie „Dame" geschrieben haben, nehmen wir es Ihnen nicht übel. **2.** der Herr sagt, dass es eine Bar gibt **3.** mein Bruder, der nach Amerika fährt – *Andare* heißt sowohl „gehen" als auch „fahren". **4.** das Eis, das gut ist **5.** der Barman sagt, dass es ein Telefon gibt **6.** der Angestellte sagt, dass man warten muss – So einen Angestellten kennen Sie bestimmt auch. **7.** das Geschäft, das du links siehst

**4. Etwas Gutes, etwas Schönes ... 1.** Voglio bere qualcosa di rinfrescante. Z. B. *una spremuta d'arancia,* einen Orangensaft. **2.** Voglio vedere qualcosa di bello. Z. B. *piazza Navona.* **3.** Voglio comprare qualcosa di carino. Z. B. *un vestito nuovo,* ein neues Kleid **4.** Voglio fare qualcosa di divertente. Z. B. *fare la spesa,* einkaufen **5.** Voglio trovare qualcosa di fantastico. Z. B. *un lavoro divertente,* eine unterhaltsame Arbeit **6.** Voglio mangiare qualcosa di buono. Z. B. *una pizza napoletana,* eine Pizza aus Napoli **7.** Voglio cercare qualcosa di eccezionale, z. B. *un taxi gratis,* ein kostenloses Taxi

**5. Ja oder nein ? 1.** no **2.** sì **3.** sì **4.** no – Es gibt bestimmt einen Bus, der dahin fährt, aber der Platz ist so nahe, dass sie lieber zu Fuß gehen. **5.** sì – Alle sind schrecklich müde! **Der Dialog:** C'è un bar qui vicino Giulio? *Vuoi bere qualcosa?* Sì, perché ho bisogno di qualcosa di rinfrescante. *C'è un bar molto carino in piazza Cavour.* Ma bisogna prendere l'autobus? *No, andiamo a piedi perché è qui vicino.* Molto bene, perché sono veramente stanca. *Sono stanco anch'io, Francesca.*

## T 2 Test

**1. Was stimmt? 1.** b **2.** c **3.** b **4.** c **5.** c **6.** a
**2. Frage und Antwort 1.** e **2.** f **3.** d **4.** a **5.** c **6.** b
**3. Wählen Sie immer nur eine Möglichkeit 1.** b **2.** c **3.** a **4.** c **5.** a **6.** a
**4. Sinn oder Unsinn? 1.** Essere o non essere, questo è il problema. **2.** Normalmente sono curiosi dalle 10.00 alle 11.00. **3.** Vuole provare mio marito? **4.** Quanto costa piazza Navona? **5.** Bevo alla salute di Sua sorella. **6.** Sabato faccio prezzi eccezionali.

# 9 A Übungen

**1. Was fehlt? 1.** bisogna **2.** più **3.** sono **4.** offro **5.** pieno
**2. Wie schreibt man richtig? 1.** a **2.** b **3.** b **4.** a
**3. *C'è* oder *ci sono?* 1.** Ci sono molti gusti. **2.** Ci sono negozi differenti. **3.** C'è un vestito bello.
**4.** Ci sono lavori interessanti. **5.** C'è un pranzo buono. **6.** C'è una strada piccola. **7.** Ci sono gelati
grandi. **8.** C'è una famiglia italiana. **9.** C'è molta gente. *La gente,* die Leute sind natürlich immer
mehrere, aber grammatikalisch stehen sie im Italienischen in der Einzahl.
**4. Der korrekte Satz 1.** Allora io faccio la fila. **2.** Prima bisogna fare lo scontrino. Hier könnte die
Zeitangabe *prima* auch ganz am Ende des Satzes stehen, also: *Bisogna fare lo scontrino prima.*
Aber der Einfachheit halber ist es besser, wenn Sie Ihre Sätze anhand des Dialogs der Lektion re-
konstruieren. **3.** Oggi offro io. **4.** Voglio vedere che gusti ci sono.
**5. Was macht Ciccio heute? 1.** Oggi Ciccio offre il gelato. **2.** Oggi Ciccio parla molto. **3.** Oggi Ciccio
va al bar. **4.** Oggi Ciccio compra i biglietti. **5.** Oggi Ciccio prende il bus. **6.** Oggi Ciccio mangia la
pizza. **7.** Oggi Ciccio fa la fila.

# 9 B Übungen

**1. Die richtige Reihenfolge 1.** C'è la panna? **4.** Certo. **3.** Allora prendo anche un po' di panna.
**2.** Va bene. Ecco il Suo gelato.
**2. Ich mag lieber 1.** Preferisco la fragola. **2.** Preferisco il caffè. **3.** Preferisco comprare un vestito.
**4.** Preferisco fare una pausa. **5.** Preferisco una spremuta d'arancia. **6.** Preferisco lo zabaione.
**3. Verbinden Sie 1.** a **2.** d **3.** c Hier ginge zwar auch e: *i signori più buoni,* aber dann bleibt für *i
gusti* nichts mehr übrig, deshalb: **4.** e **5.** b
**4. Setzen Sie den richtigen Artikel ein 1.** i **2.** lo **3.** il **4.** le **5.** la **6.** gli **7.** lo **8.** le **9.** l'
**5. Was bedeutet? 1.** Cosa significa «zabaione»? **2.** Cosa significa «scontrino»? **3.** Cosa significa
«fare la fila»? **4.** Cosa significa «insegnante»? **5.** Cosa significa «taglia»? **6.** Cosa significa «spre-
muta»? **7.** Cosa significa «ufficio»? **8.** Cosa significa «sinistra»? **9.** Cosa significa «vetrina»?
**1.** «Zabaione» significa „Zabaione". *Zabaione* braucht heutzutage eigentlich keine Übersetzung
mehr ins Deutsche. Im Wörterbuch findet man trotzdem noch das Wort „Eierflip". **2.** «Scontrino»
significa „Kassenbon". **3.** «Fare la fila» significa „Schlange stehen". **4.** «Insegnante» significa „Leh-
rer" oder „Lehrerin". **5.** «Taglia» significa „Größe". **6.** «Spremuta» significa „frisch gepresster Saft".
**7.** «Ufficio» significa „Büro". **8.** «Sinistra» significa „links". **9.** «Vetrina» significa „Schaufenster".

# 10 A Übungen

**1. Weißt du ... 1.** Sai dove c'è una banca? **2.** Sai che gusti ci sono? **3.** Sai cosa significa «scontri-
no»? **4.** Sai come arrivo a piazza Colonna? **5.** Sai quando sono aperti i negozi? **6.** Sai come si
chiama l'albergo?
**2. Auf Italienisch? 1.** È la tua gelateria preferita? **2.** Adesso non posso. **3.** Cosa significa «gente»?
**4.** Faccio la fila. **5.** Ti chiama domani mattina. Bisschen schwierig: Sie brauchen nämlich die dritte
Person von *chiamare,* aber das Pronomen *ti* der zweiten Person.
**3. Wie geht der Satz weiter? 1.** b **2.** d **3.** c **4.** a
**4. Frage oder Aussage? 1.** Aussage **2.** Frage **3.** Aussage **4.** Frage **5.** Aussage
**5. Ich muss ... 1.** Devo comprare da mangiare. **2.** Devo fare la fila. **3.** Devo decidere i gusti.
**4.** Devo pagare l'albergo. **5.** Devo fare lo scontrino. **6.** Devo aspettare l'autobus.

# 10 B Übungen

**1. Die richtige Antwort 1.** a **2.** b **3.** b Grammatikalisch könnte man auch sagen *Allora io faccio la
fila.* Aber es wäre schon seltsam, sich das Schlangestehen für den folgenden Tag vorzunehmen.
**4.** a

**2. Alles schon geschehen 1.** Ho portato pochi soldi. **2.** Ho parlato sempre io. **3.** Ho mangiato il gelato. **4.** Ho cambiato solo franchi. **5.** Ho comprato un vestito nuovo. **6.** Ho cercato un lavoro.

**3. Ist es möglich ...? 1.** È possibile cambiare franchi? **2.** È possibile telefonare con monete? **3.** È possibile andare in autobus? Hier könnte man auch *con l'autobus* sagen. **4.** E possibile fare colazione in albergo? Genauso wie es hier möglich wäre zu sagen *fare la colazione*. **5.** È possibile comprare il computer domani? **6.** E possibile prendere dieci gusti? Wem's davon nicht schlecht wird ...

**4. Welches Wort passt nicht in die Reihe? 1.** fidanzato, der ist nämlich (noch) nicht verwandt. **2.** cincin, denn es ist weder Gruß- noch Abschiedsfloskel. **3.** scontrino Wenn man den in Händen hält, ist man sein Geld schon los. **4.** grazie ist hier der einzige Dank, die anderen Wörter dienen der Bestätigung. **5.** gelateria, da gibt's nur Eis, aber kein Geld.

**5. Richtig oder falsch? 1.** falsch **2.** richtig **3.** falsch **4.** falsch **5.** richtig. **Der Dialog:** Buongiorno. È possibile cambiare euro? *Sì, certo. Come vuole cambiare gli euro?* In franchi. *Quanti euro vuole cambiare?* 500 euro. *500 euro sono 800 franchi.* Ah, il cambio è molto buono. *Sì, perché non deve pagare la commissione.* Allora cambio più soldi. 700 euro, per favore. *Come vuole signora. Sono lì 20 franchi. Prego.* Grazie. Arrivederci. *Arrivederci e grazie.*

## 11 A Übungen

**1. Was fehlt? 1.** quel **2.** pochi **3.** posso **4.** piace **5.** prendo **6.** ci

**2. Gibt es noch ...? 1.** C'è ancora del pane? **2.** C'è ancora del prosciutto crudo? Gekochter Schinken ist übrigens nicht *crudo,* sondern cotto. **3.** C'è ancora del formaggio? **4.** C'è ancora del caffè? **5.** Ci sono ancora dei panini? **6.** C'è ancora della spremuta d'arancia? **7.** Ci sono ancora dei biglietti?

**3. Verbinden 1.** d **2.** e Hier ließe sich auch an *gusti* denken, aber die werden an anderer Stelle noch gebraucht. **3.** b **4.** a **5.** c

**4. Alles etwas kleiner 1.** caciottina **2.** formaggino **3.** signorina bedeutet „Fräulein" **4.** telefonino ist ein kleines Telefon im Sinne von „Handy" **5.** stradina **6.** fratellini **7.** attimino **8.** monetina **9.** gelatino

**5. Befehlen auf Italienisch 1.** scusa! **2.** mangia! **3.** cerca! **4.** prova! **5.** lavora! **6.** telefona! **7.** parla! **8.** compra!

## 11 B Übungen

**1. Die richtige Antwort 1.** b **2.** a **3.** b Denn dass jemand nur ein paar hundert Gramm von Nix braucht, ist unwahrscheinlich. **4.** a

**2. *Mi piace* oder *mi piacciono?* 1.** Mi piacciono gli spinaci. **2.** Mi piace il prosciutto di Parma. **3.** Mi piace lo zabaione. **4.** Mi piacciono le fragole. **5.** Mi piacciono i pomodori. **6.** Mi piace la Germania. **7.** Mi piace fare la spesa. Das Einkaufen wird als eine Tätigkeit aufgefasst, deswegen steht auch *piacere* im Singular.

**3. Was möchten Sie? 1.** Vorrei dei pomodori. **2.** Vorrei un chilo di pane. **3.** Vorrei un'insalata. **4.** Vorrei un'informazione. **5.** Vorrei del prosciutto crudo. **6.** Vorrei quel formaggio lì. **7.** Vorrei cambiare 300 franchi.

**4. Was fehlt: *mi, ti* oder *Le?* 1.** Le **2.** mi – Das erkennt man an der Verbform im folgenden Satz: „Ich mag lieber Spinat." **3.** ti **4.** mi **5.** Le – Auch hier sieht man an der Verbform, dass gesiezt wird.

**5. Sinn oder Unsinn? 1.** Questa carta di credito è un po' piccante. Gar nicht so verkehrt, wenn man sich dabei einen Menschen mit saftig überzogenem Konto vorstellt. **2.** Vorrei comprare la madre. **3.** Posso pagare anche con panini? **4.** Un gelato, per favore, con un etto di formaggio, due etti di prosciutto e un po' di panna. **5.** Mi può dare due etti di questo ristorante?

## 12 A Übungen

**1. Räumen Sie auf 1.** Vorrei riservare un tavolo per stasera. Man könnte auch das *per stasera* an den Satzanfang stellen. **2.** Questo non è un ristorante. **3.** Non parlo con il ristorante «La vongola»? **4.** Scusa, quel formaggio come si chiama? Wenn das Fragezeichen nicht hinter *si chiama* stünde,

könnte der Satz auch anders lauten, nämlich: *Scusa, come si chiama quel formaggio?* **5.** Non fa niente.
**2. Die richtige Reihenfolge 2.** Pronto, parlo con il ristorante «La vongola»? **4.** No, questo non è un ristorante. **3.** Ah, mi scusi, ho sbagliato numero. **1.** Non c'è problema, non fa niente.
**3. Welche Form stimmt? 1.** b **2.** a **3.** a **4.** a **5.** a
**4. Mit wem spreche ich? 1.** Pronto, parlo con il ristorante «La vongola»? **2.** Pronto, parlo con la gelateria «Giolitti»? **3.** Pronto, parlo con il signor Crespi? **4.** Pronto, parlo con l'ufficio cambio? **5.** Pronto, parlo con l'albergo «Forum»? **6.** Pronto, parlo con la dottoressa Simonetti? Wenn Sie Fragen dieser Art am Telefon in Italien benutzen, kann es Ihnen passieren, dass Sie von einem Redeschwall überflutet werden. Da hilft nur die Notbremse *Non capisco!*
**5. Richtig oder falsch? 1.** falsch **2.** richtig **3.** falsch **4.** falsch **5.** falsch. **Der Dialog:** *Pronto?* Pronto, ciao Mario sono mamma. *Ah, ciao mamma. Cosa c'è?* Eh, bisogna comprare da mangiare e oggi io non posso. *Non c'è problema, vado io. Cosa devo comprare?* Due etti di prosciutto di Parma e un po' di formaggio. *Altro poi?* Ah sì, degli spinaci. *Mamma, sai che non mi piacciono gli spinaci.* E va bene, allora compra l'insalata e dei pomodori. *È tutto?* Sì, è tutto. Ci vediamo a pranzo. Ciao. *Ciao mamma.*

## 12 B  Übungen

**1. Um wie viel Uhr? 1.** Fai colazione alle otto e mezzo. **2.** Andiamo al ristorante alle otto meno un quarto (alle sette e tre quarti). **3.** C'è il pranzo all'una e mezzo. **4.** Vai al lavoro alle otto meno un quarto (alle sette e tre quarti). **5.** Ci vediamo sabato sera alle dieci e mezzo. **6.** L'autobus passa alle nove e un quarto. In Klammern steht immer die Alternative: Sie können entweder drei Viertel zur alten Stunde dazuzählen oder ein Viertel von der neuen Stunde abziehen.
**2. Es tut mir leid ... 1.** Mi dispiace, ma hon ci sono tavoli. **2.** Mi dispiace, ma non lo so. **3.** Mi dispiace, ma non mi piacciono gli spinaci. **4.** Mi dispiace, ma preferisco abitare da sola. **5.** Mi dispiace, ma non posso. **6.** Mi dispiace, ma non ho soldi. **7.** Mi dispiace, ma sono sposato.
**3. Bilden Sie Sätze in der Vergangenheit 1.** Ho sentito bene. **2.** Ha cambiato 300 (trecento) franchi. **3.** Ho capito tutto. **4.** Ha aspettato un'ora l'autobus. **5.** Hai preferito il formaggio piccante. **6.** Ha telefonato a Maria.
**4. Du oder Sie? 1.** Sie **2.** du **3.** Sie **4.** Sie **5.** du – Gemeines Beispiel: Das Verb steht in der dritten Person, aber trotzdem muss die Antwort „du" lauten, da ja nach *ti* gefragt wird: Schmeckt dir der Provolone? **6.** Sie
**5. Auf Italienisch? 1.** Non mi ricordo. Eigentlich: *Non mi posso ricordare.* **2.** Non mi piacciono i pomodori. **3.** A che ora c'è il pranzo? **4.** Non fa niente! **5.** Ci vediamo alle nove e mezzo in centro. Es ginge auch: *Ci vediamo in centro alle nove e mezzo.* Ja, sogar: *Alle nove e mezzo ci vediamo in centro.*

## T 3  Test

**1. Was stimmt? 1.** a **2.** b **3.** e **4.** a **5.** b **6.** b
**2. Frage und Antwort 1.** f **2.** a **3.** d **4.** e **5.** c **6.** b
**3. Wählen Sie immer nur eine Möglichkeit 1.** b **2.** b **3.** a **4.** a **5.** b **6.** c
**4. Sinn oder Unsinn? 1.** Mi dà cinque etti di Italia, per favore? **2.** Non capisco questo formaggio. **3.** È possibile cambiare gente? **4.** Fare la fila costa troppo poco. **5.** Prima bisogna prendere l'autobus, poi (bisogna) comprare i biglietti.

## 13 A  Übungen

**1. Die richtige Antwort 1.** b Ganz falsch ist *un pomodoro* nicht, aber der Kellner würde sehr verwundert reagieren. **2.** b Spaghetti kann man doch nicht trinken, oder? **3.** a Das Pronomen *la* bezieht sich auf *la pasta*. **4.** a Die Antwort b würde passen, wenn statt *piace piacciono* stehen würde: *spaghetti* ist nämlich Plural.

**2. ... nehm ich nicht!** **1.** La pasta? No, non la prendo. **2.** I panini? No, non li prendo. Das Pronomen stimmt nicht immer mit der Form des bestimmten Artikels überein. **3.** La panna? No, non la prendo. **4.** Gli spaghetti? No, non li prendo. **5.** L'acqua? No, non la prendo. **6.** La caciottina? No, non la prendo. **7.** Gli spinaci? No, non li prendo. **8.** L'insalata? No, non la prendo. **9.** I pomodori? No, non li prendo.

**3. *buono* oder *bene*?** **1.** buona – Weiblich, weil es sich auf Pasta bezieht. **2.** bene **3.** buono **4.** bene Ein Adverb, weil es sich auf die Tätigkeit *mangiare* bezieht. **5.** buoni **6.** buona **7.** bene

**4. Wo sind ... ?** **1.** Dove sono gli insegnanti? Die Regel kennen Sie ja schon: Vor männlichen Hauptwörtern, die mit Vokal oder s + Konsonant beginnen, ist der Pluralartikel *gli*. **2.** Dove sono gli scontrini? Haben Sie noch Probleme mit der Aussprache? Halten Sie fest: *gli* wird wie die Buchstabenkombination *lj* im Deutschen ausgesprochen. **3.** Dove sono gli uffici? **4.** Dove sono gli italiani? **5.** Dove sono gli spaghetti? **6.** Dove sono gli impiegati? **7.** Dove sono gli spinaci? **8.** Dove sono gli altri? **9.** Dove sono gli americani?

**5. Zu trinken?** **1.** Cosa porto da bere? – Una bottiglia di vino, per favore. **2.** Cosa porto da bere? – Una coca-cola, per favore. Dieser Frage könnten Sie auch mit der Gegenfrage: *Che c'è da bere?* entgegnen, wenn Sie erfahren möchten, was es alles zu trinken gibt. **3.** Cosa porto da bere? – Una spremuta d'arancia, per favore. **4.** Cosa porto da bere? – Un cognac, per favore. **5.** Cosa porto da bere? – Un aperitivo, per favore. **6.** Cosa porto da bere? – Una grappa, per favore. Passen Sie auf: *Grappa* ist weiblich, also *una grappa* und keinesfalls *un grappa,* weil man im Deutschen der „Weinbrand" sagt. **7.** Cosa porto da bere? – Una bottiglia d'acqua, per favore. Wenn Sie eine Flasche Wasser bestellen, kann oft noch gefragt werden, ob sie mit Kohlensäure *(gassata)* oder ohne *(liscia)* sein soll. **8.** Cosa porto da bere? – Un whisky, per favore.

## 13 B Übungen

**1. Was fehlt?** alle, piacciono – Das Verb muss im Plural stehen, da es sich auf *gli spaghetti* bezieht. **2.** ragù, specialità **3.** pesce. **4.** pesce, lo – Typisch für den italienischen Satzbau ist die Voranstellung des Objekts zur Hervorhebung: Danach ist aber eine Wiederholung in Form des Pronomens *(lo)* erforderlich. **5.** mangiano – Sie wissen schon: Steht das Objekt im Plural *(le tagliatelle)*, so leitet die unpersönliche Form *si* (= man) auch ein Verb im Plural *(mangiano)* ein.

**2. *lo, la, li* oder *le*?** **1.** Le tagliatelle? Sì, le prendo. **2.** L'acqua? Sì, la prendo. *Acqua* ist weiblich, deswegen das Pronomen *la.* **3.** Il cappuccino? Sì, lo prendo. **4.** Il vestito? Sì, lo prendo. **5.** I biglietti? Sì, li prendo. **6.** Il prosciutto? Sì, lo prendo. **7.** Lo scontrino? Sì, lo prendo. **8.** Le monete? Sì, le prendo. **9.** Lo zabaione? Sì, lo prendo.

**3. Verbinden Sie** **1.** e **2.** d **3.** f Andere Sprache, andere Fälle: Im Deutschen ist „Spinat" Singular, im Italienischen Plural. **4.** a **5.** b **6.** c

**4. Man isst** **1.** Si mangia la pasta. **2.** Si mangiano le tagliatelle. Wenn Sie hier größere Probleme haben, lesen Sie nochmals den Kommentar zu Übung 1, 5. durch. **3.** Si mangiano i pomodori. **4.** Si mangia il pesce. **5.** Si mangia il formaggio. **6.** Si mangiano gli spaghetti.

**5. *Scusi?* oder *Scusa?*** **1.** Scusi Das Verb *sa* steht in der dritten Person Singular: Bei einer Anrede ist dies die Höflichkeitsform, also muss es *scusi* heißen. **2.** Scusa Wenn jemand beim Kosenamen genannt wird, deutet dies auf eine vertraute Beziehung hin. **3.** Scusi Vergleichen Sie 1. **4.** Scusa **5.** Scusa **6.** Scusi Wenn man prüft, in welcher Person das Verb des zweiten Satzes steht, hat man hier schon die Lösung. **7.** Scusa

## 14 A Übungen

**1. Mit welchem Zug?** **1.** Vorrebbe partire con il treno delle 10.05 (dieci e cinque)? Im Gegensatz zum Deutschen wird bei solchen Angaben im Italienischen die Uhrzeit nachgestellt, also der „Zehn-Uhr-Zug" ist der *treno delle dieci*. **2.** Vorrebbe partire con il treno rapido? **3.** Vorrebbe partire con il treno delle 19.30 (diciannove e trenta)? **4.** Vorrebbe partire con il treno Eurostar? **5.** Vorrebbe partire con il treno delle 17.40 (diciassette e quaranta)? **6.** Vorrebbe partire con il treno per Amsterdam? **7.** Vorrebbe partire con il treno delle 9.10 (nove e dieci)? **8.** Vorrebbe partire con il treno per Bologna?

**2. *di* in allen Variationen 1.** dell' – *Autobus* fängt mit einem Vokal an, deswegen hat es den Artikel *l'*. Zusammen mit der Präposition *di* ergibt sich dann *dell'*. **2.** di – Wäre *un po'* nicht da gewesen, hätte man *del* schreiben können, aber in dieser Fügung gibt es nur die Möglichkeit *di*. **3.** delle – Uhrzeiten stehen immer im Plural, mit Ausnahme von 1:00 Uhr. **4.** di **5.** dei – In der Bedeutung einige „Brötchen". **6.** di – Eine weitere Möglichkeit wäre *d'* gewesen, da das nachfolgende Wort mit einem Vokal anfängt. **7.** di **8.** del – In der Bedeutung von „etwas Brot".

**3. Ordnen Sie den Satzsalat 1.** È un treno rapido con prenotazione obbligatoria. **2.** Vorrebbe partire con il treno delle 17.00? **3.** Per l'Eurostar bisogna pagare un supplemento. Auch möglich: *Bisogna pagare un supplemento per l'Eurostar.* **4.** Un biglietto per Bologna quanto costa? Auch möglich: *Per Bologna quanto costa un biglietto?* oder *Quanto costa un biglietto per Bologna?*

**4. Antwort und Frage 1.** b Ohne Logik kommt man nicht weiter: Ist die Antwort eine Preisangabe, muss es zuvor eine Frage nach dem Preis gegeben haben. **2.** c **3.** d **4.** a

**5. Ja oder nein? 1.** no – Sie kennen diesen Übungstyp schon und wissen, wie Sie vorgehen können: Hören Sie den Dialog noch einmal an, wenn Sie unsicher sind. Im Anschluss an diese Lösungen finden Sie auf alle Fälle die schriftliche Wiedergabe. **2.** sì **3.** no – Wir erfahren zwar nicht genau, ob Brigitte den Zuschlag tatsächlich zahlt, aber wir gehen davon aus, dass sie es als gewissenhafte Geschichtslehrerin tut. **4.** sì **5.** no – Ciccio stellt Brigitte die Frage, ob sie wirklich fahren will. Von ihm ist gar nicht die Rede. **6.** sì. **Der Dialog:** Quando parti per Bologna, Brigitte? *Domani mattina.* E quale treno prendi? *Prendo il treno delle 11.15.* È un teno rapido, vero? *Sì, è un Intercity.* Sai che bisogna pagare un supplemento? *Sì, lo so.* E quanto costa? *Il biglietto e il supplemento sono 34 euro.* Andata e ritorno? *No, solo andata.* Oddio, costa molto! *Ma no, Ciccio...* Brigitte? Sì? Vuoi veramente partire? *Non voglio, ma devo partire...*

## 14 B Übungen

**1. *Ecco!* 1.** Dammi la valigia! – Sì, eccola. Aufgepasst: Die Betonung ist immer auf der ersten Silbe. **2.** Dammi il telefono! – Sì, eccolo. **3.** Dammi i biglietti! – Sì, eccoli. **4.** Dammi le verdure! – Sì, eccole. **5.** Dammi lo scontrino! – Sì, eccolo. **6.** Dammi la borsetta! – Sì, eccola. **7.** Dammi il vestito! – Sì, eccolo. **8.** Dammi le sigarette! – Sì, eccole. **9.** Dammi il vino! – Sì, eccolo.

**2. Welche Präposition fehlt? 1.** delle (= *di* + *le*) **2.** nella (= *in* + *la*) **3.** del (= *di* + *il*) **4.** dei (= *di* + *i*) **5.** nel (= *in* +*il*) **6.** dell'(= *di* + *l'*) **7.** nella (= *in* + *la*) **8.** del (= *di* + *il*)

**3. Die richtige Reihenfolge** 2., 1., 3., 4.

**4. Musst du das tun? 1.** Devi chiamare Ciccio? Fragt der eifersüchtige Ehemann. **2.** Devi pagare un supplemento? **3.** Devi veramente partire? Fragt der Liebhaber. **4.** Devi fare la fila? Fragt der Vordrängler. **5.** Devi pagare in contanti? Fragt der Kreditkartenfan. **6.** Devi telefonare nel pomeriggio?

**5. Auf Italienisch 1.** L'Eurostar è un treno con prenotazione obbligatoria. **2.** Vorrebbe partire nel pomeriggio? Statt *vorrei* könnte man hier auch *vuole* schreiben. **3.** Quando sono in viaggio sono sempre confusa. **4.** Quando sei a Bologna mi chiami? Den Satz kann man auch umdrehen: *Mi chiami quando sei a Bologna!* **5.** Vorrei un biglietto di seconda classe, andata e ritorno. **6.** Deve pagare un supplemento.

## 15 A Übungen

**1. Wo bist du wann gewesen, Brigitte? 1.** Sono stata in Italia due anni fa. **2.** Sono stata a Roma cinque giorni fa. *Fa* ist praktischerweise unveränderlich. **3.** Sono stata al bar tre ore fa. **4.** Sono stata in centro due giorni fa. **5.** Sono stata in America quattro anni fa. **6.** Sono stata al negozio di alimentari un'ora fa.

**2. Die richtige Frage 1.** b Die richtige Antwort für Frage a müsste lauten: *Dov'è l'ascensore!* **2.** a **3.** b **4.** a Eine mögliche Antwort für Frage b könnte sein: *Sì, una camera singola con bagno.*

**3. Zimmer mit Aufzug 1.** sesto **2.** settimo **3.** decimo **4.** quinto **5.** nono Schreiben Sie und sprechen Sie *nono* keinesfalls mit zwei *n*: Sie würden damit ein ganz anderes Wort erzeugen: der Opa (= *nonno*). **6.** quarto **7.** ottavo **8.** terzo

**4. Füllen Sie die Lücken 1.** Vorrei una camera singola con bagno. Alternativen zu *bagno* werden Sie im nächsten Dialog kennen lernen: *televisore* (= Fernseher), *vista* (= Aussicht), *doccia* (= Dusche), *frigobar* (= Eisschrank) **2.** Allora dal 20 al 26. „Von ... bis" heißt auf Italienisch *da ... a*, sowohl für Orte als auch für Zeitangaben. **3.** Sono già stata in Italia due anni fa. Wenn ein Mann spricht, müsste er statt *stata stato* sagen. **4.** Ho ancora una camera al sesto piano.

**5. Verbinden Sie 1.** c **2.** d Passen Sie auf den falschen Freund *documento* auf: Hier bedeutet es „Ausweis" und nicht „Dokument". **3.** e **4.** f Wörtlich heißt *Per quanto tempo?* „Für wie viel Zeit?" **5.** a **6.** b

## 15 B Übungen

**1. Ein anderes Zimmer 1.** Non ha una camera meno rumorosa dell'altra? Sagen Sie, wenn das Zimmer zu laut ist. **2.** Non ha una camera più bella dell'altra? Sagen Sie, wenn das Zimmer nicht so schön ist. **3.** Non ha una camera più carina dell'altra? Sagen Sie, wenn das Zimmer nicht so hübsch ist. **4.** Non ha una camera meno grande dell'altra? Sagen Sie, wenn das Zimmer zu groß ist. **5.** Non ha una camera più piccola dell'altra? Diese Frage hat die gleiche Bedeutung wie Frage Nr. 4. **6.** Non ha una camera meno strana dell'altra? Sagen Sie, wenn das Zimmer sehr seltsam ist. **7.** Non ha una camera più elegante dell'altra? Sagen Sie, wenn das Zimmer nicht gerade elegant eingerichtet ist.

**2. *Fra* oder *fa*? 1.** fra. **2.** fa – Sie wissen: *Fra* deutet in die Zukunft und steht vor der Zeitangabe, *fa* dagegen bezieht sich auf die Vergangenheit und steht nach der Zeitangabe. **3.** fa **4.** fra **5.** fra **6.** fa **7.** Fra **8.** fa

**3. Füllen Sie die Lücken 1.** Ho ordinato le tagliatelle al ragù. Auch möglich: *Ho portato,* wenn ein Kellner damit gemeint ist. **2.** Dove sei stato ieri Ciccio? **3.** Può ripetere per favore, non ho sentito. **4.** Il signore è stato a Firenze due giorni fa. **5.** Questo non è un ristorante. Ha sbagliato numero. **6.** Ho portato troppo pochi soldi. Auch möglich: *Ho ordinato,* wenn damit ein Bankgeschäft gemeint ist. **7.** L'elettricista ha controllato il televisore. Denkbar wäre auch *sbagliato,* im Sinne, dass der Elektriker den falschen Fernseher überprüft hat. **8.** Io sono stato in albergo due ore fa.

**4. Ich möchte ein Zimmer ... 1.** Vorrei una camera singola. Sie können auch nur *Vorrei una singola* sagen. **2.** Vorrei una camera con televisore. **3.** Vorrei una camera con bagno. **4.** Vorrei una camera matrimoniale. **5.** Vorrei una camera con vista sul mare. **6.** Vorrei una camera con frigobar. **7.** Vorrei una camera con doccia. Auch eine *camera con bagno* könnte nur eine Dusche haben (und keine Wanne), wenn Sie aber gezielt nach einem Zimmer mit Dusche fragen, heißt es, dass Sie etwas weniger bezahlen möchten.

## 16 A Übungen

**1. Langweiliges Leben 1.** Non vado mai al ristorante. Sagt der Sparsame. **2.** Non mangio mai il gelato. Sagt, wer auf die Figur achtet. In diesem und den folgenden Sätzen (außer 6.) könnte auch einfach der Plural ohne Artikel stehen *(gelati)*. **3.** Non faccio mai un giro per Bologna. Sagt der Faulpelz. **4.** Non prendo mai una camera in albergo. Sagt der Campingfan. **6.** Non vado mai al museo. Sagt der Banause.

**2. Die richtige Frage 1.** a **2.** b Frage a würde passen, wenn die Antwort in der Vergangenheit stehen würde: *Purtroppo non ho mai avuto tempo.* **3.** b **4.** a

**3. Was gibt's? 1.** C'è qualcosa di rinfrescante da bere? Mögliche Antwort: *Sì, una spremuta d'arancia.* **2.** C'è qualcosa di bello da vedere? Mögliche Antwort: *Sì, i musei di Bologna.* **3.** C'è qualcosa di buono da mangiare? Mögliche Antwort: *Sì, gli spaghetti alle vongole.* **4.** C'è qualcosa di divertente da fare? Mögliche Antwort: *Sì, un giro per la città.*

**4. Die richtige Reihenfolge 1.** Posso fare un giro per Bologna. **2.** Non sono mai stata a Bologna. **3.** Ma se vuole Le do una guida. Möglich wäre auch: *Ma Le do una guida se vuole.* **4.** Ci sono dei musei molto belli da vedere. Möglich wäre auch: *Da vedere ci sono dei musei molto belli.*
**5. Ja oder nein?** Wenn Sie größere Probleme mit dieser Übung hatten, können Sie auch, bevor Sie die Lösungen überprüfen, den Dialog noch einmal hören und ihn gleichzeitig lesen: Er steht im Anschluss: **1.** sì **2.** no. **3.** sì **4.** no **5.** no **6.** sì. **Der Dialog:** Quando parte, signora Müller? *Oggi pomeriggio con il treno delle 16.40.* Allora ha ancora tempo per fare un giro. *Sì, dottor Rossi, volentieri.* Lei la città la conosce bene? *No, è la prima volta che sono qui.* La prima volta? *Sì, non sono mai stata a Firenze.* Forse vuole vedere un museo? *Mmh ... preferisco fare un giro in centro.* Bene. Così può anche comprare un souvenir. *Benissimo!*

## 16 B Übungen

**1. Nix und wieder nix 1.** Non ho detto niente. Als Antwort auf die Frage: Hast du das Geheimnis verraten? **2.** Non ho ordinato niente. Als Antwort auf die Frage: *Hai ordinato qualcosa?* **3.** Non ho visto niente. Als Antwort auf die Frage: Hast du den Mörder gesehen? **4.** Non ho sentito niente. Als Antwort auf die Frage: Hast du das Neueste erfahren? **5.** Non ho comprato niente. Als Antwort auf die Frage: Wie war der Sommerschlussverkauf? **6.** Non ho fatto niente. Als Antwort auf den Vorwurf: Es ist deine Schuld. **7.** Non ho mangiato niente. Als Antwort auf die Frage: Wer hat den Kühlschrank geleert? **8.** Non ho capito niente. Als Antwort auf mehrere schnell gesprochene italienische Sätze. **9.** Non ho pagato niente. Als Antwort auf die Frage: Was kostet ein Glas Leitungswasser in der Bar?
**2. Füllen Sie die Lücken 1.** chiuso **2.** fatto – Eine andere Möglichkeit wäre *comprato*. **3.** il cartello **4.** alla, niente **5.** visitare – Eine andere Möglichkeit wäre *vedere*. **6.** aperte
**3. Ersetzen Sie das Schräggedruckte 1.** d. **2.** e **3.** f. **4.** c *Parlare* ist ein intransitives Verb (d. h. besitzt kein direktes Objekt), deswegen fällt *niente* weg. **5.** b **6.** a
**4. Schon erledigt 1.** Ho già fatto la colazione. In der Regel bildet das Paar Hilfsverb – Partizip eine Einheit, wenn nicht Adverbien wie *già, mai* oder *ancora* dazwischenkommen **2.** Ho già fatto il biglietto. **3.** Ho già fatto la spesa. **4.** Ho già fatto lo scontrino. **5.** Ho già fatto la prenotazione. **6.** Ho già fatto l'insalata. **7.** Ho già fatto lo shopping. **8.** Ho già fatto la camera.
**5. Auf Italienisch? 1.** Non ho mai visto il cartello. **2.** Il museo è chiuso per mancanza di personale. Auch möglich: *Per mancanza di personale il museo è chiuso.* **3.** Ciccio non mi ha detto niente. Den Namen Ciccio könnte man eventuell ganz nach hinten verschieben. **4.** Vorrei fare un giro per Roma. **5.** Nel pomeriggio vado a visitare una chiesa. Statt *visitare* könnte man auch das Verb *vedere* gebrauchen. **6.** Forse Le posso dare la mia guida.

## T 4 Test

**1. Was stimmt? 1.** b **2.** b **3.** b **4.** a **5.** a **6.** e
**2. Frage und Antwort 1.** c **2.** a **3.** f **4.** d **5.** b **6.** e
**3. Wählen Sie immer nur eine Möglichkeit 1.** b **2.** a **3.** a **4.** b **5.** c **6.** a
**4. Sinn oder Unsinn? 1.** Scusi, ma non funziona la mia insalata. **2.** Questa famiglia è più rumorosa dell'altra. **3.** Vorrei visitare la mancanza di personale. **4.** C'è una chiesa rinfrescante qui vicino? **5.** Due ore fa Brigitte è stata un'altra persona. **6.** Ha una notte con ascensore?

## 17 A Übungen

**1. Was fehlt? 1.** qualcosa **2.** mal **3.** meglio **4.** si – Eines der wenigen Beispiele, bei dem *si* sowohl mit „man" als auch mit „sich" übersetzt werden kann.
**2. Darf ich ...? 1.** Posso dare un consiglio? – Sì, lo può dare. **2.** Posso provare le pillole? – Sì, le può provare. **3.** Posso chiamare la dottoressa Giglio? – Sì, la può chiamare. **4.** Posso prendere le medicine? – Sì, le può prendere. **5.** Posso scrivere i numeri? – Sì, li può scrivere.

**3. Ich habe ...schmerzen 1.** Ho mal di gola. **2.** Ho mal di testa. **3.** Ho mal di schiena. **4.** Ho mal di denti. **5.** Ho mal di orecchie. **6.** Ho mal di pancia. **7.** Ho mal di cuore. **8.** Ho mal di Germania. Die Sätze **7.** und **8.** könnte der Italiener in Deutschland auch zusammenfassen zu *Ho nostalgia di casa.* (= Ich habe Heimweh.)

**4. Räumen Sie auf 1.** Ha qualcosa per il raffreddore? **2.** Mi sa dire forse un dottore? Das *forse* könnte man auch ganz an den Anfang oder ganz ans Ende des Satzes stellen: *Forse mi sa dire un dottore?* oder *Mi sa dire un dottore forse?* **3.** Le posso dare un consiglio? Auch hier ist eine Umstellung möglich: Man kann das Pronomen „Le" auch an den Infinitiv *dare* anhängen, dann fällt das Ende weg, also: *Posso darle un consiglio?* Sieht seltsam aus mit dem Großbuchstaben in der Mitte, ist aber richtig. **4.** È meglio se sta a casa.

**5. *Parole magiche* – Zauberworte 1.** Cosa significa ... ? **2.** Come si dice in italiano ... ? **3.** Come si scrive ... ? **4.** Può ripetere? **5.** Non ho capito.

## 17 B Übungen

**1. Die richtige Reihenfolge** 4. 2. 1. 3.

**2. Die zehn Gebote 1.** Non ti preoccupare! **2.** Non fumare in ufficio! **3.** Non mangiare troppi gelati! **4.** Non lavorare la domenica! **5.** Non dire: maledizione! **6.** Non aspettare la fine del mondo! **7.** Non andare senza pagare! **8.** Non rimanere senza scontrino! **9.** Non capire male! **10.** Non cambiare sempre marito! Ist hier vielleicht Elizabeth Taylor angesprochen?

**3. Schon geschehen? 1.** Hai già preso le medicine? **2.** Hai già fatto il biglietto? **3.** Hai già visto il dottore? **4.** Hai già ordinato il primo? **5.** Hai già scritto il numero telefonico? **6.** Hai già detto che non è possibile?

**4. Wie geht der Satz weiter? 1.** c **2.** b **3.** e **4.** d **5.** a

**5. Gerade jetzt! 1.** Proprio adesso che sei a Roma! **2.** Proprio adesso che arriva mio marito! **3.** Proprio adesso che ti ho portato una tisana! **4.** Proprio adesso che ho mal di schiena! **5.** Proprio adesso che parte il treno! **6.** Proprio adesso che ho fatto la spesa! **7.** Proprio adesso che ho preso una camera singola! **8.** Proprio adesso che ho riservato un tavolo! **9.** Proprio adesso che sono stata ad Amsterdam!

## 18 A Übungen

**1. Die richtige Antwort 1.** b **2.** a **3.** b **4.** b

**2. Alles fließt 1.** Le cose stanno cambiando. **2.** Il marito sta aspettando. **3.** Laura sta telefonando. **4.** L'elettricista sta lavorando. **5.** Il treno sta arrivando. **6.** Io sto cercando il dottor Miglio.

**3. Hängt ab von ... 1.** Dipende dalla storia delle città. **2.** Dipende dal dottore. **3.** Dipende da tua madre. **4.** Dipende dalle medicine. **5.** Dipende dal traffico. **6.** Dipende da Brigitte.

**4. Welches Wort passt nicht in die Reihe? 1.** senso, denn es ist ein Substantiv, keine Verbform. *Senso* heißt übrigens „Sinn". **2.** angelo – Das geflügelte Wesen mag zwar gute Eigenschaften haben, ist aber kein Eigenschaftswort, kein Adjektiv. **3.** smog würde Otto Normalverbraucher antworten, da es sich bei *smog* nicht um eine Medizin handelt. Ciccio würde vermutlich *tisana* antworten, da er *Respirosan, Guttosan* und *smog* gleichermaßen für Gift hält. **4.** bisogna steht als einziges Wort der Reihe nicht in der Vergangenheit.

**5. Raten Sie auf Italienisch 1.** ecologista **2.** pazienza **3.** raffreddore – Man könnte aber auch einfach am *freddo,* an der Kälte leiden **4.** angelo

## 18 B Übungen

**1. Wie geht der Satz weiter? 1.** d **2.** e **3.** a **4.** b **5.** c

**2. Auf Deutsch? 1.** Die Dinge ändern sich (sind dabei, sich zu ändern). **2.** Man muss nur auf die Straße schauen (meint: Man muss sich nur auf der Straße umschauen; Es genügt, sich auf der Straße umzuschauen.) **3.** Denkst du nicht, du übertreibst? (Kommt es dir nicht so vor, als würdest du übertreiben? Ist zwar eine wörtlichere, aber eine umständlichere Übersetzung.) **4.** Man muss etwas Geduld haben. **5.** Ich zeige dir, dass du dich irrst (eigentlich: Ich mache dich sehen ...)

**3. Ich zeige dir ... 1.** Ti faccio vedere che ti sbagli. **2.** Ti faccio vedere mia sorella. **3.** Ti faccio vedere cosa c'è per strada. **4.** Ti faccio vedere che le cose sono differenti. **5.** Ti faccio vedere un angelo. **6.** Ti faccio vedere come si scrive Miglio. **7.** Ti faccio vedere cosa non funziona. **8.** Ti faccio vedere che ci sono metodi migliori. **9.** Ti faccio vedere la tisana.

**4. *Mi, ti* oder *si*? 1.** mi – Hier wäre auch *ti* möglich **2.** ti **3.** si **4.** si **5.** ti **6.** ti; mi

**5. Ja oder nein? 1.** no **2.** no **3.** no **4.** sì – Ist Interpretationssache, ob man Luisas Nachhaken für Vorwürfe hält **5.** no. Der **Dialog:** Natura, natura, natura. Si parla sempre di natura. *Sì, Sandro, ma qual è il problema?* Ci sono cose più importanti della natura. *Cosa è più importante della natura?* La famiglia. *Ha, ha, ha. Proprio tu parli di famiglia!* Perché forse io non posso? *Ma se non vai mai a visitare tua madre!* Luisa, stai esagerando. Vado una volta ogni mese. *Beh, mi sembra veramente poco.* Sai una cosa, Luisa? *Sì, dimmi.* Non voglio più parlare con te. *Ma Sandro, non fare così.*

# 19 A Übungen

**1. Die richtige Frage 1.** b **2.** a **3.** b **4.** a

**2. Würde es dir nicht gefallen ...? 1.** Non ti piacerebbe restare ancora un po'? **2.** Non ti piacerebbe essere un angelo? Uff, das wäre ein anstrengendes Leben! **3.** Non ti piacerebbe conoscere mia sorella? **4.** Non ti piacerebbe provare dei metodi naturali? **5.** Non ti piacerebbe esagerare un po'? **6.** Non ti piacerebbe stare a casa mia? **7.** Non ti piacerebbe tornare fra un anno? **8.** Non ti piacerebbe bere una tisana?

**3. *Devo, posso* oder *voglio?* 1.** devo **2.** posso – Hier wäre auch *devo* denkbar im Sinne von „Soll ich Ihnen einen Rat geben?" **3.** voglio – Aber im Grunde gehen alle drei. **4.** posso **5.** Voglio – Hier ginge auch *posso.*

**4. Finden Sie das Gegenteil 1.** d **2.** a **3.** g **4.** b **5.** e Ist eigentlich kein richtiges Gegenteil, aber man versteht schon, wie's gemeint ist. **6.** h **7.** c **8.** f

# 19 B Übungen

**1. Verbinden Sie 1.** d **2.** e **3.** c **4.** b **5.** a

**2. Mehr und mehr 1.** bravissima **2.** grandissimo **3.** buonissimo **4.** importantissimo **5.** mammissima

**3. Mach, was ich dir sage, Ciccio! 1.** Dimmi Ciccio! **2.** Scusami Ciccio! **3.** Sentimi Ciccio! **4.** Ricordati Ciccio! **5.** Pensami Ciccio! **6.** Aspettami Ciccio! **7.** Guardami Ciccio! **8.** Portami Ciccio!

**4. Ja, aber nicht so! 1.** Sì, ma non come pensi tu. **2.** Sì, ma non come vuole mia sorella. **3.** Sì, ma non come ti piacerebbe. **4.** Sì, ma non come un angelo. **5.** Sì, ma non come dice il dottor Miglio. **6.** Sì, ma non come si fa in Italia. **7.** Sì, ma non come hai fumato ieri. **8.** Sì, ma non come si mangia al ristorante cinese.

# 20 A Übungen

**1. Frage und Antwort 1.** c **2.** e **3.** a **4.** b **5.** d

**2. Das hat mir am meisten gefallen 1.** La fontana di Trevi mi è piaciuta più di tutto. **2.** I pomodori mi sono piaciuti più di tutto. **3.** La sorella di Ciccio mi è piaciuta più di tutto. **4.** La tisana al timo e comino mi è piaciuta più di tutto. Das sagt der Gesundheitsapostel. **5.** Stare a casa tua mi è piaciuto più di tutto. **6.** Gli spaghetti alle vongole mi sono piaciuti più di tutto.

**3. Räumen Sie auf 1.** Cosa ti è piaciuto più di tutto? **2.** Perché hai fatto una domanda stupida. **3.** Forse ci sarebbe una possibilità. Das *forse* kann auch am Ende des Satzes stehen. **4.** Voglio tornare a aitti i costi. **5.** Ti devo chiedere una cosa.

**4. Die Wahrheit ist ... 1.** La verità è che sono stata molto bene con te. **2.** La verità è che preferisco tua sorella. **3.** La verità è che non ho soldi. Eine bittere Wahrheit! **4.** La verità è che non ti ho detto la verità. Erinnert an die Geschichte vom kretischen Lügner: Wenn der Kreter sagt, dass alle Kreter lügen, soll man ihm dann glauben oder nicht? **5.** La verità è che vorrei restare in Italia. **6.** La verità è che ho sbagliato. **7.** La verità è che sono sposato. **8.** La verità è che non c'è una verità. Philosophie-Grundkurs. **9.** La verità è che se vuoi puoi.

**5. Auf Italienisch 1.** Non fare domande stupide! **2.** Solo tua madre sa la verità. **3.** Bello, veramente molto bello. Più bello non si può. **4.** Mi è piaciuto di più il formaggio. **5.** Essere o non essere, questo è il problema.

## 20 B Übungen

**1. Die richtige Reihenfolge 2. 1. 4. 3.**

**2. Füllen Sie die Lücken 1.** puoi **2.** devi/vuoi **3.** vuoi **4.** voglio/devo **5.** posso

**3. Es gibt etwas ... 1.** C'è una cosa che non ti ho detto. **2.** C'è una cosa che non va bene. **3.** C'è una cosa che può cambiare tutto. **4.** C'è una cosa che non so. **5.** C'è una cosa che bisogna rimandare. **6.** C'è una cosa che vorrei comprare. **7.** C'è una cosa che ho capito male. **8.** C'è una cosa che non mi piace.

**4. Wie geht der Satz weiter? 1.** d **2.** a **3.** b **4.** e **5.** c

**5. Geht es wirklich nicht? 1.** Davvero non puoi rimandare la partenza. **2.** Davvero non puoi insistere un po'? **3.** Davvero non puoi aspettare qualche minuto? **4.** Davvero non puoi restare più tempo? **5.** Davvero non puoi andare a vivere da solo? **6.** Davvero non puoi prendere il treno con me? **7.** Davvero non puoi cambiare la tua vita?

## T 5 Test

**1. Was stimmt? 1.** b **2.** b **3.** b **4.** c **5.** b **6.** c

**2. Antwort und Frage 1.** d **2.** c **3.** e **4.** a **5.** f **6.** b

**3. Wählen Sie immer nur eine Möglichkeit 1.** b **2.** c **3.** c **4.** a **5.** a **6.** b

**4. Sinn oder Unsinn? 1.** Davvero non puoi cambiare la tua vita? **2.** Spesso la verità è una cosa stupida. **3.** È meglio se uno non si innamora da solo. **4.** Sarebbe bello esagerare un po'. **5.** Fra quattro giorni voglio essere come un angelo. **6.** Ha qualcosa per il mal di vita?

# Kurzgrammatik K

## Das Verb *Das Präsens*

### Regelmäßige Konjugation

| | Verben auf -are | | | Verben auf -ere | |
|---|---|---|---|---|---|
| | **lavorare** | arbeiten | | **prendere** | nehmen |
| io | lavor-o | ich arbeite | io | prend-o | ich nehme |
| tu | lavor-i | du arbeitest | tu | prend-i | du nimmst |
| lui/lei/Lei | lavor-a | er/sie arbeitet | lui/lei/Lei | prend-e | er/sie nimmt |
| | | Sie arbeiten | | | Sie nehmen |
| noi | lavor-iamo | wir arbeiten | noi | prend-iamo | wir nehmen |
| voi | lavor-ate | ihr arbeitet | voi | prend-ete | ihr nehmt |
| | | Sie arbeiten | | | Sie nehmen |
| loro | lavor-ano | sie arbeiten | loro | prend-ono | sie nehmen |

Genauso (Verben auf -*are*): arrivare, aspettare, cambiare, cercare (cer**ch**i, cer**ch**iamo), chiamare, comprare, costare, fumare, guardare, lavorare, mangiare, pagare (pa**gh**i, pa**gh**iamo), portare, provare, telefonare, tornare, trovare.
Genauso (Verben auf -*ere*): chiedere, chiudere, piacere, ripetere, vedere, vivere

| | Verben auf -ire | | | | |
|---|---|---|---|---|---|
| | **dormire** | schlafen | | **capire** | verstehen |
| io | dorm-o | ich schlafe | io | cap-isc-o | ich verstehe |
| tu | dorm-i | du schläfst | tu | cap-isc-i | du verstehst |
| lui/lei/Lei | dorm-e | er/sie schläft | lui/lei/Lei | cap-isc-e | er/sie versteht |
| | | Sie schlafen | | | Sie verstehen |
| noi | dorm-iamo | wir schlafen | noi | cap-iamo | wir verstehen |
| voi | dorm-ite | ihr schlaft | voi | cap-ite | ihr versteht |
| | | Sie schlafen | | | Sie verstehen |
| loro | dorm-ono | sie schlafen | loro | cap-isc-ono | sie verstehen |

Genauso (Verben auf -*ire*): offrire, partire, sentire
Genauso (Verben auf -*ire* mit der -*isc*-Silbe): preferire, finire (aufhören)
Zwei sehr wichtige unregelmäßige Verben:

| | essere | sein | | avere | haben |
|---|---|---|---|---|---|
| io | sono | ich bin | io | ho | ich habe |
| tu | sei | du bist | tu | hai | du hast |
| lui/lei/Lei | è | er/sie ist | lui/lei/Lei | ha | er/sie hat |
| | | Sie sind | | | Sie haben |
| noi | siamo | wir sind | noi | abbiamo | wir haben |
| voi | siete | ihr seid | voi | avete | ihr habt |
| | | Sie sind | | | Sie haben |
| loro | sono | sie sind | loro | hanno | sie haben |

**Reflexive Verben:**

|  | **chiamarsi** | sich nennen (heißen) |
|---|---|---|
| mi | chiamo | ich nenne mich |
| ti | chiami | du nennst dich |
| si | chiama | er/sie nennt sich; Sie nennen sich |
| ci | chiamiano | wir nennen uns |
| vi | chiamate | ihr nennt euch |
| si | chiamano | sie nennen sich |

Genauso: preoccuparsi, sbagliarsi, vedersi

**Unregelmäßige Verben:**

|  | **fare** | machen |  | **andare** | gehen, fahren |
|---|---|---|---|---|---|
| io | faccio | ich mache | io | vado | ich gehe |
| tu | fai | du machst | tu | vai | du gehst |
| lui/lei/Lei | fa | er/sie macht | lui/lei /Lei | va | er/sie geht |
|  |  | Sie machen |  |  | Sie gehen |
| noi | facciamo | wir machen | noi | andiamo | wir gehen |
| voi | fate | ihr macht | voi | andate | ihr geht |
|  |  | Sie machen |  |  | Sie gehen |
| loro | fanno | sie machen | loro | vanno | sie gehen |

**Stare + Gerundium:**

| io | sto | } | | ich esse gerade |
|---|---|---|---|---|
| tu | stai | | mangiando | du isst gerade |
| lui/lei/Lei | sta | | | er/sie isst gerade |
|  |  | | | Sie essen gerade |

| noi | stiamo | } | | wir essen gerade |
|---|---|---|---|---|
| voi | state | | mangiando | ihr esst gerade |
| loro | si | | | sie essen gerade |

Die konjugierte Form von *stare* – gefolgt vom Gerundium – gebraucht man, um gerade ablaufende Handlungen auszudrücken.

Das Gerundium der Verben auf *-are* wird mit dem Anhängen der Endung *-ando* an den Verbstamm gebildet, das der Verben auf *-ere* und *-ire* durch Anhängen der Endung *-endo*:

mangi-are → mangiando
ved-ere → vedendo
sent-ire → sentendo

## Das Verb  Die Vergangenheit: Das Perfekt - il passato prossimo

| Ieri **ho comprato** una guida di Roma. | Gestern habe ich einen Romführer gekauft. |
|---|---|
| Francesca **è arrivata** due giorni fa. | Francesca ist vor zwei Tagen angekommen. |

Das Partizip Perfekt wird so gebildet:
1. die Konjugation der Hilfsverben *avere* (haben) oder *essere* (sein)
2. das Partizip Perfekt (comprato, arrivata)

*Avere* (haben) gebraucht man mit transitiven Verben (Verben, die ein Akkusativobjekt haben), *essere* (sein) dagegen mit intransitiven Verben (Verben, die kein Akkusativobjekt haben), vornehmlich Verben der Bewegung.

Das regelmäßige Partizip wird so gebildet:

| | | | |
|---|---|---|---|
| Verben auf **-are:** | Verbstamm + Endung **-ato:** | comprare | → compr-ato |
| Verben auf **-ere:** | Verbstamm + Endung **-uto:** | ripetere | → ripet-uto |
| Verben auf **-ire:** | Verbstamm + Endung **-ito:** | sentire | → sent-ito |

Mit *avere* ändert sich das Partizip in der Regel nicht, mit *essere* dagegen stimmt es mit dem Subjekt überein:

| | männlich | weiblich |
|---|---|---|
| Singular | -o | -a |
| Plural | -i | -e |

Beispiele: Luigi è arrivat**o** ieri.
Francesca è arrivat**a** due giorni fa.
I fratelli ancora non sono arrivat**i**.
Sono già arrivat**e** le tagliatelle?

Sogenannte unregelmäßige Verben haben „in der Regel" auch unregelmäßige Partizipien. In Klammern ist das Hilfsverb angegeben:

| | | | |
|---|---|---|---|
| aprire | aperto (avere) | öffnen | geöffnet |
| avere | avuto (avere) | haben | gehabt |
| chiedere | chiesto (avere) | fragen | gefragt |
| chiudere | chiuso (avere) | schließen | geschlossen |
| dire | detto (avere) | sagen | gesagt |
| essere | stato (essere) | sein | gewesen |
| fare | fatto (avere) | machen | gemacht |
| offrire | offerto (avere) | anbieten | angeboten |
| scrivere | scritto (avere) | schreiben | geschrieben |
| stare | stato (essere) | stehen | gestanden |
| vedere | visto (avere) | sehen | gesehen |
| vivere | vissuto (avere) | leben | gelebt |
| sapere | saputo (avere) | wissen | gewusst |

## Das Verb Der Imperativ

Der Imperativ (Befehlsform) wird vor allem in der 2. Person Singular (du) und in der Höflichkeitsform verwendet. Hier eine Übersicht der Formen im Singular:

| | **tu** (vertraulich) | | **Lei** (höflich) | |
|---|---|---|---|---|
| auf **-are** | **-a** | | **-i** | |
| | Aspetta! | Warte! | Aspetti! | Warten Sie! |
| auf **-ere** / **-ire** | **-i** | | **-a** | |
| | Prendi! | Nimm! | Prenda! | Nehmen Sie! |
| | Senti! | Hör! | Senta! | Hören Sie! |

Eine Ausnahme ist die Verneinung der vertraulichen Form, die folgendermaßen gebildet wird:
**Für alle Verben: *non* + Infinitiv**

| | |
|---|---|
| Non aspettare! | Warte nicht! |
| Non ripetere! | Wiederhole nicht! |
| Non dormire! | Schlaf nicht! |
| Non fare cose stupide! | Mach keine dummen Sachen! |

Im **Plural** wird sowohl für die vertrauliche als auch für die höfliche Anrede die unveränderte Form der 2. Person Plural (ihr) des Indikativs Präsens gebraucht.

## Das Verb  Das Modalverb

| | |
|---|---|
| Cosa vuoi mangiare? | Was willst du essen? |
| Posso avere un caffè, per favore? | Kann ich bitte einen Kaffee haben? |
| Mi dispiace, ma devo tornare in Germania. | Es tut mir leid, aber ich muss nach Deutschland zurückfahren. |
| Luigi sa parlare cinese. | Luigi kann Chinesisch sprechen. |

Auf Modalverben folgt in der Regel ein Verb im Infinitiv.

| | **volere** | wollen | | **potere** | können, dürfen |
|---|---|---|---|---|---|
| io | voglio | ich will | io | posso | ich kann |
| tu | vuoi | du willst | tu | puoi | du kannst |
| lui/lei/Lei | vuole | er/sie will | lui/lei/Lei | può | er/sie kann |
| | | Sie wollen | | | Sie können |
| noi | vogliamo | wir wollen | noi | possiamo | wir können |
| voi | volete | ihr wollt | voi | potete | ihr könnt |
| | | Sie wollen | | | Sie können |
| loro | vogliono | sie wollen | loro | possono | sie können |

| | **dovere** | müssen | | **sapere** | können (wissen) |
|---|---|---|---|---|---|
| io | devo | ich muss | io | so | ich kann |
| tu | devi | du musst | tu | sai | du kannst |
| lui/lei/Lei | deve | er/sie muss | lui/lei/Lei | sa | er/sie kann |
| | | Sie müssen | | | Sie können |
| noi | dobbiamo | wir müssen | noi | sappiamo | wir können |
| voi | dovete | ihr müsst | voi | sapete | ihr könnt |
| | | Sie müssen | | | Sie können |
| loro | devono | sie müssen | loro | sanno | sie können |

## Die Elision

Manche Wörter verlieren ihre Vokalendung, wenn sie auf Wörter stoßen, die mit einem Vokal anfangen. Diese Auslassung wird mit einem Apostroph markiert.

| | | |
|---|---|---|
| ci + è | c'è | da ist, es gibt |
| come + è | com'è? | wie ist? |
| dove + è | dov'è? | wo ist? |
| anche + io | anch'io | auch ich |

# Der Artikel

Im Italienischen gibt es männliche und weibliche Artikel, die mit den Substantiven übereinstimmen.

**Der bestimmte Artikel**

|  | Singular | Plural |
|---|---|---|
| männlich | **il** bagno | **i** bagni |
|  | **l'**ufficio | **gli** uffici |
|  | **lo** scontrino | **gli** scontrini |
| weiblich | **la** pizza | **le** pizze |
|  | **l'**insegnante | **le** insegnanti |

*Lo* und *gli* werden vor männlichen Wörtern gebraucht, die mit *s* + Konsonant *gn, ps, y* oder *z* beginnen. Fangen Substantive mit einem Vokal an, so verwendet man je nach Geschlecht und Zahl die Artikel *l'*, *gli* oder *le*.

**Der unbestimmte Artikel**

|  | Singular | Plural |
|---|---|---|
| männlich | **un** biglietto | **(dei)** biglietti |
|  | **uno** scontrino | **(degli)** scontrini |
| weiblich | **una** sorella | **(delle)** sorelle |
|  | **un'**insegnante | **(delle)** insegnanti |

*Uno* wird vor männlichen Wörtern, die mit *s* + Konsonant *gn, ps, y* oder *z* beginnen, gebraucht. Fangen Substantive mit einem Vokal an, so gebraucht man die Artikel *un* (männlich) und *un'* (weiblich). Die (nicht sehr gebräuchliche) Pluralform bildet sich aus der Präposition *di* und dem bestimmten Artikel. Eine Formenübersicht hierfür finden Sie unter „Präpositionen" weiter unten.

# Das Substantiv

Es gibt männliche und weibliche Substantive. Männliche enden in der Regel im Singular auf *-o*, weibliche auf *-a*. Es gibt eine weitere große Gruppe von Wörtern, die auf *-e* enden und deren Geschlecht variiert.

| männlich | | weiblich | |
|---|---|---|---|
| Singular | Plural | Singular | Plural |
| il bigliett**o** | i bigliett**i** | la pizz**a** | le pizz**e** |
| l'alberg**o** | gli alberg**hi** | l'amic**a** | le amic**he** |
| il ristorant**e** | i ristorant**i** | la prenozion**e** | le prenozion**i** |

Substantive, die im Singular auf *-co/-ca* oder *-go/-ga* enden, fügen im Plural ein *h* ein, um den ursprünglichen Laut *-k-* bzw. *-g-* zu behalten (siehe albergo und amica).
Nicht alle Substantive folgen dem Schema von oben. Hier einige wichtige Ausnahmen:

| il problem**a** | i problem**i** |
|---|---|
| il caff**è** | i caff**è** |
| la citt**à** | le citt**à** |
| l'ecologist**a** | gli ecologist**i** |

Substantive, die auf einer betonten Silbe enden, behalten im Plural die Form der Einzahl. Es gibt männliche Substantive, die – vor allem in Zusammenhang mit besonderen Suffixen – (*-ema, -ista*) auf *-a* enden.

# Das Adjektiv

Es gibt zwei Gruppen von Adjektiven, die analog zu den Substantiven dekliniert werden:

|  | Adjektive auf -a /-o | | Adjektive auf -e |
|---|---|---|---|
|  | männlich | weiblich | männlich/weiblich |
| Singular | brav**o** | brav**a** | grand**e** |
| Plural | brav**i** | brav**e** | grand**i** |

Adjektive stehen in der Regel nach dem Substantiv und stimmen mit diesem in Zahl und Geschlecht überein. Sie können auch vor dem Substantiv stehen, verlieren aber dann ihr Unterscheidungsmerkmal.

# Die Steigerung

### Der Komparativ

Um Wörter miteinander zu vergleichen, benutzt man eine Kombination aus:

*più* + Wort + *di/che* + Substantiv/Adjektiv/Verb usw.

| | |
|---|---|
| Roma è più grande di Milano. | Rom ist größer als Mailand. |
| Viaggiare è più bello che lavorare. | Reisen ist schöner als arbeiten. |

Als Vergleichspartikel wird bei Substantiven die Präposition *di* gebraucht, ansonsten *che*.

Einige Adjektive besitzen neben der zusammengesetzten eine nicht zusammengesetzte Komparativform (maggiore = più grande; minore = più piccolo; migliore = più buono; peggiore = più cattivo)

### Der Superlativ

Der vergleichende Superlativ wird aus einer Kombination von:

**Artikel + (Substantiv) +** *più* **+ Adjektiv +** *di/che* gebildet.

| | |
|---|---|
| Francesca è la ragazza più bella che conosco. | Francesca ist das schönste Mädchen, das ich kenne. |
| San Pietro è la chiesa più grande del mondo. | Sankt Peter ist die größte Kirche der Welt. |

Um den absoluten Superlativ zu bilden, hängt man die Endung *-issimo/-a* an das Adjektiv und dekliniert es dementsprechend:

| | |
|---|---|
| una ragazza bellissima | ein sehr schönes Mädchen |
| panini buonissimi | sehr gute Brötchen |

# Die Präpositionen

### Einfache Präpositionen

| | | |
|---|---|---|
| **di** | il museo di Bologna | das Museum von Bologna |
| **a** | vado a Napoli | ich fahre nach Neapel |
| **da** | da te | bei dir (zu Hause) |
| **in** | Sta in casa. | Er ist zu Hause. |

| su | su un tavolo | auf einem Tisch |
|---|---|---|
| **per** | per me | für mich |
| **con** | con te | mit dir |
| **fra** | fra due ore | in zwei Stunden |

Nur wenige Präpositionen sind im Italienischen eindeutig zu übersetzen, ihre Bedeutung ergibt sich aus dem Kontext.

### Zusammengesetzte Präpositionen
Einige Präpositionen verbinden sich mit dem bestimmten Artikel zu einem Wort:

|  | il | lo | l' | la | i | gli | le |
|---|---|---|---|---|---|---|---|
| **di** | del | dello | dell' | della | dei | degli | delle |
| **a** | al | allo | all' | alla | ai | agli | alle |
| **da** | dal | dallo | dall' | dalla | dai | dagli | dalle |
| **in** | nel | nello | nell' | nella | nei | negli | nelle |
| **sul** | sul | sullo | suir | sulla | sui | sugli | sulle |

Einige Beispiele:

| il bar dello sport | die „Sportbar" |
|---|---|
| vado al ristorante | ich gehe ins Restaurant |
| dalle tre alle quattro | von drei bis vier Uhr |
| nella strada | in der Straße |
| sul tavolo | auf dem Tisch |

# Die Pronomen
### Die Personalpronomen

| Nominativ | Akkusativ | Dativ |
|---|---|---|
| io (ich) | mi/me (mich) | mi/me (mir) |
| tu (du) | ti/te (dich) | ti/te (dir) |
| lui (er) | lo (ihn) | gli (ihm) |
| lei (sie) | la (sie) | le/gli (ihr) |
| Lei (Sie) | La (Sie) | Le (Ihnen) |
| noi (wir) | ci (uns) | ci (uns) |
| voi (ihr) | vi (euch/Sie) | vi (euch/Ihnen) |
| loro (sie) | li/le (sie) | gli/loro (ihnen) |

Es gibt zwei Formen für die Personalpronomen: Die gebräuchlichste ist die unbetonte (*mi, ti* usw.), die in der Regel vor dem konjugierten Verb steht. Die Variante ist die betonte Form (*te, me* usw.), die nach dem Verb steht und die vor allem in Verbindung mit Präpositionen gebraucht wird (*per me, con te* usw.).

### Die Pronomen
Die Pronomen *lo/la, li/le* ersetzen ein Akkusativobjekt und stehen in der Regel vor dem Verb.

| Dov'è il biglietto? – Non lo trovo. | Wo ist die Fahrkarte? – Ich finde sie nicht. |
|---|---|
| Chiami tu Sara? – Sì, la chiamo io. | Rufst du Sara an? – Ja, ich rufe sie an. |
| Chi compra i panini? – Li compro io. | Wer kauft die Brötchen ein? – Ich kaufe sie. |
| Conosci le due sorelle? – Sì le conosco. | Kennst du die zwei Schwestern? – Ja, ich kenne sie. |

**Die Possessivpronomen**

| | | |
|---|---|---|
| io (ich) | mio/-a (mein/-e) | (Plural: miei/mie) |
| tu (du) | tuo/-a (dein/-e) | (Plural: tuoi/tue) |
| lui (er) | suo/-a (sein/-e) | (Plural: suoi/sue) |
| lei (sie) | suo/-a (ihr/-e) | |
| Lei (Sie) | Suo/-a (Ihr/-e) | (Plural: suoi/sue) |
| noi (wir) | nostro/-a (unser/-e) | (Plural: nostri/-e) |
| voi (ihr) | vostro/-a (euer/eure) | (Plural: vostri/-e) |
| loro (sie) | loro/-a (ihr/-e) | (Plural: loro) |

Die Possessivpronomen werden üblicherweise mit dem bestimmten Artikel gebraucht:

| | |
|---|---|
| il mio albergo | mein Hotel |
| la mia casa | mein Haus |
| i nostri fratelli | unsere Brüder |
| le sue scarpe | seine Schuhe |

Ausnahmen sind Familienmitglieder in der Einzahl: mio fratello, sua madre usw.

# Die Fragewörter

| | | | |
|---|---|---|---|
| cosa? | was? | Cosa fa tuo fratello? | Was macht dein Bruder? |
| chi? | wer? | Chi ha chiamato? | Wer hat angerufen? |
| dove? | wo? | Dov'è l'albergo «Luxor»? | Wo ist das Hotel „Luxor"? |
| quando? | wann? | Quando parte il treno? | Wann fährt der Zug ab? |
| come? | wie? | Come si scrive il nome? | Wie schreibt man den Namen? |
| perché? | warum? | Perché l'autobus non arriva? | Warum kommt der Bus nicht? |
| quale? | welch? | Quale formaggio vuole? | Welchen Käse möchten Sie? |

# Die Zahlen

## Die Kardinalzahlen

| | | | |
|---|---|---|---|
| 1 uno | 11 undici | 21 ventuno | 31 trentuno |
| 2 due | 12 dodici | 22 ventidue | 32 trentadue |
| 3 tre | 13 tredici | 23 ventitré | 40 quaranta |
| 4 quattro | 14 quattordici | 24 ventiquattro | 50 cinquanta |
| 5 cinque | 15 quindici | 25 venticinque | 60 sessanta |
| 6 sei | 16 sedici | 26 ventisei | 70 settanta |
| 7 sette | 17 diciassette | 27 ventisette | 80 ottanta |
| 8 otto | 18 diciotto | 28 ventotto | 90 novanta |
| 9 nove | 19 diciannove | 29 ventinove | |
| 10 dieci | 20 venti | 30 trenta | |

| | |
|---|---|
| 100 cento | 100.000 centomila |
| 1000 mille | 1.000.000 un milione |
| 2000 duemila | 1.000.000.000 un miliardo |
| 10.000 diecimila | 1.000.000.000.000 un bilione |

Achtung: Der Plural von *mille* ist *-mila* (2000 = *duemila*).

**Ordinalzahlen**

| | | |
|---|---|---|
| 1. primo | 6. sesto | 11. undicesimo |
| 2. secondo | 7. settimo | 12. dodicesimo |
| 3. terzo | 8. ottavo | 18. diciottesimo |
| 4. quarto | 9. nono | 22. ventiduesimo |
| 5. quinto | 10. decimo | 1000. millesimo |

# Die Zeit

| | | | |
|---|---|---|---|
| 1 sec | il secondo | 7 giorni | la settimana |
| 60 sec | il minuto | 4 settimane + 2-3 giorni | il mese |
| 60 min | l'ora | 12 mesi / 356 giorni | l'anno |
| 24 h | il giorno | | |

# Die Uhrzeit

| | |
|---|---|
| 10.30 h | le dieci e trenta |
| 21.10 h | le ventuno e dieci |

Uhrzeiten werden mit dem weiblichen Pluralartikel angegeben *(le = le ore)*, abgesehen von den Ausnahmen (01.00 *l'una*).

| | |
|---|---|
| 15 Minuten = e un quarto | ein Viertel |
| 30 Minuten = e mezzo | halb |
| 45 Minuten = e tre quarti | drei viertel |
| meno un quarto | viertel vor |
| meno venti | zwanzig vor |

| | |
|---|---|
| 2.40 h | le due e quaranta **oder** le tre meno venti |
| 8.45 h | le otto e tre quarti **oder** le nove meno un quarto |

Die Verbindung der Präposition *a* mit dem bestimmten Artikel dient zur Angabe eines Zeitpunktes.

all'una     um eins
alle dieci     um zehn

# Wochentage und Monate

| | | | | | |
|---|---|---|---|---|---|
| lunedì | Montag | gennaio | Januar | agosto | August |
| martedì | Dienstag | febbraio | Februar | settembre | September |
| mercoledì | Mittwoch | marzo | März | ottobre | Oktober |
| giovedì | Donnerstag | aprile | April | novembre | November |
| venerdì | Freitag | maggio | Mai | dicembre | Dezember |
| sabato | Samstag | giugno | Juni | | |
| domenica | Sonntag | luglio | Juli | | |

# Mathematische Operationen

| | |
|---|---|
| 12 + 2 = 14 | dodici più due fa quattordici |
| 16 - 4 = 12 | sedici meni quattro fa dodici |
| 4 x 6 = 24 | quattro per sei fa ventiquattro |
| 28 : 7 = 4 | ventotto diviso sette fa quattro |

| | |
|---|---|
| + | e oder più |
| – | meno |
| x | per |
| : | diviso |
| = | fa oder é uguale a |

# Der Satzbau

Im Italienischen ist die Wortordnung im Satz flexibel, d. h. dass Frage und Aussagesatz sich oft nur in der Betonung unterscheiden. Im Allgemeinen folgt die Wortordnung dem Schema **Subjekt – Verb – Objekt,** aber auch andere Kombinationen sind zulässig.

### Die Voranstellung des Objekts
In diesem Fall wird das Objekt in Form eines Pronomens wiederholt:

| | |
|---|---|
| Il pane l'ha comprato Luisa. | Das Brot hat Luisa. |
| Milano non la conosco bene. | Mailand kenne ich nicht gut. |
| A Francesca non le ho detto niente. | Francesca habe ich nichts gesagt. |

### Die einfache Verneinung
Die verneinende Partikel **non** steht im Italienischen vor dem konjugierten Verb, sowohl im Präsens als auch in der Vergangenheit. Wenn ein Pronomen vor dem Verb steht, wird **non** diesem vorangestellt.

| | |
|---|---|
| Non trovo il ristorante. | Ich finde das Hotel nicht. |
| Il pesce non mi piace. | Der Fisch schmeckt mir nicht. |
| La signora Brezzi non ha comprato il formaggio. | Frau Brezzi hat den Käse nicht gekauft. |

### Die „doppelte Verneinung"
Wenn gewisse Ausdrücke mit verneinender Bedeutung gebraucht werden (*niente, mai, nessuno* usw.), wird in der Regel dem Verb immer die verneinende Partikel **non** vorangestellt. Nur wenn der verneinende Ausdruck am Satzanfang steht wird **non** nicht verwendet:

| | |
|---|---|
| Non ho comprato niente. | Ich habe nichts gekauft. |
| Laura non è mai stata a Roma. | Laura ist noch nie in Rom gewesen. |
| A casa di Mario non c'è nessuno. | Bei Mario (zu Hause) ist niemand da. |

Aber:

| | |
|---|---|
| Nessuno ha mangiato gli spaghetti. | Keiner hat die Spaghetti gegessen. |
| Mai ho cambiato fidanzata. | Ich habe nie die Freundin gewechselt. |

# Aussprache

| Aussprache | Beispiel | Achtung |
|---|---|---|
| → **tsch** (**Tsch**eche) | | |
| c + e, i | centro, vicino | |
| cia | ciao | Das i ist stumm. |
| cio | Ciccio, cioccolata | |
| ciu | | |
| → **dsch** (**Dsch**ungel) | | |
| g + e,i | gelato, Gina | |
| g'a | mangiare | Das i ist stumm. |
| gio | giorno | |
| giu | Giulio | |
| → **k** (**K**arl) | | |
| ca | casa | |
| co | come | |
| cu | cucù | |
| c + Konsonant | Cremona | |
| ch + e, i | anche, chiamo | Wenn i oder e folgt. |
| → **g** (**G**ans) | | |
| ga, go | Lago di Garda | |
| gu | Gustavo | |
| g + Konsonant | grazie | |
| gh + e, i | spaghetti | Wenn i oder e folgt. |
| → **sch** (**Sch**ule) | | |
| sc + e, i | pesce | |
| scia | lascia (= lasse) | Das i ist stumm. |
| scio | | |
| sciu | prosciutto | |
| → **sk** (**Sk**arabäus) | | |
| sca | rinfrescante | |
| sco | scontrino | |
| scu | scusi | |
| ski | schiena | Vor i und e. |
| → **qu** („k" + kurzes „u") | | |
| qu | quale | |
| → **nj** (Wa**nj**a) | | |
| gn | signore | |
| → **lji** (I**lj**a) | | |
| gli | biglietto | |
| → **a, e, i, o, u** | Europa | Werden einzeln gesprochen. |
| → **z** (**Z**ucker) | | |
| z | stazione | |

Hier sind alle italienischen Wörter aus diesem Buch aufgeführt. Die Zahl gibt jeweils die Seite an, auf der das Stichwort zum ersten Mal vorkommt, in der Regel ist das auf einer Seite mit Vokabeln und Dialog. Die Abkürzungen bedeuten: *m* männlich, *f* weiblich, *m + f* männlich oder weiblich, *Pl.* Plural. Die Adjektiv-Endung *-o/-a* gibt an, dass jeweils die männliche Form auf *-o* und die weibliche auf *-a* endet.

**abbigliamento** Bekleidung 41
**abita** sie/er wohnt, Sie wohnen 37
**acqua** Wasser 87
**adesso** jetzt 67
**albergo** Hotel 11
**alle otto e mezzo** um halb acht 81
**allora** dann, also 21
**altra cosa** etwas anderes 89
**altri** andere 63
**americano/-a** amerikanisch, Amerikaner/-in 10
**amica** Freundin 127
**amore** (m) Liebe 130
**anche** auch 53
**ancora** noch 37
**andare** gehen, fahren 43
**andata e ritorno** Hin- und Rückfahrt 93
**angelo** Engel 115
**anima** Seele 113
**aperto/-a** geöffnet, offen 41
**arrivare** (an-)kommen 43
**arrivederci** auf Wiedersehen 63
**ascensore** (m) Aufzug 99
**aspettare** (er-)warten 55
**attimo** Moment 29
**avanti!** herein! 115
**avere** haben 37
**bacio** Kuss, Nougateis mit Nüssen 60
**bagno** Bad 99
**banca** Bank 67
**bancomat** (m) Geldautomat 69
**bar** (m) Bar, Café 15
**basta** man braucht nur, es genügt 121
**bello/-a** schön 21
**bene** gut 15
**benissimo/-a** sehr gut 63
**bere** trinken 35, 87
**bieta** Mangold 75
**biglietto** Fahrkarte 53
**binario** Gleis 95
**bisogna** man muss 53
**bisogno, ho – di** ich brauche 53
**bisogno, non c'è** das ist nicht notwendig 27
**bocca** Mund 113
**borsetta** Handtasche 95
**bottiglia di ...** Flasche ... 87
**braccio** Arm 113
**brasiliano/-a** brasilianisch, Brasilianer/-in 10
**bravissimo/-a** sehr anständig 127

**buongiorno** guten Tag 9
**buono/-a** gut 35
**caciottina** Caciottina (Käse) 73
**cambiare** wechseln, ändern 69
**camera** Zimmer 99
**capire** verstehen 79
**capisco** ich verstehe 79
**carino/-a** hübsch 49
**carta di credito** Kreditkarte 69
**cartello** Schild 107
**casa** Haus 113
**cassa** Kasse 73
**c'è** es gibt 11
**centesimi** (m, Pl.) Cent 27
**centro** Stadtzentrum, Altstadt 41
**cercare** suchen 27
**certo** sicherlich 63
**che ...!** wie ... ! 21
**che** was?; der/die/das (Relativpronomen) 21, 53
**chi?** wer? 17
**chiamare** rufen, anrufen 29
**chiedere a** fragen 55
**chiesa** Kirche 107
**chilo** Kilo 75
**chiuso/-a** geschlossen 107
**ci sono** es gibt 61
**ci** uns 73
**ciao** hallo, tschüss 17
**cincin** Prost 35
**cinese** (m+f) chinesisch, Chinese/-in 9
**cioccolato** Schokolade 60
**città** Stadt 105
**cliente** (m+f) Kunde 81
**colazione, fare la** frühstücken 23
**collo** Hals 113
**come si chiama?** wie heißt? 11
**come si dice?** wie sagt man? 27
**come va?** wie läuft's? 17
**comino** Kümmel 115
**commissione** (f) Gebühr 69
**compagnia** Gesellschaft 131
**comprare** kaufen 41
**computer** (m) Computer 23
**con** mit 17
**confuso/-a** verwirrt, durcheinander 95
**conoscere** kennen 105
**consiglio** Ratschlag 113
**contanti** (m, Pl.) Bargeld 69
**contento/-a** glücklich, zufrieden 133
**controllare** überprüfen 101
**convinto/-a** überzeugt 125

**cosa** was?, Sache 23
**così** so 15
**costare** kosten 49
**costi, a tutti i** unbedingt 131
**critica** Kritik 125
**cuore** (m) Herz 113
**curioso/-a** neugierig 17
**da** von, zu, bei 27
**dal ... al ...** vom ... bis ... 99
**dalle ... alle** von ... bis (Uhrzeit) 41
**dammi!** gib mir! 95
**dare** geben 73
**davvero** wirklich, im Ernst 133
**decidere** (sich) entscheiden 63, 68
**denti** (m, Pl.) Zähne 113
**destra, a** (nach) rechts 43
**detto** gesagt 107
**eli** von, aus 11
**Dica!** Bitte? (Telefon) 49
**dice** Sie sagen, er/sie sagt 35
**differente** verschieden 37
**difficile** schwer 119
**dimmi!** sag mir! 127
**dipende** kommt darauf an 119
**direttore** (m) Direktor 23
**diritto** geradeaus 43
**dispiacere** leidtun 81
**dito** Finger 113
**divertente** unterhaltsam, lustig 47
**doccia** Dusche 100
**documento** Ausweis 99
**domanda** Frage 101
**domani** morgen 47
**domenica** Sonntag 48
**dopo** nach, danach 41
**dopodomani** übermorgen 127
**doppio/-a** Doppel- 100
**dormire** schlafen 113
**dottoressa** Frau Doktor 21
**dove?** wo? 11
**dovere** müssen, sollen 68
**due, in** zu zweit 47
**e** und 9
**eccezionale** super 47
**ecco** hier 29
**ecologista** (m+f) Grüner, Umweltschützer 115
**elettricista** (m+f) Elektriker 101
**esagerare** übertreiben 121
**essere** sein 37
**etto** hundert Gramm 73
**euro** Euro 49
**europeo/-a** europäisch, Europäer/-in 10

**fa, due anni** vor zwei Jahren 99
**famiglia** Familie 37
**fantastico/-a** phantastisch 49
**fare** machen, tun 21, 23
**fatto** gemacht, gekauft 107
**fermata dell'autobus** Bushalte-
stelle 43
**fidanzato** Verlobter, Freund 29
**fila, fare la** Schlange stehen 61
**fine** (f) **del mondo** Ende der
Welt 95
**fino a** bis 99
**fior di latte** (m) Sahneeis 60
**fontana** Brunnen 131
**formaggio** Käse 73
**fornaio** Bäcker 72
**forse** vielleicht 29
**fra cinque giorni** in fünf Tagen 101
**fra poco** bald 125
**fragola** Erdbeere 60
**francese** (m+f) französisch,
Franzose/Französin 9
**franco** Franken 69
**fratello** Bruder 37
**frigobar** (m) Minibar 100
**fumare** rauchen 89
**funzionare** funktionieren 101
**gamba** Bein 113
**gelateria** Eisdiele 61
**gelato** Eis 53
**gente** (f) Leute 61
**gentile** freundlich 29
**Germania** Deutschland 29
**già** schon 55
**giorno** Tag 121
**giovedì** (m) Donnerstag 48
**giro** Rundgang 105
**goccia** Tropfen 113
**gola** Hals 113
**grazie** danke 15
**guardare** schauen 95
**guida** (f) Führer 105
**gusto** (Geschmacks-)Sorte 61
**idea** Idee 53
**ieri** gestern 101
**impazzire** verrückt werden 130
**impiegato** Angestellter 23
**importante** wichtig 119
**innamorarsi** sich verlieben 133
**insalata** Salat 75
**insegnante** (m+f) Lehrer/-in 21
**insistere** auf etwas bestehen,
drängen 133
**io** ich 21
**Italia** Italien 21
**italiano/-a** Italienisch/Italiener, -in 9
**la** sie 87
**lattuga** Kopfsalat 75
**lavorare** arbeiten 23
**lavoro** Arbeit 17
**Le** Ihnen 75
**Lei** Sie 9
**lì** dort 55
**li** sie 87

**libero/-a** frei 105
**liceo** Gymnasium 21
**limone** (m) Zitrone 60
**lo so** ich weiß es 1B
**lunedì** (m) Montag 48
**ma** aber 17
**macelleria** Metzgerei 72
**Madonna** Madonna 115
**madre** Mutter 37
**maggiore** größer 115
**mal** (m) **di gola** Halsschmerzen 113
**male** schlecht 17
**maledizione** (f) verdammt 69
**mamma** Mama 127
**mancanza di personale** Personal-
mangel 107
**mancare** fehlen 130
**mangiare** essen 53, 67
**mano** (f) Hand 113
**mare** (m) Meer 125
**marito** Mann 29
**martedì** (m) Dienstag 48
**massimo** höchstens 127
**matrimoniale** Ehe- 100
**mattina** Vormittag 47
**me** mich 29, 35
**medicina** Medikament 113
**meglio** besser 113
**meno** weniger 101
**mercoledì** (m) Mittwoch 48
**mese** (m) Monat 99
**metodo** Methode 115
**mi** mich, mir 29
**mi chiamo** ich heiße 9
**migliore** besser 115
**mille** tausend 81
**minore** kleiner, geringer 115
**mio/-a** mein7-e 37
**moltissimo/-a** sehr, sehr viel 131
**molto/-a** sehr 15
**momento** Moment 55
**moneta** Münze 27
**museo** Museum 105
**naso** Nase 113
**Natale** (m) Weihnachten 133
**natura** Natur 119
**naturale** natürlich 115
**negozio** Geschäft 41
**niente** nichts 95
**no** nein 9
**nocciola** Nuss 60
**noi; da** wir; bei uns 55, 127
**non** nicht, kein 9
**non c'è male** nicht schlecht 17
**non fa niente** das macht nichts 79
**non ... mai** niemals 105
**non ... niente** nichts 107
**non ... più** nicht ... mehr 127
**normalmente** normalerweise 23
**notte** (f) Nacht 99
**numero telefonico** Telefon-
nummer 11
**nuovo, di** (schon) wieder 47
**o** oder 35

**obbligatorio/-a** obligatorisch 93
**occhio** Auge 113
**oddio** oh Gott 89
**offrire** einladen 61
**oggi** heute 61
**ogni dieci minuti** alle zehn Minuten
55
**olandese** (m+f) holländisch,
Holländer/-in 10
**ora** Uhr 81
**ora, a che?** um wie viel Uhr? 81
**orario, – dei treni** Fahrplan 55
Zugfahrplan 95
**ordinare** bestellen 89
**orecchie** (f, Pl) Ohren 113
**ottimo/-a** ausgezeichnet 53
**pagare** (be-)zahlen 49
**pancia** Bauch 113
**pane** (m) Brot 73
**panificio** Bäcker 72
**panino** Brötchen 73
**panna** Schlagsahne 63
**parco** Park 121
**parlare** sprechen 9
**parola** Wort 121
**partenza** Abfahrt 133
**partire** abreisen, wegfahren 93
**passare** vorbeifahren 55
**pasta** Nudeln 87
**pausa** Pause 55
**pazienza!** nur mit der Ruhe!;
Geduld 55; 121
**peccato, che!** wie schade! 105
**peggiore** schlechter 115
**pensare** denken 127
**per favore** bitte 43
**per** für, nach, wegen, durch 87
**perché** warum?; weil  35; 41
**però** aber, jedoch 119
**persona** Person 81
**pesce** (m) Fisch 89
**petto** Brust 113
**pezzo** Stück 27
**piacere** angenehm, freut mich;
gefallen, schmecken 9, 73, 75
**piaciuto** gefallen 131
**piano** Stockwerk 99
**piazza** Platz 43
**piccante** scharf 73
**piccolo/-a** klein 37
**piede** (m) Fuß 112
**pieno/-a** voll 61
**pillola** Tablette 113
**più, – di tutto** mehr; vor allem 37,
131
**poco/-a** wenig 69
**poi** dann, sonst 75
**pomeriggio** Nachmittag 95
**pomodoro** Tomaten 75
**portare** bringen 87
**portato/-a** gebracht 69
**possibile** möglich 69
**possibilità** Möglichkeit 125
**posso** ich kann 67

**posto; -a** Ort 125, in Ordnung 127
**pranzo** Mittagessen 41
**preferire** lieber mögen 63
**preferito/-a** bevorzugt, Lieblings- 61
**prefisso** Vorwahl 29
**pregare** beten 115
**prego** bitte 11
**prendere; – in giro** nehmen; auf den Arm nehmen 21, 44, 131
**prenotare** vorbestellen 79
**prenotazione** (f) Reservierung 93
**preoccuparsi** sich Sorgen machen 115
**preso** genommen 115
**prezzo** Preis 47
**prima** vorher 61
**primo** erster Gang 87
**primo/-a** erste/-r 43
**principe azzurro** (m) Märchenprinz 130
**problema** (m) Problem 11
**pronto** (am Telefon:) hallo 79
**proprio** gerade, ausgerechnet 115
**prosciutto crudo** roher Schinken 73
**provare** probieren 49
**può** Sie können 81
**purtroppo** leider 105
**qual è?** was ist? 15
**qualche** einige 127
**qualcosa** etwas 27
**quale?** welche/-r/-s? 43
**quando?** wann? 41
**quanto tempo?** wie lange? 99
**quanto?** wie viel? 49
**quel** dieser … da 73
**questo/-a** diese/-r hier 73
**qui** hier 15
**raffreddore** (m) Erkältung 113
**ragione** (f) Recht 131
**ragù** (m) Hackfleischsauce 89
**restare** bleiben 125
**ricordarsi** sich erinnern 81
**rimandare** verschieben 133
**rimanere** bleiben 107
**rinfrescante** erfrischend 55
**ripetere** wiederholen 81
**riservare** reservieren 79
**rispettare** respektieren 119
**ristorante** (m) Restaurant 67
**rucola** Gartenrauke 75
**rumoroso/-a** laut 101
**russo/-a** russisch; Russe, Russin 9
**sabato** Samstag 47
**sai** du weißt 67
**salumeria** Wurstgeschäft 72
**salute** (f) Wohl, Gesundheit 35
**sapere** wissen 67
**sarebbe** es wäre 125
**sbagliarsi** sich irren 121
**sbagliato/-a** geirrt 79
**schiena** Rücken 113
**scontrino** Kassenzettel 61

**scritto** geschrieben 115
**scrivere** schreiben 113
**scusa** entschuldige 73
**scusi** entschuldigen Sie 11
**se** wenn, falls, ob 35
**seconda classe** (f), **di** zweiter Klasse 93
**sedere** (m) Po 113
**segretario** Sekretär 23
**sembrare** scheinen 121
**semplicemente** einfach 35
**sempre** immer 43
**senso** Sinn 119
**senta!** hören Sie! 81
**sentito/-a** gehört 81
**settimana** Woche 99
**si …** man … 89
**sì** ja 9
**sigaretta** Zigarette 89
**significare** bedeuten 61
**signore** (m) Herr 11
**signora** Frau, Dame 15
**signorina** Fräulein 15
**singolo/-a** Einzel- 99
**sinistra, a** (nach) links 43
**smog** (m) Smog 119
**so** ich weiß 11
**soldi** (m, PI) Geld 69
**solo/-a** alleine 41
**sono** ich bin; sie sind 9; 37
**sorella** Schwester 37
**spaghetti** (PI) Spaghetti 87
**spagnolo/-a** spanisch; Spanier/-in 9
**specialità** Spezialität 19
**spesa, fare la** einkaufen 47
**spesso** oft 125
**spinaci** (m, PI.) Spinat 75
**sposato/-a** verheiratet 29
**spremuta d'arancia** gepresster Orangensaft 21
**stanco/-a** müde 15
**stare** sich befinden, sein 15
**stasera** heute Abend 79
**stato/-a** gewesen 99
**stesso, lo** das Gleiche 133
**storia** Geschichte, Vergangenheit 119
**stracciatella** Stracciatella 60
**strada** Straße 43
**strano/-a** merkwürdig 101
**stupido/-a** dumm 131
**subito** sofort 87
**Suo/-a** Ihr/-e 29
**supplemento** Zuschlag 93
**tabaccaio** Tabakhändler/-laden 53
**taglia** Größe 49
**tagliatelle** (f, PI.) Bandnudeln 89
**tavolo** Tisch 79
**te** dich 35
**tedesco/-a** deutsch, Deutsche/-r 9
**telefonare** telefonieren 27
**telefonino** Handy 27
**televisore** (m) Fernseher 101

**tempo** Zeit, Wetter 99
**testa** Kopf 113
**ti** dich 67
**timo** Thymian 115
**tipico/-a** typisch 121
**tiramisu** (m) Tiramisu 60
**tisana** Tee-Aufguss 115
**tonno** Thunfisch 87
**tornare** zurückgehen, -kommen 125
**traffico** Verkehr 119
**traveller's cheques** (m, PI.) Travellerschecks 69
**treno; – rapido** Zug; Intercity 93
**trentanove** neununddreißig 49
**troppo** zu …, zuviel 69
**trovare** finden 41
**tu** du 17
**tuo/-a** dein/-e 61
**tutto** alles 17
**ufficio cambio** Wechselstube 67
**ufficio, in** im Büro 23
**un po' così** ein bisschen so, so lala 15
**uno** einer, man 133
**va bene** in Ordnung 35
**vacanze** (f, PI.) Ferien 125
**valigia** Koffer 95
**vaniglia** Vanille 60
**vedere** sehen 44
**veleno** Gift 115
**vendere** verkaufen 53
**venerdì** (m) Freitag 48
**vengo** ich komme, soll ich kommen? 47
**venti** zwanzig 27
**veramente** wirklich 15
**verdura** Gemüse 75
**verità** Wahrheit 131
**vero** wahr 47
**vestito** Kleid, Kleidungsstück 41
**vetrina, in** im Schaufenster 49
**viaggio** Reise 95
**vicino/-a** nahe, in der Nähe 15
**viene** Sie kommen 81
**vino** Wein 35
**visitare** besichtigen 107
**vista** (f) **sul mare** Blick aufs Meer 100
**visto/-a** gesehen 107
**vita** Leben 133
**vivere** leben 133
**voglio** ich will 41
**volentieri** gern 89
**volere** wollen 42
**volta** Mal 99
**vongola** Venusmuschel 79
**vorrebbe** Sie möchten 93
**vorrei** ich möchte, hätte gern 75
**vostro/-a** euer/eure, Ihr/-e 81
**vuoi** du willst 55
**zabaione** (m) Zabaione 60
**zuppa inglese** Creme mit Biskuit 60